F[illegible] helenísticas e Epicurismo

Giovanni Reale

Filosofias helenísticas e Epicurismo

História da Filosofia Grega e Romana
Vol. V

Tradução
Marcelo Perine

Edições Loyola

Título original:
Storia della filosofia antica, in cinque volumi
1ª edição da obra completa: 1975-1980
10ª edição: março de 1992

Largo Gemelli, 1 – 20123 Milano
ISBN 88-343-2454-4

Dados Internacionais de Catalogação na Publicação (CIP)
(Câmara Brasileira do Livro, SP, Brasil)

Reale, Giovanni, 1931-2014
História da filosofia grega e romana, vol. V : filosofias helenísticas e epicurismo / Giovanni Reale ; tradução Marcelo Perine. -- São Paulo : Edições Loyola, 2017.

Título original: Storia della filosofia antica
ISBN 978-85-15-03786-5

1. Filosofia 2. Filosofia antiga - História I. Título.

17-02689 CDD-180

Índices para catálogo sistemático:
1. Filosofia antiga 180

Edição de texto: Marcos Marcionilo
Capa: Mauro C. Naxara
Obra *A Escola de Atenas* (detalhe),
Raphael Sanzio

Edições Loyola Jesuítas
Rua 1822, 341 – Ipiranga
04216-000 São Paulo, SP
T 55 11 3385 8500/8501 • 2063 4275
editorial@loyola.com.br
vendas@loyola.com.br
www.loyola.com.br

ISBN 978-85-15-03786-5

2ª edição: 2017

111394

SUMÁRIO

ADVERTÊNCIA

Os volumes quinto e sexto desta História da Filosofia Grega e Romana *contêm a exposição dos sistemas das escolas filosóficas da era helenística, no período que os estudiosos da filosofia frequentemente descuidaram e pouco apreciaram, por causa de uma série de preconceitos de natureza variada (os quais tentaremos ilustrar) e também pela objetiva escassez de documentos (de pouquíssimos filósofos desse período chegaram-nos obras completas, e, da maior parte deles, possuímos apenas fragmentos e testemunhos, apenas em tempos recentes recolhidos e sistematizados).*

Tentamos reavaliar os sistemas filosóficos que surgiram e se desenvolveram nesse período, relendo-os segundo uma nova ótica e levando em consideração alguns resultados das novas pesquisas, que subvertem grande parte dos esquemas tradicionais nos quais foram aprisionados.

Partimos da grande expedição oriental de Alexandre e da análise das consequências revolucionárias que ela produziu. A Grécia viveu, então, a mais grave crise espiritual da sua história, com a ruína da polis e, portanto, da antiga tábua de valores morais e espirituais. Foi precisamente essa crise que tornou repentinamente ininteligíveis as grandes mensagens de Platão e de Aristóteles, a ponto de eles se tornarem mudos dentro de suas próprias Escolas. A Academia pós-platônica e o Perípato pós-aristotélico perderam rapidamente o sentido das descobertas metafísicas e, até mesmo, o sentido da dimensão especulativa, e não souberam dizer à sua época uma palavra adequada. Paralelamente exauriram-se as escolas fundadas pelos socráticos "menores", na medida em que, mesmo desenvolvendo algumas ideias que respondiam às necessidades da nova era, mostraram-se incapazes de dar razão delas e, portanto, de justificá-las e impô-las.

As novas mensagens espirituais vieram, portanto, das novas escolas que se formaram no final do século IV a.C.: do Jardim de Epicuro, do Pórtico de Zenão e do movimento cético iniciado por Pirro.

Depois de seguir os últimos desenvolvimentos das escolas socráticas até o seu esgotamento, e de esboçar a progressiva involução da primeira Academia e do primeiro Perípato, ilustramos o nascimento e os desenvolvimentos dos três grandes movimentos que constituem as três grandes linhas de força segundo as quais se desenvolveu o pensamento dessa época: o epicurismo, o estoicismo e o ceticismo pirroniano e acadêmico, para concluir com o ecletismo.

Comum a todos esses sistemas, como veremos, foi a tentativa de inverter os êxitos da "segunda navegação" platônica e a consequente tentativa de reconstruir uma visão materialista da realidade, utilizando conceitos e figuras especulativas elaboradas já na época pré-socrática, as quais comportam, como veremos, toda uma série de graves aporias. Todavia, não insistiremos nas carências especulativas, lógicas e metafísicas próprias desses sistemas como frequentemente se fez, porque isso acaba sendo um obstáculo à sua compreensão. Mostraremos, com efeito, que as éticas desses sistemas "avançam" nitidamente sobre as "físicas", apresentadas para a sua sustentação, e que as próprias "físicas", por sua vez, "avançam" sobre as relativas lógicas. As éticas desses sistemas são, na realidade, os verdadeiros pontos de força.

Portanto, impõe-se a necessidade de reler e reinterpretar essas éticas com parâmetros diferentes dos usuais.

O problema que se põe é o seguinte: se as lógicas e as ontologias, apresentadas como fundamento dessas éticas, revelam-se objetivamente inadequadas e, no limite, mais que fundantes, fundadas ou, pelo menos, derivadas daquelas éticas, qual é, então, a fonte da qual derivam essas novas éticas?

A nossa tese — e vamos documentá-la amplamente — é que essas éticas são, por assim dizer, verdadeiramente uma "fé leiga", amplamente assentada na razão. Elas nascem de intuições do sentido da vida, captadas antes de tudo emocionalmente e, em seguida, orgânica e racionalmente desenvolvidas.

É por esse motivo que as mensagens dessas escolas duraram cerca de meio milênio, quase ininterruptamente, ou seja, muito mais

A meu filho, Alberto

do que duraram as mensagens de todas as outras escolas: elas souberam dizer com uma linguagem clara e acessível, que fala exatamente à "fé", além de falar à razão, qual era a justa atitude espiritual a assumir diante das coisas, dos homens e dos Deuses, para poder alcançar a eudaimonia, a felicidade. É ainda esse fato que explica como, apesar da diversidade das lógicas e das físicas ou mesmo da sua negação cética, as diferentes escolas estavam de acordo sobre alguns princípios morais fundamentais e sobre o modo de conceber o "sábio". Enfim, é esse mesmo fato que explica por que os fundadores das escolas dessa época foram elevados quase ao posto de um nume: eles foram, na realidade, em certo sentido, os "santos" de uma fé e de religiões leigas.

O amadurecimento das teses aqui sustentadas ocorreu no arco de muitos anos. Da Academia pós-platônica (especialmente de Espêusipo e Xenócrates) ocupamo-nos longamente na redação do nosso comentário à Metafísica *de Aristóteles, o qual, como se sabe, polemiza continuamente com esses platônicos (Aristóteles,* La Metafisica, *2 vols., Loffredo, Nápoles 1978[2]). Do primeiro Perípato, ocupamo-nos no volume* Teofrasto e la sua aporetica metafisica *(La Scuola, Brescia 1964, no qual apresentamos também a primeira versão italiana com comentário da* Metafísica *do filósofo de Ereso). Por ocasião do trabalho:* Aristotele, Trattato sul cosmo per Alessandro *(Loffredo, Nápoles 1974), ocupamo-nos do estoicismo antigo e médio, que estiveram por muito tempo sob a suspeita de influxos estoicos, especialmente possidonianos (mas que, a nosso ver, devem ser situados na área do Perípato). Sobre algumas teses aqui sinteticamente apresentadas, voltamos de maneira analítica em outra sede. Particularmente, sobre Pirro, publicamos um amplo estudo com o título:* Ipotesi per una rilettura della filosofia di Pirrone di Elide, *in AA.VV.,* Lo sceticismo antico, *Bibliopolis, Nápoles 1981, pp. 243-336.*

Nas novas edições, introduzimos todas as oportunas referências às novas e numerosas edições críticas dos textos dos autores tratados, publicadas sobretudo na década de oitenta. Ademais, retocamos amplamente o capítulo sobre a Antiga Academia, tendo em conta não só os aprofundamentos que fizemos na metafísica dos princípios dos Acadêmicos antigos com relação às doutrinas não escritas de Platão, no nosso volume Per una nuova interpretazione di Platone *(1987[5]), mas sobretudo com relação às excelentes contribuições do estudo de H. Krämer,* Die Ältere Akademie, *contida na reelaboração do* Grundriss der Geschichte der Philosophie *de F. Ueberweg publicado por H. Flashar:* Die Philosophie der Antike, *Band 3:* Ältere Akademie — Aristoteles — Perípatos, *Basel/Stuttgart 1983.*

GIOVANNI REALE

OS SISTEMAS DA ERA HELENÍSTICA

«ἐν τῷ Κρανείῳ ἡλιουμένῳ αὐτῷ Ἀλέξανδρος ἐπιστάς φησιν, "αἴτησόν με ὃ θέλεις". καὶ ὅς, "ἀποσκότησόν μου", φησί».

"Enquanto, certa vez, Diógenes tomava sol no Crâneo, aproximando-se, Alexandre disse: 'Pede-me o que quiseres'. E Diógenes respondeu prontamente: 'Deixa-me o meu sol'."

Diógenes Laércio, VI, 38

«Οὐδὲν ἱκανὸν ᾧ ὀλίγον τὸ ἱκανόν».

"Nada basta àquele para quem o suficiente não basta."

Epicuro, *Sentenças Vaticanas*, 68

Alexandre na batalha de Issos. Mosaico encontrado em Pompeia e conservado no Museu Nacional de Nápoles. Veja-se a representação de Alexandre que trazemos na p. 4, uma herma descoberta em Tívoli e conservada no Louvre. Tanto o mosaico como a herma representam, de maneira muito eloquente, o protagonista da revolução histórica que abriu a era helenística.

INTRODUÇÃO À FILOSOFIA DA ERA HELENÍSTICA

«Σαρκὸς φωνὴ τὸ μὴ πεινῆν, τὸ μὴ διψῆν, τὸ μὴ ῥιγοῦν· ταῦτα γὰρ ἔχων τις καὶ ἐλπίζων ἕξειν κἂν Διὶ ὑπὲρ εὐδαιμονίας μαχέσαιτο.»

"O reclamo da carne é: não ter fome, não ter sede, não ter frio; se alguém tem essas coisas e espera continuar a tê-las, pode medir-se em felicidade até mesmo com Zeus."

Epicuro, *Sentenças Vaticanas*, 33

«καὶ ἐκείνων (i.e. τῶν ἀγαθῶν) τὴν εὐδαιμονίαν μὴ διαφέρειν τῆς θείας εὐδαιμονίας, μηδὲ τὴν ἀμεριαίαν ... διαφέρειν τῆς τοῦ Διὸς εὐδαιμονίας, καὶ κατὰ μηδὲν αἱρετωτέραν εἶναι μήτε καλλίω μήτε σεμνοτέραν τὴν τοῦ Διὸς εὐδαιμονιάν τῆς τῶν σοφῶν ἀνδρῶν.»

"A felicidade dos bons não é diferente da felicidade divina, nem a felicidade de um momento é diferente da felicidade de Zeus e por nada a felicidade de Zeus é preferível, nem mais bela nem mais apreciável que a dos homens sábios."

Crísipo (von Arnim, *S.V.F.*, III, fr. 54)

1. As consequências espirituais da revolução operada por Alexandre Magno

A grande expedição de Alexandre Magno e a conquista do Oriente (334-323 a.C.) produziram uma revolução de enorme importância, não só pelas consequências políticas que provocaram, mas também por toda uma série de mudanças concomitantes de antigas convicções, que determinaram uma reviravolta radical na vida do espírito dos gregos. Foi um acontecimento que fez época, no sentido mais forte desta expressão, pois encerrou uma era e abriu outra.

Vejamos, ponto por ponto, os fatores dessa nova era que atuaram de modo determinante para que a problemática filosófica platônica e a aristotélica perdessem repentinamente grande parte do seu interesse, e para que surgissem novos problemas, novas categorias e novos parâmetros para a sua solução e, em poucas palavras, um clima espiritual radicalmente diferente do clássico.

O fator mais importante a incidir nesse sentido foi certamente a ruína da *polis*. Já o pai de Alexandre, Filipe da Macedônia, tinha começado a minar os princípios basilares das *poleis* gregas, servindo-se habilmente dos organismos políticos existentes para realizar seu projeto de predomínio macedônio sobre a Grécia. Se Filipe respeitou a *polis*, o fez de maneira apenas formal, pois o seu objetivo era submeter a liberdade delas às suas intenções hegemônicas. Mas Alexandre destruiu a *polis* em todos os sentidos, retirando-lhe toda liberdade formal e substancial, a fim de realizar o seu grandioso projeto de monarquia universal divina, que deveria reunir não só Cidades, mas países e raças diversas. Alexandre não conseguiu levar a cabo o seu grandioso projeto e dar forma política às suas imensas conquistas, que se estendiam por três continentes, seja porque os espíritos e os tempos não estavam maduros, seja porque a morte o colheu de improviso em 323 a.C. em muito jovem idade. Apesar de tudo, ele desferiu, com sua política, tal golpe nas Cidades, que elas não tiveram mais nenhuma possibilidade de se refazer. E assim, depois de 323, o poder político do dissolvido império de Alexandre passou aos novos reinos que se formaram no Egito, na Síria, na Macedônia e em Pérgamo, e as *poleis* deixaram definitivamente de fazer história. Os monarcas centraram todo o poder nas próprias mãos, não toleraram nenhuma limitação, identificaram-se com o Estado de modo quase total e, por consequência, cancelaram qualquer forma de liberdade política.

Assim, de um golpe se destruía o valor fundamental da vida espiritual da Grécia clássica, que Platão, na *República,* e Aristóteles, na *Política*, ao mesmo tempo teorizaram, mitificaram, hipostasiaram e sublimaram. Da mesma maneira, inopinadamente, estas obras perdiam, aos olhos de quem visse a revolução de Alexandre, o seu significado e a sua vitalidade, vindo a situar-se numa perspectiva longínqua, em total falta de sintonia com os tempos.

2. Gênese e difusão do ideal cosmopolita

Dado que o grego da era clássica, como sabemos, sempre considerou a *polis* como o horizonte único da vida moral, além do qual o homem não podia conceber a própria existência nem com relação aos outros nem com relação a si mesmo, tendo identificado quase completamente o *homem* e o *cidadão*, é fácil compreender a ruína espiritual que a revolução de Alexandre provocou. De cidadão, o homem torna-se simples *súdito*; deixa de valer pelo seu antigo valor cívico, pois todas as decisões relativas à coisa pública são tomadas sem a sua contribuição; a vida dos novos Estados desenvolve-se independentemente do seu querer; caem as razões das suas antigas paixões, sente-se repentinamente vazio de conteúdo. As "habilidades" que contam não são mais as antigas "virtudes" cívicas, mas um saber e uma técnica que não podem ser possuídos por todos, porque requerem conhecimentos e disposições especiais. Em todo caso, elas perdem o conteúdo ético para adquirirem um conteúdo mais propriamente profissional. O administrador da coisa pública torna-se funcionário, o soldado um mercenário, e junto com estes nasce o homem que, não sendo mais nem o antigo cidadão nem o novo técnico, assume diante do Estado uma atitude de desinteresse neutro, quando não de aversão. Veremos assim a filosofia teorizar essa realidade de modo explícito e pôr o Estado e a política ou entre as coisas neutras e moralmente indiferentes, ou mesmo entre as moralmente negativas, porque fonte de ambições, paixões, preocupações e inúteis perturbações. Junto com a revolução da realidade ético-política clássica, surge um radical repensamento conceitual dos valores ético-políticos. Ademais, as novas perspectivas filosóficas serão ainda mais avançadas e audazes com relação à nova realidade histórica; e muito mais avançadas e audazes do que o foram, em sentido oposto, a *República* de Platão e a *Política* de Aristóteles, relativamente à velha realidade histórica.

Por fim, é importante sublinhar outra analogia. A monarquia universal e divina não pôde ser concretamente realizada por Alexandre, e os reinos helenísticos que daí derivaram foram organismos instáveis e sem força moral. Assim a Grécia não criou, depois da *polis*, um novo organismo político vital capaz de dar origem a novas idealidades morais e políticas que substituíssem as da *polis*; em 146 a.C. perderá inclusive toda a sua liberdade, tornando-se província romana, e o ideal aspirado por Alexandre, em forma muito mais elevada, será realizado pelos romanos com o seu império. E, como a história grega, assim também a filosofia grega não viu entre a *polis* e a sua negação uma nova possibilidade concreta e refugiou-se no *cosmopolitismo*, superando mais uma vez os limites da história e considerando o mundo todo uma Cidade, incluindo nela, com os estoicos, não só todos os homens, mas também os Deuses.

Se o cosmopolitismo das velhas escolas socráticas era antes de tudo um paradoxo sustentado em antítese com a realidade e o pensamento do tempo, o cosmopolitismo da era helenística torna-se tese dominante sem antítese real nem ideal.

3. A descoberta do indivíduo

A ruptura da identificação entre homem e cidadão, além do aspecto prioritariamente negativo apresentado, teve também um aspecto positivo: o homem, não podendo mais pedir à Cidade, ao *ethos* do Estado e aos seus valores os conteúdos da própria vida, foi coagido, pela força dos acontecimentos, a fechar-se em si mesmo, a buscar no seu íntimo novas energias, novos conteúdos morais e novas metas pelas quais viver. Assim *o homem descobriu-se como indivíduo*. Este ponto foi muito bem ilustrado por Bignone: "A educação cívica do mundo clássico formava cidadãos; a cultura a partir da era de Alexandre forjou indivíduos. Nas grandes monarquias helenísticas, os laços e as relações entre o homem e o Estado tornam-se cada vez menos estreitos e imperiosos; as novas formas políticas, nas quais o poder é detido por um só ou por poucos, concedem cada vez mais a cada um a possibilidade de forjar a seu modo a própria vida e a própria pessoa moral, e mesmo nas cidades, como Atenas, onde os antigos ordenamentos perduram (pelo menos na forma), a antiga vida cívica, agora degradada, parece apenas sobreviver, lânguida, intimidada, entre veleidades de reações reprimidas, sem enraizamento nos espíritos. O indivíduo agora está livre diante de si mesmo. O aventureiro em busca de fortuna é um tipo literário que os novos poetas, como Menandro, Teócrito, Eronda, captam na realidade e retratam com singular vivacidade e simpatia. As novas monarquias da Ásia e do Egito — com o seu fascínio de rápidas fortunas, de fabulosas riquezas, oferecendo a ocasião para qualquer audácia singular, para qualquer laborioso engenho —, a facilidade das viagens e das relações comerciais com o Oriente até então conhecido chamam a si os mais variados espíritos, oferecem-lhes momentâneas pátrias mutáveis, onde se adensa uma multidão que tem por deuses supremos o renome, o dinheiro ou a aventura. Cada um vale, não mais como membro da cidade onde nasceu, com a qual deve dividir a sorte, a grandeza, a desventura, mas na medida do valor do seu engenho, do gênio íntimo do seu espírito. *O homem agora parece tudo: único artífice do seu valor e do seu destino, senhor de si mesmo*"[1].

Essas observações de Bignone devem ser assimiladas sublinhando, ademais, que essa descoberta e esse novo senhorio do *indivíduo* degeneram também no *individualismo* e no *egoísmo*, dos quais veremos exemplos paradigmáticos sobretudo na ética de Epicuro e de Pirro.

A esse respeito, um último ponto muito importante deve ainda ser destacado. A distinção entre o indivíduo e o cidadão, a atenuação e, em certos casos, o desaparecimento do sentido cívico acarretaram, em filosofia, como os estudiosos muito bem notaram, a radical distinção e a nítida separação entre *ética* e *política*. A ética clássica por nós conhecida era substancialmente baseada no pressuposto da identidade do homem com o cidadão e, por isso, era enxertada na política

1. E. Bignone, *Il libro della letteratura greca,* Florença 1942^3, p. 413.

ou, mais ainda, subordinada à política. Para Platão e para Aristóteles, são impensáveis tanto uma ética não finalizada politicamente como uma política não fundada eticamente. Pois bem, pela primeira vez na história, a filosofia moral, na era helenística, graças à descoberta do indivíduo, estrutura-se de modo absolutamente autônomo, baseando-se sobre o homem como tal, considerado na sua singularidade. As tentações individualistas e as concessões egoístas das quais falamos são, justamente, o exagero e a exasperação dessa descoberta.

4. A igualização entre gregos e bárbaros e o desmoronar dos antigos preconceitos racistas

A expedição de Alexandre também estava destinada a abalar as raízes, senão a destruir inteiramente, daquele radicadíssimo preconceito racista dos gregos, pelo qual eles pensavam a si mesmos não só como superiores aos bárbaros pela quantidade de dotes, mas também pela sua qualidade, a ponto de considerarem só a si mesmos "por natureza" livres e os bárbaros, ao contrário, incapazes "por natureza" de cultura, de livre atividade e, portanto, "escravos por natureza". Alexandre tentou, e não sem sucesso, a enorme empresa de assimilação dos bárbaros vencidos e da igualização desses com os gregos.

Em 331, mandou instruir milhares de jovens bárbaros com base nos cânones da cultura grega, adestrando-os na arte da guerra, a fim de dispor de novas e juvenis forças de reposição. Em 324, ordenou que soldados e oficiais macedônios desposassem mulheres persas: dez mil soldados macedônios e um grupo de oficiais uniram-se em rito nupcial a mulheres persas na Síria. Esses foram alguns dos exemplos mais clamorosos, que ilustram o ideal de igualização das raças, a ser constantemente reafirmado na era helenística.

Junto com o preconceito racial, cairá também o preconceito da radical distinção dos sexos, e a mulher se encaminhará para ter reconhecidos alguns direitos que lhe tinham sido negados até então: Epicuro acolherá no seu Jardim algumas mulheres para filosofar, e não deixará de abrir a porta até mesmo a cortesãs desejosas de reencontrar a paz da alma. E com a queda do preconceito da existência de diferenças "por natureza" entre os homens, cairá também a base teórica para qualquer justificação da escravidão. Se, com efeito, a filosofia tolerará a escravidão como fato histórico, não deixará de contestá-la no nível teórico: Epicuro não só tratará com familiaridade os escravos, mas querê-los-á participando do seu ensinamento; os estoicos ensinarão que a verdadeira escravidão é só a da ignorância e que à liberdade do saber podem elevar-se tanto o escravo como o soberano: e os dois últimos grandes estoicos serão, justamente, o escravo Epicteto e o imperador Marco Aurélio.

5. A transformação da cultura helênica em cultura helenística

A cultura helênica, difundindo-se entre todas as raças e povos, tornou-se *helenística.* Essa difusão fatalmente comportou, além de uma perda de profundidade, uma paralela perda de pureza. Entrando em contato com tradições e crenças diversas, a cultura helênica devia assimilar cada vez mais alguns dos seus elementos. Sobretudo fizeram-se sentir, muito cedo e profundamente, os influxos do Oriente, como verificaremos oportunamente, a partir de Pirro e, pelo menos sob certos aspectos, a partir dos estoicos.

Os novos centros de cultura como Pérgamo, Rodes e, sobretudo, Alexandria, com a fundação da grandiosa biblioteca e do Museu, por obra de Ptolomeu, acabaram por ofuscar a própria Atenas. Mais ainda, o próprio baricentro da cultura acabou por deslocar-se para Alexandria, que, por sua posição geográfica extremamente favorecida, absorveu os estímulos espirituais provenientes de três continentes e elaborou nos seus círculos intelectuais uma nova cultura com o seu próprio gosto particular, tirando exatamente da cidade o nome de cultura alexandrina.

Até mesmo de Roma, militar e politicamente vencedora, conquistada pelo helenismo, vieram estímulos culturais novos, marcados pelo realismo latino, que contribuíram de modo relevante para criar e difundir o fenômeno do ecletismo. Os mais ecléticos dos filósofos gregos foram, exatamente, aqueles que tiveram contatos mais intensos com os romanos.

6. O ganho em extensão e a perda em profundidade da filosofia helenística

Assim como a cultura helênica, tornando-se helenística, perde o seu vigor originário e a sua força primigênia, assim também a filosofia, em particular, perde em profundidade o que ganha em extensão. A perda se dá justamente na dimensão da teoreticidade e, portanto, na força e no vigor especulativos. O ganho se dá no número incomparavelmente superior de pessoas para as quais a filosofia, transformada essencialmente em problema da vida, sabe comunicar uma mensagem válida. A filosofia torna-se efetivamente a fonte da qual o homem helenístico extrai os valores que antes extraía da *polis* e da religião da *polis*: oferece novos conteúdos de vida espiritual, ilumina as consciências, ajuda o homem a viver e lhe ensina como ser feliz mesmo na época trágica em que vive, na qual todos os antigos valores parecem subvertidos.

Os filósofos da era helenística são substancialmente moralistas, grandes moralistas; são pregadores de um credo ético, são, a seu modo, apóstolos e missionários.

Mas em que consiste precisamente a perda em dimensão teorética da filosofia helenística? A nosso ver, ela pode ser resumida numa frase: a filosofia helenística esvazia quase que totalmente o sentido da "segunda navegação" empreendida por Platão e levada a cabo por Aristóteles. O helenismo perde assim o sentido da transcendência, do metafísico, do espiritual e não pode, portanto, pensar senão com categorias imanentistas, fisicistas e materialistas. À metafísica substitui a *física,* entendendo-a de maneira pré-socrática, como teoria da *physis*, e volta inclusive a extrair da especulação dos pré-socráticos os conceitos ontológicos de base para compreender as coisas. Mas — e este ponto é importante — a filosofia moral dos filósofos do helenismo não nasce dos conceitos que emprestam dos pré-socráticos, pois, como o leitor desta *História da filosofia antiga* bem sabe, sobre as categorias dos pré-socráticos não se fundou, nem o seria possível, nenhuma ética. É de um imediato sentimento da vida que cada um dos grandes fundadores de escolas parte intuitivamente, para depois desenvolvê-lo teoreticamente, buscando nos pré-socráticos categorias adequadas e utilizando-as, em polêmica antítese com o platonismo e com o aristotelismo, como instrumentos subsidiários de esclarecimento e justificação. É por esse motivo que, como veremos, os conceitos morais avançam decididamente seja sobre as doutrinas físicas, seja sobre as doutrinas lógicas das várias escolas helenísticas e assumem valor nitidamente autônomo com relação a elas.

Ao filósofo helenístico e aos seus seguidores, na realidade, importava não a *sophia,* mas a *phronesis*; isto é, importava resolver o problema da vida. E, com efeito, só uma parte exígua do que eles disseram e escreveram além desse problema tem validade autônoma e significado específico. Todavia, ao resolver o problema da vida, os filósofos dessa época criaram algo verdadeiramente grandioso e excepcional: o epicurismo, o estoicismo e o ceticismo estabeleceram modelos de vida nos quais os homens continuaram a inspirar-se por mais de meio milênio, e permaneceram posteriormente como verdadeiros paradigmas espirituais para sempre.

7. A revivescência do espírito socrático

A concepção da filosofia como "arte de viver", ou seja, como sabedoria prática, devia necessariamente elevar ao primeiro plano as instâncias socráticas.

Contudo, alguns esclarecimentos são necessários para compreender o significado desse "retorno a Sócrates".

Na verdade, são socráticas todas as escolas fundadas por discípulos de Sócrates, sejam as "menores", sejam as "maiores", isto é, a Escola de Platão (em certo sentido também a de Aristóteles). Mas, como os socráticos menores, também os filósofos da era helenística consideraram os desenvolvimentos metafísicos e especulativos de Platão (e de Aristóteles) como desvios do socratismo e como acréscimos inúteis e desprezíveis. Todavia, como veremos, nem os socráticos menores satisfizeram ao espírito da era helenística: eles, de fato, caíram nos excessos opostos aos reprovados a Platão, na medida em que eliminaram quase completamente o momento lógico e ontológico, e assim privaram os seus sistemas de qualquer possibilidade de *dar conta de si mesmos* e de *justificar criticamente as próprias asserções.*

Os filósofos da era helenística buscaram, pois, situar-se a meio caminho entre duas posições tidas por extremas. Todavia, não é difícil reconhecer que, se do ponto de vista da visão moral da vida, os filósofos da era helenística estavam mais próximos dos socráticos menores, enquanto retomaram deles numerosas ideias e desenvolveram-nas de vários modos, do ponto de vista da estrutura do sistema estiveram mais próximos de Platão e de Aristóteles, porque reconheceram que não se pode fundar uma ética sem construir uma visão da natureza e do ser, considerada por Sócrates, como sabemos, impossível ao homem. Predominou, contudo, o espírito socrático, mesmo nessa recuperação da "física" (que é uma verdadeira "ontologia"), na medida em que ela foi subordinada à ética e não foi considerada fim em si mesma.

Epicuro inspirou-se claramente na letra, mais que no espírito de Sócrates, ao definir a filosofia como arte médica espiritual que cura os males da alma, e ao declarar todo o resto verbalismo inútil.

Socráticos radicais foram também os estoicos que, identificando a virtude com o exercício e desenvolvimento do *lógos* existente no homem, retornaram à doutrina da virtude-ciência e a um rigoroso intelectualismo.

Socráticos consideraram-se os próprios céticos, que viram na sua dúvida um desenvolvimento da dúvida e do não-saber proclamados por Sócrates.

Porém, profundamente socrática foi sobretudo a convicção, que é uma espécie de mínimo denominador de todos os sistemas da era helenística, de que o verdadeiro filósofo só o é na medida em que sabe realizar a plena coerência (uma "harmonia" e um "acordo", dizia Sócrates) entre doutrina e vida, ou, melhor ainda, entre teoria e modo de viver e morrer. Filósofo não é quem sabe apenas pensar e construir sistemas, mas é, sobretudo, quem sabe viver e morrer em acordo com o seu sistema. Sistema de ideias e sistema de vida devem "sintonizar-se" de modo perfeito. As obras-primas dos filósofos dessa época não foram só os seus livros, mas também os seus modos de viver e morrer; antes, foram o pleno acordo e a coerência entre doutrina e vida, que Sócrates, por primeiro, soube realizar de maneira paradigmática[2].

---

2. Falando de Pirro, M. Conche (*Pyrrhon ou l'apparence*, Éditions de Mégare, Villers sur Mer 1973) fez algumas observações perfeitamente válidas para todos os filósofos dessa época, e que vale a pena citar aqui: "A exigência grega de sabedoria

8. O ideal da autarquia

As novas concepções filosóficas, mesmo manifestando-se de formas diversas nas diferentes escolas, apresentam traços comuns e instâncias idênticas. Elas buscam substancialmente um ideal de vida que cada homem possa seguir, extraindo os recursos unicamente de si mesmo. A ideia, que foi de Sócrates e que alguns dos seus seguidores já tinham elevado ao primeiro plano, de *bastar-se a si mesmo* torna-se agora dominante. E isso é compreensível: numa época em que tudo se arruinava e mudava rapidamente, o homem não podia pedir aos outros homens ou às coisas ponto de apoio nem garantia de segurança, devendo antes buscar e encontrar em si, e exclusivamente em si, aquilo de que precisava. É o ideal da total autarquia. Mais ainda, os filósofos dessa época estenderam a instância de total liberdade até mesmo aos confrontos com o Destino, com a *Tyke*, com o Inevitável. Pirro põe em xeque a *Tyke* com absoluta indiferença e total insensibilidade. Zenão e os estoicos buscam libertar-se do Destino sintonizando-se com ele, isto é, fazendo da vontade da Sorte a sua vontade; Epicuro zomba do Destino e nega-o como vã opinião. O homem, melhor dizendo, o indivíduo é, assim, libertado de toda dependência e quase absolutizado.

9. A ideia da ataraxia

Até mesmo o fim moral aspirado por todas as escolas filosóficas helenísticas coincide fundamentalmente. Todas querem ensinar como

indica o que é essencial para a filosofia. Qualquer teoria, com efeito, deve tornar-se digna de fé. Ora, não se torna digno de fé o que se diz acrescentando indefinidamente palavras a outras palavras. É preciso mudar de plano, fornecer a prova experimental, mostrar que se é filósofo no modo de viver e de morrer. A filosofia é aprisionada nas garras do dilema de permanecer palavra — e anular-se enfim no verbalismo — ou de ser uma sabedoria (uma vida, uma prática). Uma doutrina ou teoria filosófica ou não é nada ou, em última análise, não é senão uma prática de vida, e as possibilidades filosóficas, tomadas na sua verdade, não são senão possibilidades de vida. *A verdade da filosofia é a sabedoria e o sábio é o filósofo cuja vida serve de prova*" (p. 25). (M. Conche acrescenta ainda [nota 1]: "Um filósofo é totalmente diferente de um intelectual. De resto, se tomarmos a ideia que hoje temos de intelectual, devemos dizer que na Grécia não havia intelectuais".)

ser feliz e todas identificam a felicidade com algo mais negativo que positivo, que constitui mais renúncia do que conquista, que implica mais amputações e eliminações de exigências humanas do que enriquecimento delas, mais um anular-se do que um desenvolver-se. Todas concordam em afirmar que a felicidade está na *ataraxia*, ou seja, na paz do espírito. Pirro busca a paz do espírito na total *renúncia*, na plena *indiferença* e na *insensibilidade*; Zenão busca-a na *apatia*, na *impassibilidade*, ou seja, na supressão de todas as paixões do ânimo; Epicuro, enfim, busca-a na *aponia*, isto é, na *supressão da dor física* e na *ataraxia*, ou seja, *na eliminação de qualquer perturbação do ânimo*. Mas é claro que esvaziar o homem das paixões humanas é esvaziá-lo de grande parte da sua vida.

Ademais, muitos filósofos, para conseguir essa paz, pregam a vida simples e descobrem a paz do campo e das árvores, o retorno à natureza não-contaminada e também à solidão. O lema de Epicuro e dos epicuristas é, exatamente, "vive escondido". Essa é a expressão da mais completa inversão do sentimento clássico.

10. O ideal do sábio

Comum a todas as escolas helenísticas é também (e como consequência do que foi dito) o *ideal do sábio* que, às vezes, é elevado a alturas até mesmo míticas. O sábio é o homem portador de todas as virtudes que as novas filosofias reconhecem como essenciais para viver feliz e, por isso, é o homem sumamente feliz. O sábio, afirmam concordes todas as novas filosofias, não tem nada a invejar aos Deuses, porque sua felicidade *não difere qualitativamente da dos Deuses*: o prazer que Zeus experimenta eternamente, diz Epicuro, não pode ser outro senão o que nós alcançamos no tempo, mas que, mesmo no tempo, podemos realizar de modo perfeito, como veremos. E o mesmo conceito, com outros termos, é repetido pelos estoicos: a nossa virtude, na qual consiste a felicidade, não é mais que o reto *lógos*, idêntico ao *lógos* de Zeus, e isso também veremos oportunamente.

Armado com essa sabedoria divina, o sábio nada tem a temer sobre a terra: mesmo entre as chamas — é este um paradoxo comum a todas as escolas helenísticas — o sábio pode ser feliz: e pode sê-lo porque está em condições, com a sabedoria, praticamente de anular espiritualmente até mesmo a dor que é o efeito das chamas. E dado que, enfraquecido o conceito de suprassensível, não é possível falar de autêntica imortalidade e de um além, esses filósofos declaram o *telos* do homem alcançável plenamente no aquém: a única felicidade que existe está sobre a terra; mas (e isso é muito indicativo) é uma curiosa felicidade, que se obtém, como já acenamos e como veremos melhor no curso da exposição das doutrinas de cada uma das escolas, mediante as mais radicais renúncias ao que é mais refinadamente terrestre.

11. A divinização dos fundadores dos grandes sistemas da era helenística

Um último ponto é característico e significativo. Todos os fundadores de escolas aproximaram-se notavelmente, na sua vida real, ao ideal teoreticamente aspirado e pregado: por isso a impressão que suscitaram nos contemporâneos, por muitos séculos, foi de enorme admiração e de entusiasmo sem reservas.

De Pirro escreve o discípulo Tímon:

> Ó Pirro, isso o meu coração deseja aprender de ti, como é que tu, embora ainda sendo homem, tão facilmente levas a vida tranquila, tu que és único a guiar os homens, *semelhante a um deus*[3].

E muitos séculos depois de Tímon, escreve ainda Sexto Empírico:

> Ó Pirro, que surgiste *como grande maravilha*, maior que todas, *como ser extraordinário, diferente dos outros*, por ter ousado ir vigorosamente contra todos os filósofos, ó quão corajoso foste![4]

O dia natalício de Epicuro foi consagrado a passou a ser celebrado solenemente pelos seus seguidores.

Sobre Epicuro, lê-se numa antiga sentença:

> A vida de Epicuro comparada com outras, em gentileza e paz interior, seria considerada uma lenda[5].

---

3. Diógenes Laércio, IX, 65.
4. Sexto Empírico, *Esboços pirronianos*, III, 281.
5. Epicuro, *Sentenças Vaticanas*, 36.

E Lucrécio, muito tempo depois, escreve:

Diante de tão sublimes descobertas da verdade,
quem poderia cantar, de modo inspirado,
um canto digno delas? Quem terá forças
para em palavras compor os louvores
segundo os méritos daquele que nos deixou,
dos seus esforços, tais frutos e conquistas?
Ninguém, creio eu, dentre os nascidos de sangue mortal.
Dado que, como o pede a clara
e reconhecida majestade do assunto,
deve-se falar dele, ó ilustre Mêmio,
que foi um deus, um deus, que primeiro descobriu
a regra da existência que se chama agora sapiência,
aquele que só em virtude de sua mente,
arrancou a vida das ondas das trevas,
e colocou-a em lugar tão tranquilo e em tão clara luz[6].

E de Crísipo, segundo fundador do estoicismo, escreve Epicteto:

Ó grande fortuna! Ó grande benfeitor que indica o caminho! Pois bem, a Tritolemo todos os homens ofereceram sacrifícios e altares, porque deu-nos alimentos civilizados, e ao que encontrou a verdade, esclareceu-a, levou-a a todos os homens — e não a verdade que faz viver, mas a que faz bem viver — quem de vós elevou, por esse benefício, um altar, ou dedicou um templo ou uma estátua, quem se prostra diante de Deus por esse benefício? Porque deram-nos a videira e o grão, sacrifiquemos aos Deuses, mas porque produziram no pensamento humano um fruto tão belo, graças ao qual deviam mostrar-nos a verdade sobre a felicidade, por isso, digo, não renderemos graças a Deus?[7]

Encontramo-nos, sem dúvida alguma, diante de homens que souberam dizer à sua época a palavra da qual ela tinha necessidade: e foi uma palavra que não durou uma breve estação, mas atravessou séculos inteiros e, mesmo ao homem extrovertido de hoje (que vive uma crise semelhante à do helenismo sob certos aspectos, porque vive uma verdadeira revolução da escala de valores), se adequadamente escutada, poderia ter uma precisa mensagem a comunicar.

6. Lucrécio, *De rerum natura*, V, 1 ss. Ver também os versos 12-55 que se seguem, nos quais se desenvolve, entre outros, um pensamento análogo ao que lemos na passagem onde Epicteto exalta Crísipo.

7. Epicteto, *Diatribes*, I, 4, 29-32.

PRIMEIRA PARTE

O ESGOTAMENTO DAS ESCOLAS SOCRÁTICAS MENORES E A INVOLUÇÃO DAS ESCOLAS DE PLATÃO E DE ARISTÓTELES

«ὅμοιοι δὴ καὶ οὗτοι τοῖς ἀρχαίοις Ὁμηρικοῖς, οἳ μικρὰς ὁμοιότητας ὁρῶσι μεγάλας δὲ παρορῶσιν.»

"Estes filósofos recordam os velhos intérpretes de Homero, os quais viam as pequenas semelhanças e não se davam conta das grandes."

Aristóteles, *Metafísica,* N 6, 1903 a 26-28

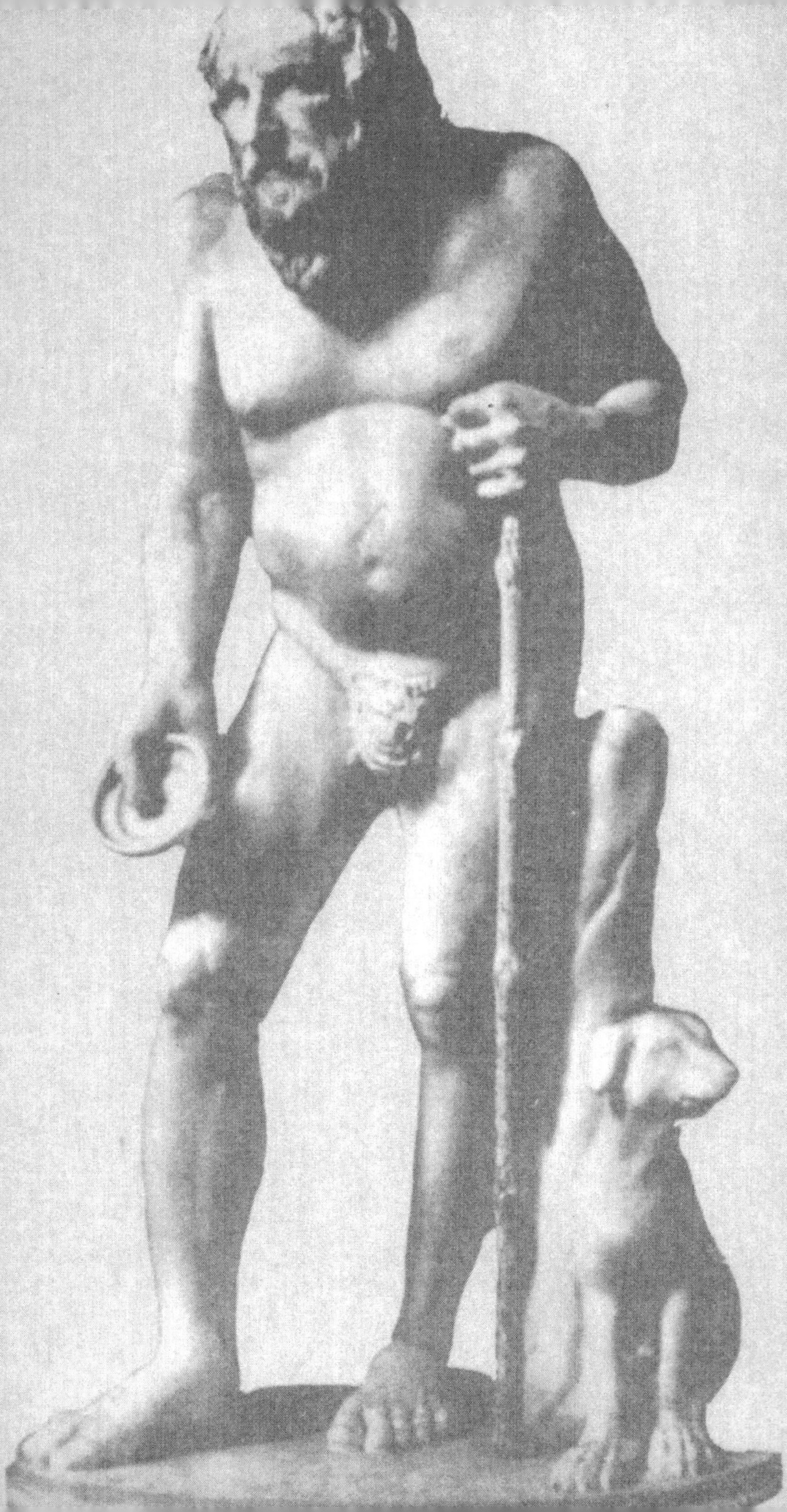

PRIMEIRA SEÇÃO

OS DESENVOLVIMENTOS DAS ESCOLAS SOCRÁTICAS MENORES E AS RAZÕES DE SEU DECLÍNIO E DESAPARECIMENTO

«Ἐρωτηθεὶς (i.e. Πλάτων) ὑπό τινος "ποῖός τίς σοι Διογένης δοκεῖ;" "Σωκράτης" εἶπε, "μαινόμενος".»

"Platão, interrogado sobre o que pensava de Diógenes, respondeu: 'é um Sócrates enlouquecido'."

Diógenes Laércio, VI, 54
Eliano, *Var. hist.*, XIV, 33

Na p. 20 apresentamos uma estatueta muito conhecida, conservada em Roma, na Vila Albani, que representa Diógenes, o Cínico. Aqui reproduzimos o rosto de um filósofo cínico anônimo, que alguns conjeturam ser Crátes, conservado no Museu Arqueológico de Nápoles.

I. DIÓGENES, "O CÃO", E OS DESENVOLVIMENTOS DO CINISMO

1. Diógenes e a radicalização do cinismo

O fundador do cinismo foi Antístenes, como vimos no segundo volume[1]; todavia, coube a Diógenes de Sinope[2] a ventura de se tornar o representante mais típico e o símbolo desse movimento espiritual.

---

1. Cf. vol. II, pp. 167-177. Recordamos que a edição de referência dos testemunhos e fragmentos de Diógenes e dos cínicos antigos é a de G. Giannantoni, *Antisthenis, Diogenis, Cratetis et Cynicorum veterum reliquiae*, contida em: *Socraticorum Reliquiae*, 4 vols., Edizioni dell'Ateneo, Roma 1983-1985, vol. II, v A — v N.

2. Diógenes nasceu em Sinope. O pai, Icésio, foi banqueiro e, segundo algumas fontes, responsabilizado por falsificação de moeda corrente, tendo sido expulso e exilado com a família (cf. Diógenes Laércio, VI, 20 = Giannantoni, v B, 2). Segundo outras fontes, foi o próprio Diógenes quem fundiu moeda falsa (e ele mesmo o teria admitido) e, como consequência, foi condenado ao exílio ou, antes mesmo de ser condenado, fugiu (*ibidem*). Viveu por muito tempo em Atenas, mas também em Corinto, onde morreu. A cronologia de Diógenes é bastante controvertida. As datas mais seguras continuam sendo as indicadas por Diógenes Laércio, o qual informa que o nosso filósofo "era velho na CXIII Olimpíada [ou seja, em 328-325 a.C.]" (VI, 79 = Giannantoni, v B, 92), que morreu "com cerca de noventa anos" (VI, 76 = Giannantoni, v B, 90), e que morreu em Corinto, no mesmo dia em que Alexandre morreu em Babilônia [= 323 a.C.], (VI, 79 = Giannantoni, v B, 92). Segundo alguns estudiosos modernos, a notícia de que Diógenes teria sido vendido como escravo (cf. Diógenes Laércio, VI, 29ss. = Giannantoni, v B, 70) é uma invenção do cínico Menipo (cf. *infra* nota 75). As fontes antigas dizem claramente que Diógenes foi discípulo de Antístenes (cf. Giannantoni, v B, 17-24). Diógenes Laércio narra inclusive como se teria dado o encontro entre os dois filósofos: "Chegando a Atenas encontrou-se com Antístenes. Dado que este, não querendo receber a ninguém como aluno, despediu-o, ele, perseverando assiduamente, conseguiu convencê-lo. E certa vez em que Antístenes ergueu o bastão contra ele, Diógenes ofereceu-lhe a cabeça, dizendo: 'Podes bater, pois não encontrarás madeira tão dura que possa fazer-me desistir de conseguir que me digas algo, como me parece que deves'. A partir daí tornou-se seu ouvinte e, como exilado, dedicou-se a um moderado teor de vida" (VI, 21 = Giannantoni, v B, 19). [Alguns afirmam que foi Diógenes o verdadeiro fundador do cinismo; mas essa tese não se sustenta, como já demonstramos no vol. II (pp. 175ss.): Antístenes é fundador do cinismo teórico e Diógenes do cinismo prático, mas o núcleo essencial do pensamento de Diógenes já está em Antístenes]. A Diógenes são atribuídos numerosos escritos, dos quais nenhum chegou até nós (cf. Giannantoni, v B, 117ss.).

De fato, Diógenes não só levou as instâncias suscitadas por Antístenes às extremas consequências, mas soube transformá-las em substância de vida com rigor e coerência tão radicais, que por séculos inteiros foram consideradas verdadeiramente extraordinárias. Diógenes infringiu a imagem clássica do homem grego, e a nova, por ele proposta, foi logo considerada um paradigma. Com efeito, a era helenística (e em parte a própria era imperial) reconheceu nela a expressão das suas próprias exigências de fundo ou, pelo menos, de uma parte essencial delas. A célebre frase "procuro o homem"[3], que, como nos foi transmitido, Diógenes pronunciava caminhando com uma lanterna acesa em pleno dia, com evidente e provocadora ironia, queria significar exatamente isso: procuro o homem que viva segundo a sua mais autêntica essência, procuro o homem que, além de toda exterioridade, de todas as convenções ou de todas as regras impostas pela sociedade, e além do capricho do destino e da fortuna, reencontre a sua natureza genuína, viva em conformidade com ela e assim seja feliz, como diz o seguinte testemunho:

> [Diógenes, o cínico] andava gritando repetidamente que os deuses concederam aos homens fáceis meios de vida, mas que, entretanto, os esconderam da vista humana [...][4].

A missão que Diógenes se propôs foi, justamente, trazer à vista aqueles fáceis meios de vida, e demonstrar que o homem tem sempre à sua disposição o que é necessário para ser feliz, *desde que saiba dar-se conta das efetivas exigências da sua natureza.*

Para Sócrates (como vimos amplamente no volume II), a natureza do homem era a sua "alma", entendida como inteligência e consciência[5]; em Antístenes essa perspectiva, embora claramente reafirmada, já vacila[6]; em Diógenes, as instâncias naturalistas (e poderemos dizer também materialistas) ganham impulso decisivo. Na verdade, sente-se ainda o eco da doutrina socrática da alma: ele situa na "harmonia da alma" o objetivo da vida moral, e na "saúde da al-

3. Cf. Diógenes Laércio, VI, 41 (= Giannantoni, v B, 117s.).
4. Diógenes Laércio, VI, 44 (= Giannantoni, v B, 322).
5. Cf. vol. II, pp. 91-100ss.
6. Cf. vol. II, pp. 167ss.

ma"[7] o objetivo do próprio "exercício físico", ao qual nos referiremos[8]. Entretanto, ele esvazia de conteúdo tais afirmações na medida em que, por um lado, tira toda consistência daquilo que para Sócrates era o único alimento da alma, ou seja, *a ciência e a cultura,* e, por outro lado, na medida em que as necessidades elementares do *ser animal* acabam, aos seus olhos, transformando-se nos fundamentos dos quais extrai as regras do viver.

Com relação ao primeiro ponto, deve-se notar o seguinte. As matemáticas, a física, a astronomia e a música são, para ele, "inúteis e desnecessárias"[9]. São absurdas para ele também as construções metafísicas: as Ideias platônicas inexistem porque não são atestadas pelos sentidos e pela experiência[10]. Mas também a dialética socrática, com todos os seus complexos procedimentos irônicos e maiêuticos, e com todas as suas implicações, é abandonada: *o modo concreto de viver* (o empenho existencial, poderemos dizer com linguagem moderna) é anteposto a qualquer doutrina e a todo procedimento racional. Certos comportamentos e certas ações paradoxais como, por exemplo, o já recordado fato de andar de dia com a lanterna acesa, ou o de entrar num teatro quando os outros saíam[11], são usados como arma maiêutica, de preferência ao paradoxo intelectual e à arma conceitual. O cinismo, com Diógenes e depois dele, torna-se a mais "anticultural" das filosofias que a Grécia e o Ocidente conheceram.

Com relação ao segundo ponto acima mencionado, ou seja, o fato de o aspecto animalesco do homem sobrepor-se ao espiritual como regra de vida, é muito indicativo um testemunho tirado de Teofrasto, profundo conhecedor do pensamento de Diógenes:

Conta Teofrasto, no seu *Megárico,* que certa vez [Diógenes] viu um rato correr ao léu, sem meta (não buscava um lugar para dormir nem tinha

---

7. Diógenes Laércio, VI, 27, 58, 65, 70 (= Giannantoni, v B, 374, 397, 319, 291).

8. Cf. o § 3.

9. Diógenes Láercio, VI, 73 (= Giannantoni, v B, 370).

10. "Discorrendo Platão sobre as Ideias, e usando 'mesidade' e 'copidade' em vez de 'mesa' e 'copo', Diógenes disse: 'Quanto a mim, Platão, vejo a mesa e o copo; mas as Ideias de mesa e de copo, não as vejo'. E Platão: 'É certo. Tens olhos para ver o copo e a mesa: não tens a mente para ver as Ideias de mesa e de copo" (Diógenes Laércio, VI, 53 = Giannantoni, v B, 62).

11. Cf. Diógenes Laércio, VI, 64 (= Giannantoni, v B, 267).

medo das trevas nem desejava nada do que se considera [comumente] desejável) e assim descobriu o remédio para as suas dificuldades[12].

Portanto, é um animal que indica ao cínico o modo de viver: um viver sem metas (sem as metas que a sociedade propõe como necessárias), sem necessidade de casa e de morada fixa, e sem o conforto das comodidades oferecidas pelo progresso.

E eis como Diógenes o põe em prática:

> Segundo alguns, [Diógenes] foi o primeiro a forrar o manto pela necessidade de inclusive dormir com ele, e levava um bornal no qual carregava os alimentos; servia-se indiferentemente de qualquer lugar para qualquer uso, para comer, para dormir ou para conversar. Costumava dizer que os atenienses tinham-lhe fornecido um lugar onde pudesse morar: e indicava o pórtico de Zeus e a sala das procissões [...] Uma vez ordenou a alguém que lhe providenciasse uma pequena casa; e como aquele demorasse, escolheu por habitação um barril que havia no Metroo, como ele mesmo atesta nas *Epístolas*[13].

O parâmetro de vida do cínico é o comportamento do animal interpretado pela razão humana: e o comportamento do animal, se bem entendido pela razão, diz exatamente que quase todas as coisas que o homem busca e faz são determinadas pelas convenções sociais e, portanto, não naturais, supérfluas[14].

É desnecessário destacar o fato de que essa posição é fortemente aporética ou, no mínimo, ambígua: com efeito, o verdadeiro parâmetro não é a vida do animal enquanto tal, mas *a razão que a interpreta.* Ademais, entre o comportamento do animal e o do homem há um verdadeiro abismo: há o abismo da liberdade e da escolha, que torna o primeiro incomensurável ao segundo.

Mas Diógenes, em certa medida, tinha consciência disso, tanto é que põe exatamente na liberdade o princípio e o fim do seu sistema de vida. De fato, é-nos referido:

---

12. Diógenes Laércio, VI, 22 (= Giannantoni, v B, 172).

13. Diógenes Laércio, VI, 22s. (= Giannantoni, v B, 174).

14. Dizia que todas as maldições trágicas tinham-se abatido sobre ele porquanto era alguém "sem cidade, sem teto, banido da pátria, mendigo, errante, cotidianamente em busca de um pedaço de pão" (Diógenes Laércio, VI, 38 = Giannantoni, v B, 263): mas dizia isso com evidente ironia pois, para ele, essas desgraças não constituíam privações não naturais, mas condições naturais do homem, desprovido do supérfluo.

Modelo da sua vida, ele [Diógenes] dizia, foi Héracles, *que nada antepôs à liberdade* (ἐλευθερία)[15].

Natureza e liberdade, para ele, longe de estarem em antítese, paradoxalmente pareciam coincidir. De resto, os conceitos cardeais do seu pensamento não exprimem senão os modos nos quais essa liberdade toma corpo ou os meios para alcançá-la ou fortalecê-la[16]. Examinemos analiticamente esses conceitos.

2. A "parresía" e a "anaídeia"

Em primeiro lugar, Diógenes proclamou a *liberdade de palavra* (παρρησία):

> Interrogado sobre qual seria a coisa mais bela entre os homens disse: 'A liberdade de palavra'[17].

O cínico diz o que pensa a todos, e até mesmo do modo mais cáustico, sem nenhuma discriminação, quer se trate de um simples homem comum, de um famoso filósofo, de um rei poderoso: conhecidíssimas na antiguidade foram as suas mordazes respostas a Platão, a Filipe e ao grande Alexandre.

Eis um dos exemplos mais eloquentes, referido por Diógenes Laércio:

> O estoico Dionísio conta que, depois de Queroneia, foi capturado e conduzido a Filipe. A Filipe, que lhe perguntou quem era, replicou: 'Observador da tua insaciável avidez'. Por este dito conquistou a sua admiração e foi posto em liberdade[18].

Junto com a *liberdade de palavra*, Diógenes proclamou a *liberdade de ações*, uma liberdade às vezes levada ao limite da imprudência e, até mesmo, do abuso (ἀναίδεια). Com essa liberdade de ação, ele pretendeu demonstrar a mera convencionalidade e, portanto, não-

15. Diógenes Laércio, VI, 71 (= Giannantoni, v B, 291).
16. As suas atitudes de contestação e o seu comportamento fora da lei são amiúde ditados por um exasperado desejo de ilimitada liberdade.
17. Diógenes Laércio, VI, 69 (= Giannantoni, v B, 473).
18. Diógenes Laércio, VI, 43 (= Giannantoni, v B, 27).

naturalidade de certos usos e costumes gregos; porém, mais de uma vez, junto com ela, efetivamente arrasou até as mais elementares normas de decência (a identificação aporética da natureza animal do homem com a liberdade da qual falamos acima está, indubitavelmente, na base da indiscriminada *anaídeia* diogeniana).

Sobre isso, conta-se o seguinte:

> Costumava fazer *qualquer coisa* à luz do sol, mesmo o que diz respeito a Demetra e Afrodite[19].

> Reprovado uma vez porque comia na praça do mercado, replicou: "Também na praça do mercado tive fome"[20].

> Gostava de discutir e concluir do seguinte modo: "Se comer não é estranho, nem mesmo na praça do mercado é estranho. Não é estranho comer; portanto, também não é estranho comer na praça do mercado"[21].

Mas a *anaídeia* de Diógenes foi muito além da contestação das regras de convivência impostas pela sociedade grega, como o demonstram esses testemunhos:

> Durante uma refeição, alguns jogavam-lhe os ossos como a um cão. Diógenes, retirando-se, urinou sobre eles, como um cão[22].

> Certa vez alguém o introduziu numa casa suntuosa e o proibiu de cuspir. Diógenes então pigarreou profundamente e cuspiu-lhe no rosto, dizendo não ter encontrado um lugar pior[23].

> Costumava masturbar-se em público e dizia: "Quem me dera pudesse aplacar a fome, esfregando-me o ventre"[24].

Este último testemunho, na verdade, não tem aquele significado perverso que, à primeira vista, se lhe poderia atribuir. Ele enquadra-se na polêmica, já iniciada por Antístenes, contra Eros e Afrodite: Antístenes

19. Diógenes Laércio, VI, 69 (= Giannantoni, v B, 147).
20. Diógenes Laércio, VI, 58 (= Giannantoni, v B, 186).
21. Diógenes Laércio, VI, 69 (= Giannantoni, v B, 147).
22. Diógenes Laércio, VI, 46 (= Giannantoni, v B, 146).
23. Diógenes Laércio, VI, 32 (= Giannantoni, v B, 236).
24. Diógenes Laércio, VI, 69; cf. VI, 46 (= Giannantoni, v B, 147).

queria "flechar Afrodite", ou seja, destruir as ilusões com as quais os homens cobrem os prazeres do amor, para demonstrar a sua vaidade[25]; Diógenes, com gesto voluntariamente levado ao extremo da impudência, queria alcançar o mesmo objetivo, e as palavras com as quais acompanhava o gesto são a mais eloquente confirmação disso.

E eis alguns juízos de Diógenes, que não só revelam os fundamentos teoréticos da *anaídeia*, mas definem de maneira eloquente o ânimo substancialmente anárquico do cinismo, o qual parte de uma correta e motivada contestação do que tem valor apenas por convenção, mas em seguida, no seu procedimento impetuoso, perde rapidamente o sentido do limite e acaba por pisotear e arrasar, além das convenções, a própria "natureza":

> Expunha ao ridículo a nobreza de berço, a reputação e coisas semelhantes, julgando-as ornamentos exteriores do vício [...][26].

> Não achava de modo algum estranho roubar alguma coisa de um templo ou tocar a carne de qualquer animal; nem considerava uma impiedade *comer carne humana*, como era claro que faziam alguns povos estrangeiros[27].

Como motivação desta última afirmação, ele aduzia a conhecida doutrina de Anaxágoras de que *tudo está em tudo*, no sentido de que os elementos de todas as coisas estão contidos em qualquer coisa, de modo que a carne de um animal não pode *naturalmente* distinguir-se da carne humana[28]. E isso demonstra *ad abundantiam* o alcance das consequências decorrentes da perda do verdadeiro significado do conceito socrático da *psyché,* frequentemente invocado por Diógenes[29].

3. A prática do exercício (*áskesis*) e da fadiga (*pónos*)

O método que pode conduzir à liberdade e à virtude e, portanto, à felicidade, resumia-se, para Diógenes, nos dois conceitos essenciais

25. Cf. vol. II, pp. 173ss.
26. Diógenes Laércio, VI, 72 (= Giannantoni, v B, 353).
27. Diógenes Laércio, VI, 73 (= Giannantoni, v B, 132).
28. *Ibidem*.
29. Cf. *supra*, nota 7.

de "exercício" (ἄσκησις) e "fadiga" (πόνος), que consistiam numa prática de vida própria para temperar o físico e o espírito ante as fadigas impostas pela natureza, e, ao mesmo tempo, apta para habituar o homem ao domínio dos prazeres e, mais ainda, ao "desprezo" deles:

> Dizia [Diógenes] que o exercício é duplo, espiritual e físico. Na prática constante do exercício físico, formam-se pensamentos que tornam mais ágil a atuação da virtude. O exercício físico integra-se e completa-se com o exercício espiritual. A boa condição física e a força são os elementos fundamentais para a saúde da alma e do corpo. Apresentava provas para demonstrar que o exercício físico contribui para a conquista da virtude. Ele observava que tanto os humildes artesãos como os grandes artistas tinham adquirido notável habilidade pelo constante exercício da sua arte, e que os flautistas e os atletas deviam a sua superioridade ao assíduo e trabalhoso empenho. E se estes tivessem transferido o seu empenho também à alma, teriam conseguido resultados úteis e concretos. Sustentava por isso que nada se pode obter na vida sem exercício, antes, que o exercício é o artífice de qualquer sucesso. Eliminados, portanto, os esforços inúteis, o homem que escolhe as fadigas exigidas pela natureza vive de maneira feliz; a não compreensão dos esforços necessários é a causa da infelicidade humana. Até mesmo o desprezo dos prazeres é dulcíssimo para quem esteja habituado a ele. E como os que são habituados a viver nos prazeres a contragosto passam a outro teor de vida, assim os que estão exercitados no modo contrário com maior desenvoltura desprezam esses mesmos prazeres[30].

O *desprezo do prazer*, que já era pregado por Antístenes, é fundamental na vida do cínico, pois o prazer não só amolenta o físico e o espírito, mas põe em perigo e destrói a liberdade, tornando o homem de várias maneiras escravo das coisas e dos outros homens, impossibilitando assim a realização da *autarquia* e da *apatia,* que constituem a suprema aspiração do sábio. Não menos que o distanciamento dos prazeres, para Diógenes, é fundamental a libertação das paixões. A esse respeito ele dizia:

> Os néscios são escravos das paixões, como os servos dos senhores[31].

---

30. Diógenes Laércio, VI, 70s.; cf. VI, 23 e 34 (= Giannantoni, v B, 291, 174, 176).

31. Diógenes Laércio, VI, 66 (= Giannantoni, v B, 318).

4. A autarquia e a apatia

Do que dissemos até aqui fica claro que, para Diógenes, o ideal supremo era o bastar-se-a-si-mesmo, o não-ter-necessidade-de-nada, a "autarquia" já pregada pelo mestre, assim como a "apatia" e a "indiferença" diante de todas as coisas.

Relata Diógenes Laércio:

> Frequentemente [os cínicos] alimentam-se apenas de ervas e, em todo caso, bebem somente água fresca; qualquer alojamento é bom, mesmo um barril, como aquele onde vivia Diógenes, o qual costumava dizer *que é próprio dos deuses não ter necessidade de nada, de quem é semelhante aos deuses, ter necessidade de pouco*[32].

E ainda:

> Louvava os que chegavam a ponto de se casar e não se casavam, os que se preparavam para empreender uma viagem marítima e a ela renunciavam, os que estavam para se dedicar à vida política e não se dedicavam, os que queriam constituir uma família e não o faziam, os que se dispunham a viver com os poderosos e em seguida abstinham-se disso[33].

E, enfim:

> Certa vez viu uma criança que bebia no côncavo das mãos e jogou fora do bornal a caneca dizendo: "Uma criança deu-me lição de simplicidade". Abandonou também a bacia, ao ver um menino que, tendo-se rompido o prato, pôs as lentilhas na cavidade de um pedaço de pão[34].

Porém, melhor que qualquer outro, exprime o significado da *autarquia* diogeniana o seguinte episódio, verdadeiramente espetacular e emblemático:

> Enquanto certa vez [Diógenes] tomava sol no Crâneo, aproximando-se, Alexandre disse: "Pede-me o que quiseres". E Diógenes respondeu prontamente: "Deixa-me o meu sol"[35].

Diógenes não saberia o que fazer com o extraordinário poder de Alexandre: bastava-lhe, para ser feliz, o sol, que é a coisa mais natu-

---

32. Diógenes Laércio, VI, 104 (= Giannantoni, v B 135).
33. Diógenes Laércio, VI, 29 (= Giannantoni, v B, 297).
34. Diógenes Laércio, VI, 37 (= Giannantoni, v B, 158).
35. Diógenes Laércio, VI, 38 (= Giannantoni, v B, 33).

ral, à disposição de todos; ou melhor, bastava-lhe a profunda convicção da inutilidade daquele poder, pois a felicidade vem de dentro e não de fora do homem.

Não há dúvida de que ao exasperado desejo de independência autárquica liga-se também a contestação da instituição do matrimônio e a sua substituição pela convivência livre entre homem e mulher:

> Perguntaram a Diógenes em que idade alguém deveria casar-se. A sua resposta foi esta: "Quando se é jovem, ainda não, quando se é velho, não mais"[36].

> Admitia a comunhão das mulheres, não reconhecia o matrimônio, mas a convivência pactuada entre homem e mulher. Em consequência, também os filhos deviam ser comuns[37].

Naturalmente o sábio cínico não tem necessidade nem de uma Cidade nem de um Estado. Com efeito, Diógenes, mesmo reconhecendo utilidade à comunidade ordenada que é a Cidade[38], afirmava que a única constituição reta é a que rege o universo e, portanto, proclamava-se "cidadão do mundo"[39].

Enfim, Diógenes sustentava que o sábio não tem necessidade nem dos auxílios divinos, nem dos prêmios ultraterrenos, mesmo acreditando que a Divindade existe e que

> tudo está pleno da sua presença[40].

Com base nessas convicções, é claro que, para viver, Diógenes devia pedir aos outros o que precisava e, até mesmo, mendigar: contudo ele pedia não com a humildade de quem tem necessidade, mas com o orgulho e a altivez de quem considera devido o que pede:

> Quando precisava de dinheiro, recorria aos amigos dizendo que não o pedia como dom, *mas como restituição*[41].

Ademais, justificava sua atitude com esse raciocínio:

---

36. Diógenes Laércio, VI, 54 (= Giannantoni, v B, 200).
37. Diógenes Laércio, VI, 72 (= Giannantoni, v B, 353).
38. *Ibidem.*
39. Diógenes Laércio, VI, 63 (= Giannantoni, v B, 355).
40. Diógenes Laércio, VI, 37 (= Giannantoni, v B, 344).
41. Diógenes Laércio, VI, 46 (= Giannantoni, v B, 234).

Tudo pertence aos deuses; os sábios são amigos dos deuses; os bens dos amigos são comuns. Por isso os sábios possuem todas as coisas[42].

Diógenes, talvez por primeiro, adotou o termo "cão" para se autodefinir, vangloriando-se do epíteto que os inimigos lhe dirigiam com desprezo, e explicando que se chamava cão pelos seguintes motivos:

Balanço festivamente a cauda para quem me dá alguma coisa, uivo contra quem não me dá nada, mordo os inescrupulosos[43].

Interrogado sobre que raça de cão era, afirmou o seguinte:

Quando tenho fome, um Maltês, quando saciado um Molosso, portanto, daquelas raças louvadas pela maioria, mas com as quais não se tem coragem de sair à caça por temor à fadiga. Assim, vós não podeis conviver comigo, porque tendes medo de sofrer[44].

5. Diógenes e a era helenística

Diógenes difundiu muitas das instâncias da era helenística, embora, como veremos, de modo unilateral. Já os seus contemporâneos compreenderam isso e lhe erigiram, como se narra, à guisa de monumento fúnebre, uma coluna de mármore de Paro encimada por um cão, com a seguinte inscrição:

Até o bronze cede ao tempo e envelhece, mas a tua glória, ó Diógenes, permanecerá intacta pela eternidade, pois só tu ensinaste aos mortais a doutrina de que *a vida basta a si mesma* e indicaste o caminho mais fácil para viver[45].

A vida basta a si mesma: eis a mensagem que os homens da era helenística aprenderam de Diógenes e, de vários modos, repensaram e aprofundaram. Mesmo na era imperial essa mensagem continuou a atrair os espíritos: homens como Díon de Prusa, Plutarco, Epicteto, o imperador Juliano, ainda mostraram por Diógenes grande interesse e consideração. A representação mais viva de Diógenes e do seu pensa-

42. Diógenes Laércio, VI, 37; cf. VI, 72 (= Giannantoni, v B, 344).
43. Diógenes Laércio, VI, 60 (= Giannantoni, v B, 143).
44. Diógenes Laércio, VI, 55 (= Giannantoni, v B, 143).
45. Diógenes Laércio, VI, 78 (= Giannantoni, v B, 108).

mento encontra-se justamente na era imperial, e é devida a Luciano de Samosata (século II d.C.), o qual, no seu famoso *Leilão dos filósofos*, embora de modo polêmico, mas com perfeita inteligência do discurso cínico e utilizando um gênero literário fixado e difundido exatamente pelos cínicos, capta e expressa o valor espiritual do nosso filósofo de modo muito eficaz. A leitura do delicioso diálogo de Luciano servirá para selar da melhor maneira tudo o que dissemos do nosso filósofo.

Mercúrio — Ó tu, que levas o bornal, e a túnica sem mangas, vem, e participa um pouco da reunião. Estou vendendo uma vida máscula, uma vida ótima e corajosa, uma vida livre: quem a compra?

Comprador — Ó vendedor, que dizes? Vendes alguém que é livre?

Mercúrio — Sim.

Comprador — E não temes que te acuse de vendê-lo como escravo, e te denuncie no Areópago?

Mercúrio — Não lhe importa absolutamente ser vendido: porque crê que de qualquer modo é livre.

Comprador — Que se poderia fazer com alguém tão sujo, miserável e esfarrapado? Simplesmente fazê-lo cavar a terra ou carregar água.

Mercúrio — Poderia também trabalhar como porteiro, muito mais fielmente que os cães. É verdade: ele tem tudo do cão, inclusive o nome.

Comprador — De onde é ele? E o que ele afirma saber?

Mercúrio — Pergunta a ele, pois é melhor assim.

Comprador — Esse rosto escuro e severo faz-me temer que, se me aproximo, latirá e me morderá. Vê como levanta o bastão, encrespa as sobrancelhas, e olha arrevesado e ameaçador?

Mercúrio — Não temas: é cão doméstico.

Comprador — Diz-me, primeiro, homem tolo, de onde és?

Diógenes — De todos os países.

Comprador — Que queres dizer?

Diógenes — Que sou cidadão do mundo.

Comprador — De quem és discípulo?

Diógenes — De Hércules.

Comprador — E por que não vestes também a pele de leão? A clava tens como ele.

Diógenes — Esse manto é para mim pele de leão. Como Hércules, faço guerra aos prazeres; e não dando ordens como ele, mas, pessoalmente, assumi a tarefa de purificar a vida humana.

Comprador — Bela tarefa: mas que sabes particularmente? Que arte possuis?

Diógenes — Eu sou o libertador dos homens, o médico das suas paixões; em suma, sou o profeta da verdade e da franqueza.

Comprador — Veja só, o profeta! E se te compro, como me ensinarás?

Diógenes — Se te assumo como discípulo, despir-te-ei da moleza, encerrar-te-ei na pobreza, como nesse manto. Obrigar-te-ei à fadiga, a cansar-te, a dormir por terra, beber só água, alimentar-te de qualquer comida ao acaso. Se tiveres riqueza e quiseres escutar-me, jogá-la-ei ao mar. Não pensar em mulher, em filhos, em pátria; serão como nada para ti; e deixando a casa paterna, habitarás um sepulcro, uma torre abandonada, até um barril. Levarás o bornal cheio de tremoços e de cartapácios abarrotados de escritura; e nessa mísera condição dirás que és mais feliz do que o grande rei. Se te flagelam ou te torturam, dirás que não há dor.

Comprador — Que dizes? Os açoites não provocam dor? Eu não tenho a pele como o casco da tartaruga ou do caranguejo.

Diógenes — Seguirás a máxima de Eurípedes, com pequena modificação.

Comprador — Que máxima?

Diógenes — O coração sofre, sim; a língua diz: não. As qualidades que deves ter são essas: ser desavergonhado e arrogante, insultar a todos igualmente, sem ter respeito por reis ou particulares; e assim todos te admirarão e te considerarão corajoso. Deves ter um modo de falar bárbaro, uma voz estridente como um cão, um rosto desdenhoso, um andar estranho, tudo o que possui uma besta selvagem; nem pudor nem doçura nem moderação nem vergonha na cara. Vai aos lugares mais frequentados, e ali permanece só, despreza a todos, foge da amizade e da hospitalidade que arruinariam o teu reino. Faz em público aquilo que os outros se envergonham de fazer em privado, as mais ridículas e torpes luxúrias. Enfim, quando te venha a vontade, morre comendo um polvo cru ou uma lula. Essa é a felicidade que te prometo.

Comprador — Vai-te daqui, são coisas sujas e bestiais.

Diógenes — Porém são fáceis, e todos podem praticá-las; não há necessidade de ensinamentos, de discursos, e de outras bobagens, mas por um atalho alcanças a glória. E se és um inepto, um engraxate, um açougueiro, um ferreiro, um servente, tornar-te-ás um homem importante se te mostrares audaz e impudente, e se souberes insultar bravamente.

Comprador — Vai-te daqui, não necessito de ti; mas talvez pensas ser um navalestro, ou quem sabe um hortelão. Se quiserem vender-te por no máximo duas moedas...

Mercúrio — Leva-o, fechemos o negócio rapidamente com prazer; este grita, insulta, faz sermões, provoca confusão com todos, e tem o diabo no corpo[46].

46. Luciano, *Vitarum auctio*, 7-11 (= Giannantoni, v B, 80).

6. Crátes e outros seguidores de Diógenes

O mais conspícuo dos discípulos de Diógenes e, ao mesmo tempo, um dos maiores expoentes do movimento cínico foi Crátes[47].

Ele reafirmou o conceito de que as riquezas e a fama (ou, se se prefere, o desejo das riquezas e da fama), longe de serem bens e valores, para o sábio são males e desvalores, e são bens e valores os seus contrários, isto é, a *pobreza* e o *escondimento*, porque só quem vive pobre e escondido pode realizar a autarquia, o não-ter-necessidade-de-nada. Eis alguns significativos testemunhos:

> [Crátes] vendeu seu patrimônio, pertencente a distinta família, conseguiu assim cerca de duzentos talentos, os quais distribuiu aos seus concidadãos [...]. Diócles afirma que Diógenes o persuadiu a abandonar os seus campos à pastagem das ovelhas e a jogar no mar o dinheiro que tinha [...]. Foi perseverante no seu propósito e não se deixou desviar pelos seus parentes que vinham visitá-lo, tendo muitas vezes de persegui-los com o bastão. Demétrio de Magnésia narra que entregou seu dinheiro a um banqueiro, sob a condição de que se os seus filhos ficassem órfãos e sem cultura, desse-lhes o dinheiro, mas se se tornassem filósofos, distribuísse-o ao povo; porque seus filhos, caso se dedicassem à filosofia, não deveriam ter necessidade de nada[48].

Também é-nos referido:

> Tinha por pátria a *obscuridade* e a *pobreza*, inexpugnáveis pela sorte, e, por concidadão, Diógenes, a quem a inveja não podia lançar insídias[49].

---

47. Crátes nasceu em Tebas. Segundo a cronologia referida por Diógenes Laércio (VI, 87 = Giannantoni, v H, 2), ele é contemporâneo da "CXII Olimpíada" [= 328-325 a.C.]. Dado que nossas fontes falam de relações de Crátes com Estílpon (Diógenes Láercio, II, 117s. = Giannantoni, II O, 6) e Menedemo de Erétria (Diógenes Laércio, II, 131 e II, 91 = Giannantoni, III F, 11) [cf., adiante. pp. 81ss. e 87ss.], é provável que o nosso filósofo tenha vivido até o início do século III a.C. Compôs *Diversões poéticas* (παίγνια), *Tragédias, Elegias* e *Epístolas*, que tiveram muita difusão. Além de testemunhos indiretos, chegaram-nos também vinte fragmentos diretos, que nos dão uma ideia bastante viva do pensamento e da arte de Crátes. (Esses fragmentos e 36 *Epístolas* a ele atribuídas estão recolhidos em Giannantoni, v H, 67-86 e 88-123).

48. Diógenes Laércio, VI, 87s. (= Giannantoni, v H, 4).

49. Diógenes Laércio, VI, 93 (= Giannantoni, v H, 31). É típica a polêmica tomada de posição de Crátes contra Aristóteles, que, no *Protréptico,* dirigia-se a Temíson, rei de Chipre, dizendo que ninguém mais do que ele tinha as disposições para a filosofia, por ser rico e famoso; Crátes afirmava ser verdadeiro exatamente o contrário.

Além de pobre e escondido, o cínico, para Crátes como para Diógenes, deve ser *apátrida*: a *polis*, de fato, é apenas um bem efêmero e caduco, pois pode ser sempre expugnada e não pode oferecer ao sábio o refúgio seguro necessário para ser feliz:

> A Alexandre, que lhe perguntava se queria que a sua cidade natal fosse reconstruída, respondeu: "E para quê? Talvez outro Alexandre venha a destruí-la"[50].

Eis uma passagem de uma de suas tragédias, ainda mais explícita:

> A minha pátria não tem sequer uma torre nem um único teto; mas onde é possível viver bem, em qualquer ponto do universo, ali está minha cidade, ali está minha casa[51].

Crátes insistiu de modo particular em denunciar a vaidade dos bens do mundo e em romper a ilusão (τύφος) que os encobre. Afirma um dos seus fragmentos:

> Os bens do mundo são possuídos pela vaidade (τύφος)[52].

Muito mais tarde o imperador Marco Aurélio, ao demonstrar a vaidade das coisas, referia-se ainda a Crátes:

> Assim como, dos pratos de carne e outros alimentos, o pensar que um é o cadáver de um peixe, outro o cadáver de uma galinha ou de um leitão; igualmente, do Falerno, que é o suco de uva e, da toga, que é o pelo de uma ovelha tinto com o sangue de um molusco, e, ainda, da copulação, que não passa de fricção do ventre e ejeção de muco acompanhada de algum espas-

---

Vejamos o testemunho a respeito, porque é muito indicativo: "Zenão conta que Crátes, sentado na oficina de um sapateiro, lia o *Protréptico* que Aristóteles dirigiu a Temíson, rei de Chipre, e no qual dizia que ninguém mais do que ele tinha maior número de boas qualidades para filosofar: possuía, com efeito, grandes riquezas para poder gastá-las nessas coisas e, ademais, gozava de ótima reputação. E conta ainda que, enquanto Crátes lia, o sapateiro estava totalmente atento e, ao mesmo tempo, cosia, e que Crátes lhe disse: 'Penso, ó Filisco, que escreverei um protréptico dedicado a ti, pois de fato me dou conta de que tu tens uma disposição maior para a filosofia do que a que tinha aquele para quem Aristóteles escreveu'" (= Giannantoni, v H, 42 = Aristóteles, *Protréptico*, fr. 1 Ross).

50. Diógenes Lércio, VII, 93 (= Giannantoni, v H, 31).
51. Diógenes Laércio, VI, 98 (= Giannantoni, v H, 80).
52. Diógenes Laércio, VI, 86 (= Giannantoni, v H, 74).

mo; assim como essas ideias atingem as coisas em si e as penetram até ver o que elas são afinal, assim devemos agir durante toda a vida; quando mais fidedignas se afiguram as coisas, despi-las, contemplar a sua vulgaridade e suprimir os comentários que a estas conferem imponência. Porque a presunção é uma embusteira formidável e quando mais te imaginas entregue a tarefas sérias, aí é que estás sendo mais ludibriado. Vê o que diz Crátes do próprio Xenócrates[53].

Não conhecemos as precisas palavras de Crátes a Xenócrates, mas a partir do teor da passagem citada, embora ampliado pelo neoestoicismo de Marco Aurélio, capta-se o sentido da denúncia que Crátes fazia da "vaidade das coisas". Por isso torna-se também claríssima a resposta de Crátes à pergunta sobre a vantagem que tinha tirado da filosofia:

> Um quarto de tremoços e o não se preocupar com nada[54].

"Um quarto de tremoços" significa o estritamente indispensável para viver, e "o não preocupar-se com nada" (τὸ μηδενὸς μέλειν) significa preocupar-se e satisfazer-se com o estritamente necessário, considerando vão e inútil todo o resto.

Parece, ademais, que Crátes polemizou expressamente com o hedonismo, sustentando que nenhuma vida seria feliz se a felicidade devesse coincidir com o prazer. De fato, argumentava ele, em nenhuma fase da vida do homem o prazer supera a dor e o balanço total de qualquer vida humana registra sempre mais dores que prazeres[55].

Em particular, proclamou, em concordância com seus predecessores, a necessidade de permanecer longe dos prazeres de Eros, os quais, mais do que os outros, perturbam a impassibilidade do sábio e, com inaudito sarcasmo, escreveu num dístico:

> A fome acalma o amor [eros], se não, o tempo; se nada podes obter destes dois remédios, um laço[56].

---

53. Marco Aurélio, *Meditações*, VI, 13.

54. Diógenes Laércio, VI, 86 (= Giannantoni, v H, 83).

55. A argumentação foi transmitida pelo cínico Teles (do qual falaremos adiante), que a refere expressamente a Crátes (cf. O. Hense, *Teletis reliquiae*, Hildesheim 1969², V, p. 49, 4s = Giannantoni, v H, 45).

56. Diógenes Laércio, VI, 86 (= Giannantoni, v H, 79 [=fr. 13]).

Os cínicos, como já dissemos, contestaram a instituição do matrimônio, ou melhor, o matrimônio tradicionalmente concebido. Crátes, ao contrário, casou-se, mas com uma mulher, de nome Hipárquia, que abraçara as ideias e a vida dos cínicos, e conseguiu, como consequência, viver um autêntico "matrimônio cínico", revolucionário de todos os valores que a sociedade atribuía ao matrimônio. Escreve Diógenes Laércio:

> Foi atraída pela doutrina dessa escola também Hipárquia, irmã de Metrócles. Ambos nasceram em Maronea. Enamorou-se das teorias e da vida de Crátes, desprezando todos os pretendentes e permanecendo indiferente às suas riquezas, nobreza ou beleza; para ela, Crátes era tudo. Ameaçava os pais dizendo que se mataria se não fosse dada em matrimônio a ele. Crátes então foi solicitado pelos pais da moça para desviá-la daquele propósito, e fez de tudo para isso. Ao final, dado que não conseguia, levantou-se e depôs diante dela toda a sua roupa, dizendo "Eis o esposo, eis os seus pertences: toma, pois, a tua decisão. Sabe que não poderás ser minha consorte se não te adequares ao meu modo de vida". A moça escolheu rapidamente, vestiu o seu manto, andava com ele por toda parte, unia-se a ele em público e com ele participava dos banquetes[57].

Mas esse "matrimônio cínico" é apenas uma confirmação da doutrina da escola, e a total desvalorização da instituição do matrimônio por parte de Crátes é confirmada por dois episódios nos quais a *anaídeia* cínica toca os limites extremos: levou seu filho, tão logo tornou-se maior, a um prostíbulo e lhe disse que assim "o seu pai tinha celebrado as suas núpcias"[58]; e deu sua filha "em matrimônio em prazo experimental de trinta dias"[59].

Com Crátes o cinismo assumiu um tom de calorosa humanidade e de filantropia, totalmente ausente em Antístenes e em Diógenes. Ele estava sempre pronto a dar bons conselhos aos que necessitavam; antes, amiúde não esperava que os outros lho pedissem, mas por sua própria iniciativa dirigia-se aos que dele precisavam. A sabedoria dos seus conselhos e o modo afável com que os dava eram tais que, para ele, nenhuma porta de qualquer casa se fechava, tanto que foi apelidado o "Abridor de portas" (θυρεπανοίκτης).

57. Diógenes Laércio, VI, 96s. (Giannantoni, v I, 1).
58. Diógenes Laércio, VI, 88 (= Giannantoni, v H, 19).
59. Diógenes Laércio, VI, 93 (= Giannantoni, v H, 26).

Eis alguns significativos testemunhos. Relata Diógenes Laércio:

Era chamado também "abridor de portas" porque entrava em qualquer casa para dar bons conselhos[60].

Escreve Apuleio:

Crátes, seguidor de Diógenes, foi venerado pelos atenienses seus contemporâneos como um deus tutelar da casa: nenhuma casa fechava-se para ele, e por mais escondido que fosse o lugar onde se encontrasse o chefe da família, Crátes ali entrava intempestivamente como árbitro e juiz de todos os litígios e contendas familiares[61].

Em Plutarco lemos:

O filósofo Crátes, que entrava em qualquer casa, era acolhido com honra e benevolência e era chamado "abridor de portas"[62].

O imperador Juliano esclarece ulteriormente:

Entrava nas casas dos amigos, sendo ou não chamado, para reconciliar entre si os familiares, quando se dava conta de que havia discórdia entre eles. Ele não repreendia asperamente, mas com delicadeza, de modo a não dar a impressão de acusar aqueles a quem repreendia, porque queria ser-lhes útil e também aos que o escutavam[63].

Esse sentimento de calorosa humanidade, de total disponibilidade aos outros e de filantropia não deriva, porém, dos princípios do cinismo (que levam, antes, ao egoísmo e à misantropia), mas do temperamento e do caráter de Crátes, particularmente sereno por natureza. Escreve Plutarco:

Crátes, com o seu bornal e o seu manto, passou a vida rindo e brincando como se estivesse numa festa[64].

A seguinte oração (que é uma evidente paródia da oração de Sólon) exprime perfeitamente as instâncias fundamentais do nosso filósofo e o espírito que o anima:

---

60. Diógenes Laércio, VI, 86 (= Giannantoni, v H, 18).

61. Apuleio, *Florida,* 22 (= Giannantoni, v H, 18).

62. Plutarco, *Quaest. conv.*, II, 1,6, p. 632 e (= Giannantoni, v H, 18).

63. Juliano, *Discursos*, IX [VI], 201 b-c; cf. também o que é dito na p. 200 b (= Giannantoni, v H, 17).

64. Plutarco, *De an. tranquill.,* 4, 466 e (= Giannantoni, v H, 46).

De Mnemosine e Zeus Olimpo fulgentes filhas,
Musas Piéridas, escutai a minha oração:
dai assiduamente o alimento ao meu estômago,
dai-o sem servidão, que torna a vida mesquinha...
Tornai-me útil, não agradável aos amigos.
Não quero recolher riquezas magníficas,
buscando a felicidade do besouro, a abundância e a riqueza das formigas,
mas quero participar da justiça e possuir uma riqueza
fácil de levar, bem conseguida, preciosa para exercitar a virtude.
Caso eu obtenha essas coisas, a Hermes e às castas Musas aplacarei
não com luxuosos dispêndios, mas com as santas virtudes[65].

Entre os seguidores de Diógenes, todos muito inferiores a Crátes, devemos recordar, em primeiro lugar, Filisco, ao qual, segundo um testemunho antigo, parece que se devem atribuir as tragédias que estavam sob o nome de Diógenes, nas quais, parodiando os clássicos temas da tragédia grega, apresentava as doutrinas cínicas[66].

Célebre foi também Onesícrito, que admirou a doutrina, mas não praticou a vida cínica. Participou na expedição de Alexandre ao Oriente e afirmou ter encontrado certos traços dos cínicos nos ginosofistas orientais[67]. Dele se nos diz:

A sua atividade tem no conjunto algo semelhante à de Xenofonte. Como Xenofonte participou na campanha de Ciro, assim Onesícrito na de Alexandre; um escreveu *A educação de Ciro*, o outro *A educação de Alexandre*; um escreveu os louvores de Ciro, o outro de Alexandre. Também a maneira e o estilo assemelham-se, mas obviamente o imitador é inferior ao modelo[68].

Discípulo de Diógenes e de Crátes foi Mônimo[69], que conquistou certa popularidade, tanto que o cômico Menandro menciona-o, atribuindo-lhe a máxima:

---

65. *Ap.* Juliano, *Discursos*, VII, 213 b-d; X [VI], 199 d-200 b (= Giannantoni, v H, 84).

66. Cf. Diógenes Laércio, VI, 73, 80 (= Giannantoni, v B, 128).

67. Cf. Estrabão, XV, 715 ss. (cf. Giannantoni v C, 1-4).

68. Diógenes Laércio, VI, 84 (= Giannantoni v C, 1).

69. Mônimo nasceu em Siracusa. Quando a serviço de um banqueiro de Corinto, entusiasmou-se pelas ideias de Diógenes, a ponto de fingir-se louco para fazer-se dispensar pelo banqueiro. Seguiu de perto também a Crátes (cf. Diógenes Laércio, VI, 82 = Giannantoni v G, 1).

É vão todo pensamento humano[70].

Compôs *Diversões poéticas* (παίγνια), como Crátes, nas quais misturava o sério e o lépido (característica que figurará como típica da literatura cínica).

Enfim, recordemos Metrócles, irmão de Hipárquia (e, portanto, cunhado de Crátes)[71], com o qual o cinismo assume um tom decididamente pessimista, em nítido contraste com o sereno otimismo de Crátes. Conta-se, entre outras coisas, que Metrócles queimou os seus escritos exclamando:

Estes são fantasmas de sonhos do além[72].

Conta-se também que se suicidou, tendo-se enforcado[73].

7. O cinismo até o final da era pagã

A força e a capacidade de difusão do cinismo fundavam-se, em grande parte, sobre os dons de temperamento e de caráter dos homens que o professavam e, particularmente, sobre o excepcional vigor com que sabiam transformar o seu pensamento em substância de vida, e o seu modo de viver em paradigma, em ponto de referência ao mesmo tempo real e ideal. É evidente, portanto, que apenas homens de personalidade extraordinária como Antístenes, Diógenes e Crátes poderiam garantir o sucesso; mas é também evidente que homens de tal têmpera e inteligência eram raros, e na ausência deles o cinismo devia progressivamente enfraquecer e também, por consequência, contaminar-se.

Deve-se ainda destacar que, seja do ponto de vista da doutrina, seja do ponto de vista da prática de vida, com Diógenes e com Crátes o cinismo alcançou os limites extremos, além dos quais não havia espaço para qualquer desenvolvimento. Aos cínicos posteriores a Crátes, por consequência, não restavam outras possibi-

---

70. *Ap.* Diógenes Laércio, VI, 83 (= Giannantoni, v G 1).
71. Sobre Metrócles cf. Diógenes Laércio, VI, 94s (= Giannantoni v L, 1).
72. *Ap.* Diógenes Laércio, VI, 95 (= Giannantoni, v L, 1).
73. Diógenes Laércio, VI, 95 (= Giannantoni, v L, 1).

lidades senão estas: ou manter firmes as posições de Diógenes e de Crátes, ou voltar atrás. E dado que as posições de Diógenes e de Crátes eram posições-limite e, como tais, extremamente difíceis de manter, assim explica-se como a segunda alternativa tenha sido quase inevitável.

Do século III a.C. temos notícias de certo número de pensadores que professaram doutrinas cínicas: Bíon de Boristene[74], Menipo de Gadara[75],

---

74. Diógenes Laércio elenca Bíon entre os acadêmicos, dado que no início foi discípulo do acadêmico Crátes. Mas o próprio Diógenes informa que "depois [Bíon] voltou-se para a doutrina cínica e carregou o manto e o bornal", embora logo em seguida revele que "apenas com essa mudança exterior aderiu ao princípio fundamental da insensibilidade (ἀπάθεια)" (IV, 51-52 = Kindstrand, T 19). Seguiu também a Teodoro, filósofo cirenaico, do qual falaremos posteriormente (cf. pp. 52-54). Foi muito hábil em ridicularizar todas as coisas, servindo-se também de expressões vulgares. Filho de um escravo e de uma meretriz, não hesitou em fazer conhecer a todos esta circunstância, mostrando considerá-la, segundo o espírito da cínica *anaídeia*, totalmente indiferente, senão até mesmo positiva. Diógenes Laércio (IV, 46s. = Kindstrand, F 1 A) relata: "Bíon era boristenita de nascimento; sobre os seus genitores e sobre as circunstâncias a partir das quais chegou à filosofia, revela ele mesmo a Antígono. Perguntando-lhe, com efeito, o rei: *Quem és, dentre os homens, e de onde? Qual a tua cidade? Quem são os teus genitores?* e sabendo Bíon que já tinha sido caluniado diante dele, respondeu da seguinte maneira: 'Meu pai era um escravo liberto, que limpava o nariz com o braço — queria dizer que era um salsicheiro —. Boristenita de estirpe, não tinha um rosto para exibir, mas uma marca sobre o rosto, sinal da severidade do seu senhor. Minha mãe foi tal, como tal homem poderia desposar: vinha de um bordel. Depois meu pai, não sei que imposto não pagou, foi vendido com toda a família, junto conosco. Eu, jovenzinho, e não privado de beleza, fui comprado por um orador, que ao morrer deixou-me os seus bens. E eu queimei os seus livros, recolhi todas as coisas e vim para Atenas, onde me dediquei à filosofia. *Essa é a estirpe, esse é o sangue do qual me glorio pertencer.* Tal é a minha história, de modo que Perseu e Filônides podem se abster definitivamente de contá-la. Julga-me por mim mesmo". A edição de referência de Bíon foi organizada por J. F. Kindstrand, *Bion of Borysthenes, A collection of Fragments with Introduction and Commentary*, Uppsala 1976.

75. Menipo, relata Diógenes Laércio (VI, 99), "provinha da Fenícia e era servo, como diz Acaico na *Ética*. Diócles relata que o seu senhor era do Ponto e chamava-se Baton". Entre as suas obras, nas quais predominava o espírito derrisório e burlesco, devem ter tido particular importância uma *Nekyía* ou *Mundo subterrâneo* (na qual provavelmente, parodiando a Homero, evocava os espíritos dos adversários e burlava-se deles) e a *Venda de Diógenes*. Que Menipo, escravo de origem, tenha inventado a lenda da venda de Diógenes como escravo para demonstrar que ser escravo era coisa indiferente para o sábio, é tese sustentada por alguns estudiosos modernos, em si mesma não impossível, mas tampouco demonstrável (Sobre Menipo ver Dudley, *A History of Cynicism*, pp. 69-74).

Cércides de Megalópolis[76], Teles[77] e Menedemo[78]. Em todos encontra-se claramente a tendência a abrandar tanto a doutrina como a práxis de vida, justamente nos traços mais qualificantes.

No que diz respeito à atitude diante dos bens e das riquezas, deve-se observar como já Crátes mostra-se mais moderado que Diógenes: ele, como vimos, vendeu suas posses e renunciou aos seus pertences, mas não se reduziu à condição de mendicante e admitiu a necessidade de possuir um mínimo de bens materiais[79]. Bíon parece ter sido decididamente incoerente com os princípios, e encobria os seus abusos com a máxima "são comuns os bens dos amigos"[80]. De Menipo, se é digna de fé a notícia que nos chegou, sabemos que emprestava dinheiro ao dia, exigindo altos juros e, assim, "adquiriu uma grandíssima riqueza", o que provocou uma conspiração que o espoliou de todos os bens (e, como consequência disso, ele ter-se-ia enforcado)[81]. Cércides teorizou a necessidade de ter uma soma em dinheiro suficiente para as necessidades elementares da vida[82].

Quanto à atitude com relação aos prazeres, com Bíon registra-se uma verdadeira decadência, tanto que se falou, a propósito desse autor, de cinismo hedonista: qualificação certamente excessiva, porém indicativa. O anti-hedonismo dos mestres do cinismo, como vimos, chegava à extrema condenação dos prazeres do eros, como os que em sumo grau minam a impassibilidade e a autarquia do sábio. Já Bíon, na sua vida como nas afirmações doutrinárias, transgrediu amplamente esse dogma[83].

---

76. Cércides viveu na segunda metade do século III a.C. Teve papel notável como político na sua cidade natal, Megalópolis. Escreveu *Jâmbicos* e *Meliâmbicos*, dos quais chegaram-nos poucos fragmentos (sobre ele ver Dudley, *A History of Cynicism*, pp. 74-84).

77. Teles trata a temática cínica com escassíssima originalidade. Os fragmentos de Teles, conservados por Estobeu, são consistentes e úteis sobretudo para reconstruir o pensamento dos outros cínicos aos quais ele se refere expressamente (excelente é a edição moderna dos seus fragmentos, já citada, organizada por O. Hense, *Teletis reliquiae*).

78. Menedemo viveu na segunda metade do século III a.C. Sabemos pouco dele. Diógenes Laércio (VI, 102 = Giannantoni, v N, 1) relata que foi discípulo de Colote de Lâmpsaco, epicurista, com quem, em seguida, polemizou.

79. A oração que transcrevemos acima é a mais eloquente prova disso.

80. Cf. Diógenes Laércio, IV, 53 (= Kindstrand, T 3).

81. Cf. Diógenes Laércio, VI, 99s.

82. Cf. Cércides, fr. 1 Diehl.

83. Cf. Diógenes Laércio, IV, 47, 49, 53s (= Kindstrand, pp. 103s.).

Cércides distingue dois tipos de eros: o que está separado da *paixão amorosa* e o que está unido à tempestade dos sentimentos. Basta que o sábio fuja do segundo, porque é esse que compromete a impassibilidade; o primeiro, ao contrário, satisfaz-se com uma "Afrodite de praça", com poucas moedas e "sem preocupar-se com nada"[84]. A fraqueza dessa posição de Cércides é evidente: dado que é muito difícil reprimir os impulsos eróticos, ele diz, em substância, que se limite à satisfação da pura necessidade fisiológica. E isso significa, olhando bem, satisfazer ao que no homem é puramente animal e reprimir exatamente os aspectos pelos quais o homem diferencia-se do animal.

Também a atitude com relação ao Estado e aos poderosos muda notavelmente: Bíon parece ter sido amigo do poderoso Antígono Gonata, e Cércides foi político militante e, pelo que parece, bastante hábil[85].

Enfim, deve-se destacar que as críticas dos primeiros cínicos à religião popular e tradicional[86], feitas com a finalidade de defender uma visão mais elevada e mais pura do divino, tenderam a degenerar, por exemplo, com Bíon e com Cércides, no ateísmo ou, pelo menos, parecem ter perdido o seu significado original[87].

Nesse período adquire características definitivas a produção literária dos cínicos, cuja marca consiste na mistura de sério e lépido: a paródia é usada não para obter efeitos cômicos tomados como fins em si mesmos, mas para contestar mais eficazmente as convenções e regras da sociedade que os cínicos consideravam desprezíveis. Parece que se deve atribuir particularmente a Bíon a codificação da *diatribe*, que terá imediato sucesso. A diatribe é um breve diálogo, de característica predominantemente popular e de conteúdo ético: trata-se, em substância, do diálogo socrático cinizado. As composições de Menipo tornar-se-ão verdadeiros modelos literários (Luciano inspirar-se-á neles; a própria sátira latina de Lucílio e de Horácio inspirar-se-á nas características fundamentais dos escritos cínicos, os quais, justamente, *ridendo castigant mores*)[88].

---

84. Cf. Cércides, frs. 2 e 9 Diehl.
85. Cf. Dudley, *A History of Cynicism*, pp. 69, 75s.
86. Cf. Giannantoni, v B, 332-350.
87. Cf. Cércides, fr. 4 Diehl e, para Bíon, Kindstrand, T 3.
88. Sobre as características da literatura cínica cf. Dudley, *A History of Cynicism*, pp. 110-116. De opinião oposta é Kindstrand, cit., *passim*.

Nos últimos dois séculos da era pagã, o cinismo esvaziou-se. Um único nome de autor cínico é conhecido nesse período: Meleagro de Gadara (cuja atividade situa-se no início do século I a.C.), porém, de escassa importância[89].

A crise do cinismo, durante esse período, foi produzida, em primeiro lugar, pelas causas acima mencionadas, mas também foram indubitavelmente determinantes razões sociais e políticas: tanto a doutrina como a vida cínica repugnavam ao *ethos* da romanidade então dominante.

O juízo de Cícero é extremamente eloquente:

> O sistema dos cínicos deve ser repudiado em bloco, pois é contrário ao pudor, sem o qual nada de reto, nada de honesto, pode existir[90].

Todavia, a história do cinismo não terminou: ele renasceu na era imperial, como veremos no sétimo volume.

8. Valor e limites do cinismo

O cinismo, sobretudo na formulação que lhe foi dada por Diógenes e por Crátes, como já mostramos acima, respondeu a algumas das exigências da era helenística e, por esse motivo, teve uma vida longa, assim como as grandes filosofias nascidas nessa época atormentada.

A denúncia cínica das três grandes ilusões que futilmente agitam os homens, vale dizer, *a busca do prazer, o apego à riqueza, o desejo de poder*, e a firme convicção de que elas conduzem o homem sempre e somente à infelicidade, serão reafirmadas, seja pelo Pórtico de Zenão, seja pelo Jardim de Epicuro, seja pela dúvida de Pirro, e tornar-se-ão um "lugar-comum" repetido por séculos. A exaltação da *autarquia* e da *apatia*, entendidas como condições essenciais da sabedoria e, portanto, da felicidade, tornar-se-á até mesmo o motivo condutor do pensamento helenístico.

A menor vitalidade que o cinismo demonstrou com relação ao estoicismo, ao epicurismo e ao ceticismo é devida ao seu extremismo

---

89. Cf. sobre ele Dudley, *A History of Cynicism*, pp. 121ss.
90. Cícero, *De officiis*, I, 41, 148 (= Giannantoni, v B, 515).

e, portanto, ao seu desequilíbrio de fundo e à sua objetiva pobreza espiritual.

O seu extremismo consiste em que nada se salva da contestação das convenções e dos valores consagrados pela tradição, sistematicamente buscada por ele, *faltando ao cinismo valores alternativos positivos a propor.*

O desequilíbrio fundamental do cinismo deve-se a que ele reduz o homem, em última análise, à animalidade, e considera essenciais (e, portanto, devendo ser satisfeitas) quase exclusivamente as necessidades animais, ou, se se prefere, as necessidades do homem primitivo; mas, ao mesmo tempo, propõe ao sábio um modelo de vida que, para ser realizado, exige energias espirituais que vão muito além das que a pura animalidade ou o homem no seu estado primitivo podem ter: exigem a atividade superior do espírito, da socrática *psyché*, que pouco a pouco o cinismo esquece quase completamente.

Enfim, a pobreza espiritual do cinismo consiste não só no repúdio da ciência e da cultura, mas também na redução do aspecto propriamente especulativo da sua mensagem, a ponto de tornar-se incapaz de se justificar teoreticamente. A intuição emocional da validade da própria mensagem é o verdadeiro e único fundamento do cinismo.

Os antigos já tinham definido o cinismo como "a via curta para a virtude"[91]. Mas em filosofia, podemos dizer como Hegel, não existem vias curtas, ou atalhos. E, efetivamente, o estoicismo, que se apropriou, mais do que todas as outras filosofias helenísticas, das instâncias essenciais do cinismo, alongou consideravelmente "a via para a virtude", mas justamente por essa "mediação", e por querer dar conta a fundo de si mesmo e das próprias afirmações de base, conquistou os ânimos em medida bem maior que o cinismo, superando-o radicalmente.

---

91. Cf. Diógenes Laércio, VI, 104 (= Giannantoni, v A, 135).

II. DECLÍNIO E FIM DA ESCOLA CIRENAICA

1. As ramificações do cirenaísmo

Vimos no volume II[1] o quanto é difícil e quase impossível distinguir as doutrinas dos fundadores de escolas das acrescentadas pelos primeiros discípulos. É certo, porém, que os primeiros discípulos de Aristipo, a partir do neto que tinha o mesmo nome, não fizeram senão aprofundar e sistematizar a doutrina do fundador da escola. Eis dois textos fundamentais:

Aristipo era amigo de Sócrates e fundou a escola chamada cirenaica, da qual Epicuro tirou inspiração para a sua exposição do fim último. Aristipo, durante toda a sua existência, foi pessoa de vida lassa e amante do prazer, e nunca discutiu abertamente sobre o fim último, mas disse que o fundamento da possibilidade de ser feliz estava nos prazeres. E dado que não fazia outra coisa senão falar de prazeres, induziu os que estavam com ele à suposição de que ele ensinasse que o fim da vida consistia em viver aprazivelmente[2].

De Aristipo foi seguidora, junto com muitos outros, também a filha Aretes, a qual, tendo dado à luz um filho, chamou-o Aristipo. Este, encaminhado pela mãe aos raciocínios filosóficos, foi chamado Metrodidata; foi ele quem definiu claramente que o fim consiste em viver aprazivelmente, introduzindo o conceito de prazer em movimento. Disse, com efeito, que três são os estados da nossa constituição, um pelo qual experimentamos a dor, semelhante à tempestade no mar; outro pelo qual gozamos, semelhante a um leve ondear: o prazer de fato é muito leve, como que movido por um vento favorável; o terceiro é um estado intermediário, pelo qual nem gozamos nem sofremos, sendo semelhante à tranquilidade. Ele afirmou que só dessas afecções temos sensação[3].

---

1. Cf. vol. II, pp. 163ss. Recordamos que a edição de referência dos testemunhos e fragmentos dos cirenaicos é a nova de G. Giannantoni (*Aristippi et Cyrenaicorum philosophorum reliquiae*), contida na já citada edição das *Socraticorum Reliquiae* (cf. vol. I, p. 344, nota 1). Na nova edição é supressa a tradução, para a qual é preciso remeter-se à primeira. Por isso manteremos também a indicação da primeira edição, seguida da segunda assinalada com o expoente 2.

2. Eusébio, *Praep. evang.*, XIV, 18, 31 (= Giannantoni, I B, 27 = IV A, 173[2]).

3. Eusébio, *Praep. evang.*, XIV, 18, 32 (= Giannantoni, II, 5 = IV B, 5[2]).

De todo modo, se foi essa ou não a evolução da escola, deve-se observar que os primeiros cirenaicos desenvolveram doutrinas homogêneas e perfeitamente coerentes com as ideias dos fundadores da escola.

Ao contrário, os segundos cirenaicos romperam a unidade da doutrina, chegando a pôr em crise, e até mesmo a negar, o próprio princípio sobre o qual se apoiava a doutrina da escola. A ambiguidade de fundo do cirenaísmo que, como vimos, substancialmente é um socratismo que destrói o verdadeiro Sócrates (uma espécie de socratismo enlouquecido, como o cinismo, embora em forma e medida diferentes), devia necessariamente levar a tais resultados. A escola cirenaica, justamente na tentativa de desemaranhar as aporias que nasciam daquela ambiguidade, dividiu-se em três correntes, encabeçadas, respectivamente, por Egésia, chamado "o persuasor de morte", Anicérides e Teodoro, chamado "o ateu", cujos pensamentos devemos agora examinar.

2. Egésia e seus seguidores

Egésia e os seus seguidores[4] reafirmaram o princípio da escola de que o fim é o prazer, porém mantendo que o prazer só era atingível de modo descontínuo e, portanto, não possuído por nós; eles chegaram a sustentar, inclusive, que o prazer é algo *relativo e não objetivo*.

Parecia claro a Egésia que só o prazer era um bem e a dor um mal, e que só aquele podia dar a felicidade, *dado que para ele não existiam outros valores independentes do prazer e da utilidade*:

> Gratidão, amizade e beneficência nada são, pois as escolhemos, não por elas mesmas, mas por razões de utilidade, na ausência das quais nem mesmo aquelas subsistem[5].

---

4. Sobre Egésia e os seus seguidores chegaram-nos pouquíssimos testemunhos, entre os quais o mais rico é o de Diógenes Laércio (II, 93-96 = Giannantoni, VI, 1 = IV F, 1[2]). Egésia foi contemporâneo do rei Ptolomeu I, como se deduz do fato de que este o tenha proibido de ensinar, porque incitava os alunos ao suicídio (cf. Cícero, *Tusc. disput.*, I, 34, 83 = Giannantoni, VI, 3 = IV F, 3[2]).

5. Diógenes Laércio, II, 93 (= Giannantoni, VI, 1 = IV F, 1[2]).

Mas, se é verdade que o prazer parece ser o único bem, é igualmente verdade que ele foge das mãos e que o seu contrário sempre leva vantagem em nós:

> O corpo, de fato, é cheio de mil sofrimentos, a alma sofre com o corpo e é perturbada, e a sorte torna vãs muitas das coisas que esperamos [...][6].

Não se pode dizer nem mesmo que a riqueza determine o prazer, dado que tanto os ricos como os pobres dele gozam, quando gozam. E tampouco, segundo Egésia, para determinar a medida do prazer, incidem a liberdade, a nobreza, a sabedoria, nem os seus contrários, pelo mesmo motivo[7].

Pelo contrário, Egésia e seus seguidores, como já acenamos, contestavam inclusive que o prazer fosse algo *naturalmente* determinado de modo objetivo e consideravam-no, ao invés, algo *relativo*, assim como as sensações:

> Consideravam que nada era por natureza aprazível ou desagradável: pela raridade ou pela novidade ou pela saciedade acontece que alguns gozam e outros não [...]. Desvalorizavam também as sensações, porque não dão conhecimento certo, mas faziam tudo o que lhes parecia razoável[8].

Baseado nessas premissas, Egésia e os seus seguidores concluíam que *a felicidade é inatingível e a vida é indiferente*:

> A felicidade é [...] irrealizável. Vida e morte devem ser tomadas sem preferência [...]. Para o insensato, viver pode ser vantajoso, para o homem sábio é *indiferente*[9].

A morte não deve de modo algum ser temida, porque não nos separa dos bens, mas dos males. Este pensamento valeu a Egésia a alcunha de "persuasor de morte"[10].

---

6. Diógenes Laércio, II, 94 (= Giannantoni, VI, 1 = IV F, 1²).

7. *Ibidem*.

8. *Ibidem*.

9. *Ibidem*.

10. Epifânio, *Adv. haeres.*, III, 2, 9 (= Giannantoni, VI, 2 = IV F, 2²). Cícero informa também que Egésia escreveu um livro intitulado *Aquele que se deixa morrer de fome*, "no qual um homem, a ponto de morrer de inédia, é salvo pelos amigos, e responde-lhes enumerando todos os males da vida" (*Tusc. disput.*, I, 34, 84 = Giannantoni, VI, 4 = IV F, 4²).

O sábio, então, não se afanará em buscar o inatingível prazer e a inexistente felicidade, mas viverá evitando os males, mediante a *indiferença* (ἀδιαφορία):

Por isso o sábio não se afanará tanto em buscar os bens para si quanto em evitar os males, propondo-se como fim uma vida nem fatigosa nem dolorosa, coisa que se realiza com um estado de ânimo de indiferença com relação ao que produz o prazer[11].

Nessa "indiferença" não há lugar sequer para a amizade. Egésia sustentava, com efeito, que o sábio devia fazer todas as coisas por si, e não devia considerar os outros dignos de si (nenhum sacrifício pelos outros, segundo o nosso filósofo, vale a pena)[12].

À fragilidade dessas conclusões lança um pouco de luz a retomada da doutrina socrática da involuntariedade da culpa, com os relativos corolários éticos e pedagógicos:

Diziam [*i.e*, Egésia e seus seguidores] que aos erros cabe o perdão: não nos enganamos voluntariamente, mas constrangidos por alguma paixão. Portanto, não se deve odiar, antes ensinar[13].

Mas trata-se de uma retomada de motivos que não se inserem no contexto do discurso egesiano.

Com Egésia, o cirenaísmo já se destruiu a si próprio.

3. Anicérides e seus seguidores

Anicérides e os seus seguidores[14] concordaram com Egésia quanto à análise do prazer, mas, contrariamente a ele, admitiram a existência de outros valores além do prazer, precisamente: a amizade, a gratidão, a reverência aos pais, o amor à pátria, e consideraram que esses valores contribuíam para a felicidade. Conta Diógenes Laércio:

---

11. Diógenes Laércio, II, 95s (= Giannantoni, IV, 1 = IV F, 1²).

12. Cf. Diógenes Laércio, II, 95 (= Giannantoni, VI, 1 = IV F, 1²).

13. *Ibidem.*

14. Sobre Anicérides temos pouquíssimos testemunhos, entre os quais os mais amplos estão em Diógenes Laércio, II, 96s (= Giannantoni, VII, 3 = IV G, 3²).

Os seguidores de Anicérides por outras coisas estão de acordo com os seguidores de Egésia, mas admitem na vida a amizade, a gratidão, a reverência pelos pais e a ação em favor da pátria. Por isso o sábio, embora tenha desprazeres, não deixará de ser feliz, mesmo que para ele só existam pequenos prazeres[15].

Anicérides, portanto, acolhe o princípio da amizade como essencial à vida, e não só por razões de *utilidade*, mas também por causa do sentimento de benevolência:

> O amigo não deve ser acolhido só por utilidade nem devemos nos afastar dele quando esta venha a faltar; mas por natural benevolência, pela qual suportar-se-ão até mesmo as dores. E, na verdade, mesmo o que põe como fim o prazer e sente quando está privado dele, suporta de bom grado dores pelo afeto para com o amigo[16].

É evidente que os valores para os quais apela Anicérides levam a superar o cirenaísmo; ademais, particularmente no que concerne à amizade, ele depende essencialmente de Epicuro que, como veremos, atribui a esta um papel essencial.

4. Teodoro e seus seguidores

Teodoro[17] tentou percorrer uma via intermediária, pondo o fim não no prazer como tal, mas na alegria, isto é, não no prazer-sensação (no prazer do momento), mas num estado de ânimo que não se alcança sem a sabedoria. Eis um testemunho explícito de Diógenes Laércio:

> Concebeu como fim a alegria e a tristeza: uma posta na sabedoria, a outra na insensatez. Bens são a sabedoria e a justiça, males são os comportamentos contrários, intermédios são os prazeres e as dores[18].

---

15. Diógenes Laércio, II, 96 (= Giannantoni, VII, 3 = IV G, 3²).

16. Cf. Diógenes Laércio, II, 97 (= Giannantoni, VII, 3 = IV G, 3²).

17. Teodoro foi discípulo de Anicérides (Diógenes Laércio, II, 98 = Giannantoni, VIII, 23 = IV H, 13²). Expulso de Cirene, viveu por um tempo em Atenas. Retornou posteriormente a Cirene, onde viveu até a morte, e gozou de grandes honras (II, 103 = Giannantoni, *ibidem*). Foi amigo de homens insignes e poderosos como Demétrio de Falero, que o salvou de um processo por ateísmo, e do rei Ptolomeu filho de Lago, que o hospedou em sua corte (II, 102 = Giannantoni, *ibidem*). Dele restam numerosos testemunhos (entre os quais os mais iluminadores são os de Diógenes Laércio).

18. Diógenes Laércio, II, 98 (= Giannantoni, VIII, 23 = IV H, 13²).

Repeliu como valores a amizade e o sacrifício pela pátria, que foram acolhidos por Anicérides, como vimos. Relata Diógenes Laércio:

Refutou também a amizade como falsa, tanto para os insensatos como para os sábios: para uns, com efeito, excluída a utilidade, a amizade desaparece; os outros bastam-se a si mesmos e de tal modo que não precisam de amigos. Dizia também que é razoável que o homem de valor não se sacrifique pela pátria, dado que é imprudente jogar fora a própria sabedoria pela utilidade dos insensatos. A pátria é o universo[19].

A distinção introduzida por Teodoro entre "alegria" e "prazer" (e, sobretudo, a identificação da primeira com a sabedoria) mostra-se, entretanto, fragilíssima e fortemente ambígua. De fato, a "sabedoria", para o nosso filósofo, consiste em dar-se conta de que é lícito fazer tudo o que se julga útil e do qual se tem desejo, *sem levar em conta nem as leis nem as convenções*. Ingressa assim no cirenaísmo a *anaídeia* cínica:

É lícito roubar, cometer adultério e realizar sacrilégios, mas no momento oportuno: nenhuma dessas coisas é, de fato, torpe por natureza, desde que se tenha removido a opinião que subsiste por acordo dos estultos. Abertamente o sábio fará uso das coisas desejadas por ele sem qualquer hesitação[20].

Junto com a *anaídeia*, Teodoro acolheu também a *parresía* cínica, isto é, a absoluta liberdade e franqueza no falar com quem quer que seja, como nos é transmitido por muitas fontes. Eis dois exemplos eloquentes:

Não admiraremos, pois, Teodoro de Cirene, filósofo nada desprezível? O qual, ameaçado uma vez pelo rei Lisímaco com o suplício da cruz, respondeu: "Peço-te que ameaces aos teus cortesãos com esses terríveis suplícios; a Teodoro, de fato, não interessa se deva apodrecer debaixo da terra ou a céu aberto"[21].

A Lisímaco, que lhe perguntou: "Não saíste da tua pátria movido pela inveja?", respondeu: "Não pela inveja, mas pelos dotes da minha natureza, para os quais a minha pátria não tinha suficiente lugar"[22].

---

19. *Ibidem*.
20. Diógenes Laércio, I, 99 (= Giannantoni, VIII, 23 = IV H, 13²).
21. Cícero, *Tusc. disput.*, I, 43, 102 (= Giannantoni, VIII, 14 = IV H, 8²).
22. Filo de Alexandria, *Quod omn. prob. lib. sit.*, 129s. (= Giannantoni, VIII, 18 = IV H, 9²).

Deve-se recordar, enfim, que Teodoro negou a existência dos Deuses, refutando todas as opiniões expressas pelos gregos sobre eles e, por isso, foi chamado de "o ateu".

Escreve Diógenes Laércio:

Teodoro foi o que destruiu toda opinião sobre os Deuses[23].

E Cícero precisa:

Também com relação a esse problema, a maior parte dos homens afirmou a existência dos deuses, o que é maximamente conforme com a verdade e com aquilo ao qual todos nos dirigimos guiados pela natureza. Protágoras, ao contrário, duvidou deles, e *os negaram completamente Diágoras de Melos e Teodoro de Cirene*[24].

A esta concepção aderiu, como recordamos acima[25], também o cínico Bíon[26].

5. O fim do cirenaísmo

A Escola de Cirene, na sua primeira fase, como vimos, perde grande parte da mensagem socrática, enquanto na segunda fase perde,

---

23. Diógenes Laércio, II, 97 (= Giannantoni, VIII, 23 = IV H, 13²).

24. Cícero, *De nat. deor.*, I, 1,2 (= Giannantoni, VIII, 30 = IV H, 19²). Cf. ademais todos os testemunhos de 23 a 42 = testemunhos 13-25 da segunda edição. Na verdade, Gomperz (*Pensatori greci*, II, p. 707, nota 1) afirmou que, malgrado o teor das afirmações de Diógenes e de Cícero, não se pode dizer que Teodoro tenha querido negar a crença em Deus, mas antes, como relata Sexto Empírico, *Contra os matem.*, IX, 55 (= Giannantoni, VIII, 38 = IV H, 23²), que tenha "destruído tudo o que os *gregos disseram sobre a divindade*". Mas a negação de *tudo* o que os gregos disseram sobre os Deuses dificilmente poderia deixar ainda espaço para qualquer crença em Deus. É certo, em todo caso, que os antigos não viram na obra *Sobre os Deuses* de Teodoro qualquer indício positivo neste sentido.

25. Cf. *supra*, pp. 43 e 45.

26. A Teodoro e à escola cirenaica muitos ligam Evêmero de Messina na Sicília, que viveu entre os séculos IV e III a.C., autor de um *Escrito sacro* (traduzido ao latim pelo poeta Ênio). Mas há tempo esta ligação foi contestada, com boas razões. Escreve Gomperz *(Pensatori greci*, II, p. 709, nota 2): "Não podemos admitir a tradição que liga Evêmero à escola cirenaica, como ainda se faz, mesmo com toda espécie de reservas e restrições. 'Não subsiste o menor testemunho, observou há algum tempo, e com razão, Erwin Rohde, que fale em favor de tal admissão' (*Der Griechische Roman*,

além de tudo o que de socrático restara na primeira, também a si mesma, renegando as instâncias das quais nascera.

E perde a si mesma pelas seguintes razões.

Aristipo ensinou substancialmente o seguinte: 1) o bem é o prazer; 2) o prazer é o gozo positivo e não a ausência de dor; 3) o prazer é o do momento. Ora, como foi bem observado, "essas três determinações são eliminadas uma depois da outra: Teodoro contesta a terceira, Egésia a segunda, Anicérides não se atém mais nem mesmo à primeira"[27].

É particularmente eloquente, e quase simbólica, a inversão total do alegre sentimento do viver, que era próprio de Aristipo, em desolado desejo de morte de Egésia, "o persuasor de morte". A mensagem de vida transformava-se em mensagem de morte:

> Se prestamos atenção à verdade, a morte separa-nos dos males, não dos bens. Foi por esse conceito discutido tão amplamente por Egésia Cirenaico que, diz-se, o rei Ptolomeu proibiu-o de ensinar aquelas ideias nas escolas, porque muitos, tendo-as ouvido, entregavam-se espontaneamente à morte[28].

Por outro lado, a mensagem de fundo do cirenaísmo tinha sido recolhida por Epicuro, que repensou e motivou o hedonismo com tal profundidade e originalidade, a ponto de eclipsar inteiramente o antigo hedonismo.

Todas essas razões, somadas, provocaram o definitivo desaparecimento da Escola de Cirene.

2ª ed., p. 241, nota 1)". Evêmero não parece merecer o epíteto de "famoso racionalista grego", que lhe foi dado por Zeller (*Die Philosophie der Griechen*, II, 1, p. 343), pois a sua obra tinha caráter romanesco e a ideia de que os Deuses fossem homens deificados se dissolve no fantástico e é abundantemente misturada com a fábula.

27. Zeller, *Die Philosophie der Griechen*, II, 1, p. 383.

28. Cícero, *Tusc. disput.*, I, 34, 83 (= Giannantoni, VI, 3 = IV F, 3^2).

III. DESENVOLVIMENTOS DIALÉTICOS DA ESCOLA MEGÁRICA E SUA DISSOLUÇÃO

1. A evolução da doutrina megárica e suas características

Como já acenamos no volume II[1], a escola megárica dedicou-se principalmente à dialética e ao seu aspecto erístico. Não descuidou as doutrinas morais, mas, como veremos, nesse âmbito não alcançou resultados consideráveis nem originais. A componente eleática da doutrina predominou sobre a propriamente socrática e, por consequência, as polêmicas que os megáricos conduziram acabaram sendo no máximo polêmicas de retaguarda e quase nunca de vanguarda.

Escreveu a propósito Teodoro Gomperz: "Se é possível comparar as grandes filosofias de Atenas às colunas de um exército vitorioso, os megáricos podem ser representados como atiradores que jamais cessaram de lhes causar dificuldades, desorganizando as retaguardas e obstaculizando a marcha adiante. Buscar pontos fracos das construções filosóficas atenienses, seguir passo a passo com uma crítica penetrante o caminho das escolas dogmáticas, da aristotélica à estoica e à epicurista, eis aquilo a que os pensadores de Megara mostraram-se sempre bem dispostos e prontos"[2]. O juízo de Gomperz é em grande parte exato e a sua formulação muito eficaz; todavia, ele não revela um ponto essencial. As críticas e as polêmicas megáricas têm quase sempre sabor arcaico e, sob a sua aparente audácia e novidade, na verdade são conservadoras e até mesmo reacionárias, em sentido eleático: elas são sustentadas substancialmente pela convicção de que a ontologia eleática é insuperável e a dialética do tipo zenoniano é a única forma possível de dialética, ou a única válida.

Não é de admirar, portanto, que os megáricos tenham polemizado sobretudo com Platão e com Aristóteles e, justamente, com as doutrinas

---

1. Cf. vol. II, pp. 190-197. Recordamos que a edição de referência dos megáricos, além da de Döring (cf. vol. II, p. 190, nota 1), é, agora, também a de G. Giannantoni, *Euclidis et Megaricorum philosophorum reliquiae*, nas *Socraticorum Reliquiae* (já citada), II A - II S.

2. Gomperz, *Pensatori greci*, II, p. 611.

dos filósofos que constituíam uma superação radical da ontologia eleática, ou seja, a platônica *teoria das Ideias* e a aristotélica doutrina da *potência*, que davam razão, respectivamente, da multiplicidade e do devir e coordenavam a antítese eleática entre a razão e a experiência.

Com efeito, são dois os princípios especulativos que os megáricos tentaram reconquistar: 1) *não existe o múltiplo* (nem o múltiplo empírico, nem o múltiplo metafísico do platônico mundo das Ideias), 2) *não existe qualquer forma de movimento* e em geral de devir. Os seus principais argumentos eram dialeticamente finalizados à recuperação desses princípios. Deve-se notar, contudo, que às vezes (e, em certos representantes da escola, amiúde) as argumentações dialéticas não eram expressamente relacionadas à finalidade que indicamos e, ocasionalmente, essa era até mesmo esquecida, tornando-se assim mero exercício de habilidade formal e, portanto, mera erística. Assim, mesmo deste ponto de vista, é inegável o caráter arcaico, e em parte também retrógrado, da dialética megárica, ao qual acima nos referimos.

Os nomes mais famosos do segundo megarismo são Eubúlides, Alexino, Diodoro Crono e Estílpon, que de todos foi o mais famoso e admirado.

2. Eubúlides e os "paradoxos" megáricos

Em Eubúlides[3] (do qual foi ouvinte o célebre orador Demóstenes) parece que predominavam os interesses erísticos, como provam os sete argumentos dialéticos que lhe são atribuídos.

Já um antigo cômico dizia dele:

> Eubúlides, o Erístico, que propunha sofismas agudos e confundia os oradores com argumentos falsos e pomposos, juntou-se ao vulgar e inútil tagarela Demóstenes[4].

Esses argumentos foram, já na antiguidade, indicados com os seguintes nomes: 1) o *Mentiroso*, 2) o *Escondido*, 3) o de *Electra*, 4)

---

3. Eubúlides nasceu em Mileto (Diógenes Laércio, II, 108 = Döring, fr. 50 = Giannantoni, II B, 1). Foi contemporâneo de Aristóteles, provavelmente mais velho, e polemizou com ele (cf. Döring, frs. 59-62 = Giannantoni, II B, 8-11).

4. Diógenes Laércio, II, 108 (= Döring, fr. 51 A = Giannantoni, II B, 1).

o *Velado*, 5) a *Sorites*, 6) o *Cornudo*, 7) o *Calvo*. Devido à celebridade que eles tiveram na antiguidade, e dado que de alguns deles se ocuparam também lógicos antigos e contemporâneos, queremos referi-los brevemente, a começar pelos que mostram maior consistência[5].

O argumento da *Sorites,* ou do "monte", e o do *Calvo* levantam idêntica dificuldade e inspiram-se diretamente num análogo argumento já formulado por Zenão de Eleia[6]. Das múltiplas variantes nas quais eles nos foram transmitidos, podemos extrair as seguintes formulações sintéticas. Se dois grãos são pouco, três grãos também o são, e assim também quatro, e o mesmo deve-se dizer sucessivamente para qualquer número, já que não há nenhum critério segundo o qual, chegado a certo número de grãos, deva-se dizer que são muitos e que são um monte. Portanto, não é possível dizer quantos grãos são necessários para constituir "um monte". Analogamente, se arrranco a alguém um fio de cabelo, não o torno calvo, e tampouco se lhe arranco um segundo, e depois um terceiro, e assim por diante. Falta, em suma, um critério para estabelecer quantos fios de cabelo um homem deve perder para ser dito calvo. É claro que esses dois argumentos são dirigidos, como o zenoniano sobre o qual estão modelados, contra todas as doutrinas que admitem o múltiplo (e, portanto, são uma confirmação por absurdo do Uno-Bem euclidiano): de fato, as características essenciais do múltiplo, se ele existisse na verdade, deveriam ser as quantitativas do *muito* e do *pouco*, as quais, pelos raciocínios do *Monte* e do *Calvo*, mostram-se indetermináveis e, portanto, inexistentes[7].

O argumento do *Mentiroso* pode ser formulado assim: de alguém que mente e afirma mentir, diremos que mente ou que diz a verdade? O mentiroso que afirma mentir seria, ao mesmo tempo, mentiroso e verdadeiro; mas isso é contrário ao princípio de não contradição e, portanto, absurdo. Mesmo esse argumento, provavelmente, como os precedentes, tentava golpear o pluralismo, mostrando que o múltiplo e as proposições da lógica discursiva (que supõe estruturalmente o

5. Cf. Gomperz, *Pensatori greci*, II, pp. 634ss.

6. Cf. vol. I, pp. 117ss.

7. Cícero, *Acad., pr.,* II, 16, 49; 28, 92ss.; Sexto Empírico, *Contra os matem.*, VII, 416; Idem, *Esboços pirronianos,* II, 253; Horácio, *Epist.,* II, 1, 54-47.

múltiplo) debatem-se em insuperáveis contradições, como, de modo paradigmático, o demonstra justamente a proposição que exprime o paradoxo do mentiroso[8].

Os argumentos de *Electra*, do *Velado* e do *Escondido* levantam todos a mesma dificuldade, expressa de diferentes modos. À pergunta se Electra conhece ou não o seu irmão Orestes, criado longe dela, no momento em que ele se apresenta a ela como estrangeiro, o interlocutor pode responder de modo negativo ou afirmativo. Mas nos dois casos é refutado. Se responde não, é refutado com base na observação de que Electra sabia que Orestes era seu irmão. Se responde sim, é refutado com base na observação de que ela ignorava que aquele que estava diante dela era Orestes. Analogamente, se a alguém é apresentado o próprio pai velado, e se lhe pergunta se o conhece ou não, esse interlocutor é refutado, qualquer que seja a sua resposta. Se diz sim, se lhe opõe que, enquanto velado, não o pode conhecer; se diz não, se lhe opõe que é impossível que não conheça o próprio pai. Aqui é evidente que a argumentação joga com a ambiguidade dos significados de *conhecer* (para desmantelar os dois paradoxos bastaria fazer uso do verbo reconhecer, para indicar um dos dois significados nos quais é usado o mesmo verbo conhecer) e não parece ter em vista a refutação das ontologias pluralistas[9].

Ainda mais capcioso é o argumento do *Cornudo*. Ao interlocutor era perguntado se tinha perdido ou não os seus chifres, permitindo-lhe responder só com um "sim" ou com um "não". Caso respondesse sim, se lhe objetava que, então, anteriormente os tinha; caso respondesse não, se lhe objetava que, então, ainda os tinha (e que, portanto, tinha sido ou ainda era Cornudo)[10].

É evidente que Eubúlides, com esses argumentos, queria simplesmente ostentar habilidade, com uma finalidade exclusivamente erística, exatamente como os sofistas descritos por Platão no *Eutidemo*[11].

---

8. Cf. Aristóteles, *Ref. Sofísticas*, 25, 180 b 2ss.; Cícero, *Acad. pr.*, II, 29, 95. Aceitamos a exegese de A. Levi, *Le dottrine filosofiche della scuola di Megara*, pp. 484s.

9. Cf. Luciano, *Vitarum auctio*, 22 (= von Arnim, *S.V.F.*, II, fr. 287).

10. Cf. Diógenes Laércio, VII, 187 (= Giannantoni, II B, 13); Gélio, *Noctes Atticae*, VI, 2, 9-10; XVII, 2, 9.

11. Cf. vol. II, pp. 67ss.

O seu discípulo Alexino, que os antigos diziam ser "amantíssimo das controvérsias", mereceu até mesmo o cognome de Elexino que, com leve modificação do seu verdadeiro nome, exprimia de modo perspicaz (Ἐλεγξῖνος de ἔλεγχος, que quer dizer refutar) a mania de refutar que o caracterizava[12].

3. Diodoro Crono e a polêmica contra a concepção aristotélica da "potência"

Diodoro, cognominado "Crono"[13], foi também um excelente dialético; mas os seus argumentos revelam maior seriedade e consistência do que os de Eubúlides e, sobretudo, um consciente direcionamento teorético ao objetivo visado, que consiste na negação do devir em todas as suas variadas formas.

Naturalmente, para voltar a defender essa tese eleática (a mais típica das teses eleáticas), era preciso enfrentar Aristóteles, que, mais que todos os outros filósofos, contribuiu para pulverizá-la, através das categorias de *potência* e *ato*. Toda forma de devir é impossível, diziam os eleatas, porque toda forma de devir supõe uma passagem do *não-ser* ao ser (ou vice-versa); mas como o não-ser não existe, assim também não existe o devir. Aristóteles responde que a posição eleática chega a essas absurdas consequências porque concebe o ser de modo monolítico, como mera atualidade desde sempre e para sempre realizada, enquanto o ser é, ao contrário, também *potência* ou *possibilidade* (a potência não é absoluto não-ser, mas não-ser-em-ato) e o devir é passagem da potência ao ato, ou seja, de um modo de ser a outro modo de ser, como vimos no volume IV[14].

Pois bem, Diodoro aduziu alguns argumentos contra o movimento em geral, inspirando-se em Zenão; mas joga a cartada decisiva

12. Diógenes Laércio, II, 109 (= Döring, fr. 73 = Giannantoni, II C, 1). Alexino foi contemporâneo de Zenão, contra quem polemizou (cf. Diógenes Laércio, II, 109 [= Döring, fr. 92; ver na p. 117 outras indicações]).

13. Diodoro Crono foi discípulo de Apolônio Crono, que foi discípulo de Eubúlides (Diógenes Laércio, II, 111 = Döring, fr. 96 = Giannantoni, II F, 1). Exerceu sua atividade provavelmente na segunda metade do século IV a.C.

14. Cf. o vol. IV, pp. 54ss.

justamente tentando desmantelar a concepção da *potência*, recorrendo a argumentos já usados pelos predecessores, mas também acrescentando novos. Limitar-nos-emos ao exame dessa polêmica contra a *dynamis*, dado que os outros argumentos referem-se a moldes pré-socráticos, enquanto os argumentos contra a potência têm um significado muito mais profundo e mostram que Diodoro compreendeu perfeitamente que a descoberta aristotélica tinha condições de liquidar o eleatismo.

O raciocínio que faziam os megáricos devia ser substancialmente este: se a *potência* é ser, então coincide com o *ato* (porque o ser só pode ser *igual ao ser*) e, portanto, *há potência somente quando há ato*. É o próprio Aristóteles quem no-lo relata, em aberta polêmica com os megáricos:

> Existem pensadores, como por exemplo os megáricos, que sustentam *que há potência somente quando há ato, e que quando não há ato, também não há potência*. Por exemplo, aquele que não está construindo — segundo eles — não tem a potência de construir, mas só o que constrói e no momento em que constrói; e assim para todos os outros casos[15].

Aristóteles observava o absurdo decorrente de tal identificação. *a*) Se a potência não se distingue do ato, ninguém poderia possuir qualquer *arte* que fosse (a arte é potência, é capacidade de realizar), *se não se encontrasse atualmente exercitando-a* (o construtor, quando deixa de construir, mesmo momentaneamente, perderia a sua arte, e assim por diante). *b*) Nenhum *sensível* (quente, frio, doce, amargo) poderia existir (o sensível é potencialidade ou capacidade de ser sentido), se não fosse *sentido em ato*. *c*) Não se poderia dizer que possui *sensibilidade* (que é potência para sentir) senão quem *sente em ato* (quem deixasse, mesmo momentaneamente, de ver e de ouvir tornar-se-ia cego e surdo). *d*) O que não é atualmente tornar-se-ia impossível (quem está em pé não poderia mais sentar-se e quem está sentado não poderia mais levantar-se)[16].

Mas Diodoro não se desencoraja absolutamente e enfrenta a questão, não só reafirmando a tese da identidade entre potência e ato, isto é, entre *possibilidade* e *realidade*, mas também entre *possibilida-*

---

15. Aristóteles, *Met.*, θ 3, 1046 b 29-32 (= Döring, fr. 130 A = Giannantoni, II B, 15).
16. Aristóteles, *Met.*, θ 3, 1046 b 32ss.

de e *necessidade*. Para Aristóteles, está em potência somente aquilo cuja tradução em ato não implica (de direito) nenhuma impossibilidade (ou absurdo), mesmo que, de fato, possa não se traduzir em ato[17]. Para Diodoro, potencial ou possível é só aquilo que de direito e de fato e, portanto, *necessariamente*, se traduzirá em ato.

Relata-nos Cícero:

> Ele [*i.e.* Diodoro], de fato, sustenta que só é possível o que é verdade agora e o será no futuro, e tudo o que acontecerá no futuro ele o declara necessário, e tudo o que não acontecerá o declara impossível[18].

E ainda:

> Retornemos à discussão de Diodoro que se chama περὶ δυνατῶν, na qual busca-se a definição de possível. Diodoro crê ser possível somente o que é verdadeiro no presente e o será no futuro. Este princípio é ligado à seguinte tese: nada acontece que não tenha sido necessário, o que é possível ou já é ou será; o futuro não pode transformar algo do passado de verdadeiro em falso. Mas a imutabilidade do passado é evidente, enquanto a do futuro, em certos casos, não aparece e [só] por isso pode ser posta em dúvida[19].

Noutros termos: se o passado é necessário, devia ser necessário também antes de se tornar passado; o mesmo vale se projetamos o raciocínio para o futuro: o *possível* é o que *necessariamente* será (caso contrário seria um não-possível, ou seja, um impossível).

Deve-se ainda notar que a redução da *potencialidade* à *atualidade* (ou seja, à realidade) e, portanto, à *necessidade*, efetivamente comporta, além da negação do devir, a negação da própria temporalidade na medida em que, encerrado nas cadeias da necessidade, o futuro, do ponto de vista ontológico, *resulta já determinado* como o passado e como o presente. E então impõe-se de novo, justamente, a tese de Parmênides, segundo a qual o ser não *era* nem *será*, mas, propriamente, *é agora*, um presente absolutamente imutável[20].

O argumento de Diodoro foi denominado κυριεύων λόγος, ou seja "argumento dominador" ou "vitorioso" ou "irresistível", vale dizer,

---

17. Cf. Aristóteles, *Met.*, Θ 4, *passim*.

18. Cícero, *De fato*, 7, 13 (= Döring, fr. 132 A = Giannantoni, II F, 25).

19. Cícero, *De fato*, 9, 17 (= Döring, fr. 132 A = Giannantoni, II F, 25). Ver também Epicteto, *Diatribes*, II, 19, 1-5 (= Giannantoni, II F, 24).

20. Cf. Levi, *Le dottrine filosofiche della scuola di Megara*, pp. 492s.

"indiscutível"[21]. Na realidade, ele não derrotou a posição aristotélica: uma coisa, para ser possível, não deve necessariamente atuar-se *de fato*; basta que *de direito* seja atuável, ou seja, que não implique contradições lógico-ontológicas[22].

É importante observar, ademais, que tal doutrina implica, no plano moral, um determinismo ferrenho e, portanto, não deixa espaço ao livre agir humano. Não resulta, todavia, que Diodoro tenha aprofundado as relações entre a ética e a ontologia. Também nele a componente eleático-dialética tem predominância.

4. Estílpon e as últimas afirmações do megarismo

Estílpon[23] parece ter sido o expoente do megarismo que mais aprofundou a polêmica com os pressupostos da lógica discursiva, que é própria de qualquer forma de pluralismo, inclusive o platônico.

Só é válido o juízo idêntico, no qual se afirma no predicado o mesmo conceito expresso pelo sujeito. Poder-se-á, pois, dizer corretamente *Sócrates é Sócrates, o bom é bom, o músico é músico*, mas não se poderá dizer *Sócrates é bom e músico* e nem mesmo, separadamente, *Sócrates é bom* e *Sócrates é músico.*

Relata Simplício:

> Também os filósofos chamados megáricos, assumindo como evidente a afirmação de que as coisas cujas definições são diferentes são, elas mesmas, diferentes, e que as coisas diferentes são, entre si, separadas, acreditavam demonstrar que cada coisa é separada de si mesma. Com efeito, dado que uma é a definição de Sócrates músico e outra é a de Sócrates branco, também Sócrates seria separado de si mesmo[24].

Plutarco também narra esse argumento. Pode-se predicar somente o idêntico do idêntico. De fato, se disséssemos *Sócrates é bom* ou

---

21. Sobre o problema cf. P. M. Schuhl, *Le dominateur et les possibles*, Paris 1960.

22. Cf. Aristóteles, *Metafísica*, Θ 3 e 4, *passim.*

23. Estílpon nasceu em Megara (cf. Döring, fr. 147 e Giannantoni, II O, 2). Exerceu sua atividade provavelmente no final do século IV a.C. Döring conjetura que Estílpon viveu aproximadamente entre 360 e 280 a.C. (p. 140).

24. Simplício, *In Arist. Phys.*, 120, 12-17 (= Döring, fr. 198 = Giannantoni, II O, 30).

o cavalo corre, e o disséssemos com verdade, nós viríamos a identificar "Sócrates" e "bom", "cavalo" e "corre", de modo que não poderíamos mais dizer de alguma outra coisa "*é boa*", nem de algum outro animal "*corre*"[25].

Para compreender tais raciocínios é preciso ter presente que a cópula "é" é entendida pelos megáricos no sentido de "é idêntico" ou "é igual" (*o homem* é bom no sentido de: *homem* = *bom*). A lógica megárica ignora, portanto, as conquistas da lógica aristotélica e as distinções entre substância e acidentes (entre o sujeito que é substrato de inerência e as afecções inerentes ao sujeito); conquistas e distinções que são tais a ponto de cortar pela base todas as dificuldades levantadas. A lógica megárica move-se inteiramente na esfera da lógica eleática, que só admite a existência do Ser uno idêntico a si. Propriamente falando, os megáricos deveriam não só sustentar que são válidos somente os juízos idênticos como "o homem é homem", "o bem é bem", "o músico é músico"; mas deveriam negar também a própria possibilidade de uma *pluralidade de juízos idênticos* (*homem, bom, músico* são coisas diferentes e, portanto, múltiplas), e reduzir-se à afirmação de um único juízo idêntico: *o ser é o ser* (o uno é o uno).

Estílpon conduziu, ademais, uma explícita polêmica contra a teoria platônica das Ideias. Relata Diógenes Laércio:

> Muito hábil nas controvérsias, negava também a validez das Ideias. Ele dizia que quando alguém afirma o homem [a Ideia de homem], não tem em mente nenhum homem particular, nem este nem aquele; por que, com efeito, deveria ter em mente um mais do que outro? Portanto, não tem em mente também este homem particular. Assim também o verde [a Ideia de verde] não é este verde particular, porque o verde já existia há milhares de anos; portanto esse não é o verde[26].

Esse raciocínio significa: dado que existem as Ideias, cada uma delas não designa nem esta nem aquela coisa particular (a Ideia de homem não designa nem este homem aqui nem aquele outro homem) e, portanto, não designa nenhuma delas. Assim as Ideias não explicam a finalidade para a qual foram introduzidas (ou seja, não garan-

---

25. Cf. Plutarco, *Adv. Col.*, 22, 1119 c-d; 23, 11120 a-b (= Döring, fr. 197 = Giannantoni, II O, 29).

26. Diógenes Laércio, II, 119 (= Döring, fr. 199 = Giannantoni, II O, 27).

tem de modo algum a unidade do múltiplo, não fazem a mediação entre a unidade e a multiplicidade)[27].

Recordemos que a polêmica antiplatônica já fora iniciada por Bríson, que pertencia ao círculo de Euclides, e pelo seu discípulo Polixeno[28], a quem é expressamente atribuído pelos antigos o argumento chamado do "terceiro homem", contra a teoria das Ideias, e ao qual o próprio Platão já tinha respondido no *Parmênides*[29]. Se, partindo da multiplicidade dos homens empíricos, para explicar a unidade dessa multiplicidade introduzimos a *Ideia única de homem*, com base no mesmo raciocínio poderemos dizer que se deve introduzir um novo homem (um terceiro homem), que deverá ser a razão pela qual são homem tanto a *Ideia de homem* como *os homens empíricos*, e em seguida, pela mesma razão, uma ulterior Ideia de homem que a todos comunique o ser homem, e assim ao infinito. De resto, há boas razões para acreditar que todo o *Parmênides* (ou, pelo menos, toda a primeira parte) esteja dirigido contra a lógica e a ontologia megáricas[30]. Estílpon não mostra, portanto, ter compreendido a resposta que Platão deu às interrogações suscitadas pela escola megárica desde o seu início, sobre a relação entre o uno e o múltiplo, assim como Diodoro mostra não ter compreendido o alcance da doutrina aristotélica da potência na solução do problema da mudança e do devir. Por essas razões foi dito que esses filósofos representam a "reação eleática", porque não sabem ir *além* das respostas de Platão e de Aristóteles, mas situam-se *aquém* deles.

De Estílpon são-nos referidas também algumas ideias morais. Ele sustentava que o sábio devia bastar-se a si mesmo e que, portanto, para salvaguardar a sua autarquia, não devia ter necessidade de amigos. Mais ainda, segundo Estílpon, o sábio deve não só ser superior às necessidades, mas até mesmo ser capaz de nem sequer sentir necessidades. A insensibilidade (*apátheia*) é, pois, o ideal de Estílpon[31]. Alguns viram nessas doutrinas precisos influxos cínicos[32], outros

27. Cf. Gomperz, *Pensatori greci*, II, pp. 644s.

28. Sobre estes ver Döring, pp. 62s. e 157ss.; parece-nos ainda convincente o que diz Levi, *Le dottrine filosofiche della scuola di Megara*, p. 476, e nota 2.

29. Platão, *Parmênides*, 131 e - 132 b.

30. Cf. Levi, *Le dottrine filosofiche della scuola di Megara*, pp. 475ss.

31. Cf. Sêneca, *Epist.*, 9, 1-3 (= Döring, fr. 195 = Giannantoni, II O, 33).

32. Cf. Zeller, *Die Philosophie der Griechen*, II, pp. 173s.

chamaram a atenção para o fato de que elas derivam do pressuposto metafísico antipluralista[33]. Levi, por exemplo, escreve que as teorias ontológicas dos megáricos "incluem necessariamente uma orientação ético-religiosa da vida, atestada por escassas, mas significativas notícias, que constitui o pressuposto natural do ensinamento de Estílpon. Pode-se observar que quando o misticismo ascético das religiões positivas, para acentuar o abismo que divide o Criador das criaturas (às quais nega uma certa realidade), afirma que o universo e os seres finitos que o constituem são nada diante do Ser sumamente real, exprime já certa avaliação da vida e fixa determinada norma de conduta. Com maior razão isto pode ser dito do megarismo, que afirma em sentido não relativo, mas absoluto, a irrealidade de tudo o que não é o Ser Uno, o Bem, Deus"[34].

Levi pode ter razão; todavia é certo que, se também Estílpon e os megáricos apresentaram com esse espírito a sua mensagem ética, os contemporâneos pouco entenderam dela e consideraram muito mais atraentes e substanciais as mensagens éticas das outras escolas. De resto, a contemplação do verdadeiro, que para o fundador da escola era a contemplação do Uno-bem, pouco a pouco se tornou quase exclusivamente a negação dialética do múltiplo, e esta, na medida em que subentendia ou deixava no fundo o positivo que queria defender, devia fatalmente perder toda atração ética, mesmo quando não degenerava (como vimos com Eubúlides) na erística.

5. O fim da escola megárica

Estílpon teve forte personalidade e excepcional capacidade dialética. Esceveu dele Diógenes Laércio:

> Pela invenção dos argumentos e pela capacidade sofística, primou tanto sobre os demais que quase toda a Grécia volveu o olhar para ele e seguiu a escola megárica. Sobre ele Filipe de Megara assim se exprime textualmente: "De Teofrasto atraiu para si a Metrodoro, o Teorético, e Timágoras de Gela; de Aristóteles, o filósofo cirenaico Clitarco e Símias; dos dialéticos Peônio;

33. Cf. a nota seguinte.

34. Levi, *Le dottrine filosofiche della scuola di Megara*, p. 472.

de Aristides, Dífilo de Bósforo, filho de Eufanto e Mirmex, filho de Exêneto; estes dois últimos vieram a ele para refutá-lo, mas tornaram-se seus devotos seguidores". Ademais, ganhou para a sua escola Frasidemo, o Peripatético, especialista nos estudos físicos e o retórico Alcimo, príncipe de todos os oradores da Grécia de então; também a Crátes e a muitíssimos outros ele conquistou e enfim, junto com esses, atraiu também a Zenão, o Fenício[35].

Foram esses, porém, os últimos sucessos da escola. Com Estílpon o megarismo esgotou quase totalmente a sua função: as mensagens éticas que vinham das novas escolas helenísticas, com um vigor e uma eficácia bem diferentes, obscureceram totalmente as mensagens do megarismo, enquanto o ceticismo (ao qual, ademais, o megarismo forneceu muitas armas: Pirro, fundador do ceticismo, teve entre seus mestres também um megárico), com motivações muito mais coerentes, prosseguiu a crítica dialética pela qual os megáricos foram tão admirados.

É, contudo, justo reconhecer que a escola megárica foi normalmente subvalorizada. Platão reconheceu que o problema fundamental levantado por ele era um grave problema, e, depois de ter dedicado a ele o *Parmênides*, ainda no *Filebo* afirmava o seguinte:

> Que *os muitos* sejam *um* e que o *uno* seja *muitos*, é coisa admirável de se dizer[36].

Aristóteles, na *Metafísica*, como vimos, respondeu expressamente às objeções megáricas[37]. Do megarismo deduziram alguns dos seus problemas lógicos os estoicos e o próprio Epicuro polemizou com Estílpon, e, como dissemos, os céticos referiram-se amplamente aos seus argumentos. Mas em seguida o interesse por essa escola apagou-se quase totalmente. Só nos tempos modernos, pensadores como Herbart, Bradley e Hartmann repensaram alguns dos seus problemas de fundo. E só em tempos modernos a historiografia filosófica lançou luz sobre o significado filosófico e histórico das doutrinas da escola.

Para fazer o enlace com o tema geral que estamos desenvolvendo, como conclusão diremos que o segundo megarismo manteve muito

---

35. Diógenes Laércio, II, 113s (= Giannantoni, II O, 3).
36. Platão, *Filebo*, 14 c.
37. Cf. Aristóteles, *Metafísica*, Θ 3 (= Giannantoni, II B, 15).

pouco de "socrático". De Sócrates desenvolveu a dialética em sentido erístico, mas perdendo as suas precisas conotações irônico-maiêuticas e, em grande parte, também as finalidades éticas. A última fase da escola megária parece, portanto, mais a continuação da escola eleática do que a de uma escola socrática. Certamente muitos dos seus sucessos e, sobretudo, a sua duração, devem-se, como já acenamos, mais do que à consistência dos problemas por ela levantados, ao gosto extraordinário que os gregos tiveram pelos virtuosismos erístico-dialéticos nos quais os megáricos foram mestres.

IV. A RÁPIDA DISSOLUÇÃO DA ESCOLA ELÍACO-ERETRÍACA

Já mostramos no volume II[1] como a escola de Fédon de Élida dissolveu-se rapidamente e como a sua herança foi recolhida por Menedemo e pelo seu amigo Asclepíades de Fliunte, os quais transportaram-na para Erétria, de onde veio à escola o nome de eretríaca (ou, para recordar também a sua origem, elíaco-eretríaca). Escreve Diógenes Laércio:

> Seu [de Fédon] sucessor foi Plisteno de Élida, ao qual sucedeu, uma geração mais tarde, Menedemo de Erétria e Asclepíades de Fliunte, egressos de Estílpon. Até então a escola era chamada de Élida, mas a partir de Menedemo foi chamada de Erétria[2].

> Menedemo foi um dos seguidores de Fédon [...]. Menedemo, enviado pelos eretrieses à guarnição militar de Megara, visitou a Academia de Platão e aí foi atraído a ponto de deixar o serviço militar. Asclepíades de Fliunte atraiu-o para si e ele viveu em Megara com Estílpon, cujas lições ambos escutaram. Daí navegaram para Élida, onde se encontraram com Anquipilo e Mosco, seguidores de Fédon. A partir de então foram chamados elíacos ou escola de Élida; sucessivamente chamou-se escola de Erétria, por causa da pátria daquele do qual nos ocupamos[3].

As doutrinas de Menedemo, enquanto é possível extrair dos testemunhos sobre ele que nos chegaram, são um eco das doutrinas dos mestres. Nelas fundem-se a dialética megárica com as instâncias éticas da escola de Fédon.

Menedemo deve ter sido exímio na dialética, tanto que os antigos testemunhos dizem-nos que ele não tinha rivais "no encadeamento dos pensamentos", e "podia enfrentar todos os argumentos e inventava objeções com facilidade", e até mesmo que era "o príncipe da

1. Cf. vol. II, pp. 198ss. Recordamos que a edição de referência para os filósofos dessa escola é a de G. Giannantoni, *Phaedonis Elidensis, Menedemi Eretrii, eorumque discipulorum reliquiae*, contida nas já citadas *Socraticorum Reliquiae*, III A-III H.

2. Diógenes Laércio, II, 105 (= Giannantoni, III A, 1).

3. Diógenes Laércio, II, 125s. (= Giannantoni, III F, 1).

erística"[4]. Nesse âmbito ele deve ter-se inspirado largamente em Estílpon, como se pode deduzir pelo testemunho de Diógenes Laércio:

> Como dizem, não admitia as proposições negativas, mas transformava-as em proposições afirmativas e, destas, admitia as simples, recusando as não simples, vale dizer, as proposições hipotéticas e complexas[5].

Como os megáricos, ele rejeitava também a teoria platônica das Ideias, como se percebe por esse testemunho:

> Os seguidores da escola de Erétria negavam que as qualidades tivessem uma substância comum, sustentando que elas subsistiam nos objetos individuais concretos[6].

Note-se que essas *qualidades substanciais* não podem ser senão as Ideias platônicas.

Pela ética, Menedemo interessou-se mais que os megáricos, embora deva-lhes, e à escola de Fédon, alguns conceitos morais, como o da unidade do bem:

> A quem afirmava existirem muitos bens, perguntava qual era o número e se acreditava que eram mais de cem[7].

Negava que o bem e o útil (material) se identificassem, e sustentava que o bem é a virtude-ciência.

Eis um testemunho que destaca bem a sua sensibilidade moral e a orientação geral da sua ética:

> Uma vez ouviu alguém dizer que o bem maior é obter tudo o que se deseja, mas replicou que bem ainda maior é desejar o que se deve[8].

Menedemo não teve discípulos que continuassem a escola. Absorvido pela atividade política e também por certa negligência, não se preocupou nem com os discípulos nem com a escola. Conta-se, a propósito do seu descuido como mestre, o seguinte:

> Dizem que ele abominava as fadigas comuns e não se preocupava com o andamento da escola. Não se via qualquer ordem na sua escola e nela nem

---

4. Diógenes Laércio, II, 134 (= Giannantoni, III F, 18).
5. Diógenes Laércio, II, 135 (= Giannantoni, III F, 18).
6. Simplício, *In Arist. Categ.*, 216, 12-14 (= Giannantoni, III F, 19).
7. Diógenes Laércio, II, 129 (= Giannantoni, III F, 17).
8. Diógenes Laércio, II, 136 (= Giannantoni, III F, 13).

existiam cadeiras, mas onde cada um se encontrava, passeando ou sentado, ouvia a lição, e Menedemo comportava-se do mesmo modo[9].

Tudo isso, somado à objetiva falta de originalidade de pensamento, fez com que, com Menedemo, a escola de Erétria desaparecesse. A escola elíaco-eretríaca não deu contribuições importantes ao desenvolvimento do pensamento filosófico e, portanto, interessa quase exclusivamente à história da difusão das ideias amadurecidas nos círculos socráticos e à história da difusão da cultura filosófica em geral.

9. Diógenes Laércio, II, 130 (= Giannantoni, III F, 8).

SEGUNDA SEÇÃO

A PRIMEIRA ACADEMIA E A RÁPIDA PERDA DAS CONQUISTAS DA "SEGUNDA NAVEGAÇÃO"

«παρὰ μὲν γὰρ τῶν θεολόγων ἔοικεν ὁμολογεῖσθαι τῶν νῦν τισίν, οἵ οὔ φασιν, ἀλλὰ προελθούσης τῆς τῶν ὄντων φύσεως καὶ τὸ ἀγαθὸν καὶ τὸ καλὸν ἐμφαίνεσθαι.»

"Parece que os antigos teólogos concordam com alguns pensadores contemporâneos, os quais negam (que o bem e o belo estejam no princípio): segundo eles, o bem e o belo só se manifestam quando a natureza das coisas encontra-se em avançado grau de desenvolvimento."

Aristóteles, *Metafísica*, N 4, 1091 a 33-36

Este é o célebre mosaico, que remonta ao século I d.C. e reproduz um original grego do século II a.C., descoberto perto de Pompeia e conservado no Museu Nacional de Nápoles. Representa os filósofos da Academia reunidos numa discussão sobre astronomia. As personagens, da esquerda para a direita, são: 1) Heráclides Pôntico, 2) Espêusipo, sucessor de Platão, 3) Platão, 4) um hóspede, 5) Eudoxo de Cnido, 6) Xenócrates (segundo sucessor de Platão), 7) Aristóteles. (Ver a respeito os trabalhos de Gaiser, já citados no volume III, p. 2.)

I. A ACADEMIA PLATÔNICA, SEU OBJETIVO, SUA ORGANIZAÇÃO E SUA RÁPIDA DECADÊNCIA

A fundação da Academia, como já dissemos, quase certamente deve ser situada nos anos imediatamente subsequentes à primeira viagem de Platão à Itália.

Platão, convencido da inutilidade da sua participação imediata na política militante, pelas razões que já conhecemos, tinha amadurecido um projeto de muito maior alcance: ele pretendia preparar *mediadamente*, ou seja, através da filosofia, os futuros "verdadeiros" políticos, isto é, os homens que estariam em condições de renovar radicalmente o Estado. Era, portanto, necessário *fundar uma verdadeira escola*, um organismo que, analogamente às comunidades pitagóricas, visasse à educação e à formação dos seus membros, segundo planos de estudo bem articulados e métodos sistematicamente determinados.

Em vista disso, Platão adquiriu uma pequena área e um edifício, que se tornaram depois propriedade da escola.

Qual foi a exata fisionomia jurídica dessa escola é uma questão ainda não resolvida.

A tese que por muito tempo dominou considerava a Academia uma espécie de "associação" religiosa consagrada às Musas. Com efeito — pensava-se —, dado que as leis do Estado ateniense não contemplavam a possibilidade de um organismo semelhante ao que Platão pretendia construir, o filósofo escolheu a única via que juridicamente abria espaço para a execução do seu projeto: fez reconhecer a sua Academia como *comunidade consagrada ao culto das Musas e de Apolo, senhor das Musas*. E, no conceito do grego, em particular do ateniense, uma comunidade de estudo que se reunia para cultivar o mais elevado saber sintonizava perfeitamente com a concepção geral de uma comunidade consagrada ao culto das Musas[1].

Ao contrário, estudos recentes revelaram a falta de documentos comprobatórios da objetividade histórica dessa engenhosa tese. Não emerge de parte alguma que as escolas e as instituições culturais

1. Ver: Wilamowitz-Moellendorff, *Platone*, pp. 263ss.

atenienses, como a Academia, implicassem necessariamente um estatuto jurídico oficial; elas podiam desenvolver suas atividades sem um registro formal[2]. Em todo caso, com a Academia nasceu algo verdadeiramente novo e de incalculável importância na história da Grécia e do Ocidente: nasceu um organismo que, por diversos aspectos, merece ser chamado, embora com todas as devidas limitações, como veremos em seguida, se não a primeira universidade do mundo, pelo menos *um antecedente que de algum modo prefigura*, embora de modo embrionário[3], *o que serão as universidades.*

Contudo, deve-se dizer que os membros da Academia não eram estudantes no sentido moderno da palavra. Aos jovens juntavam-se também anciãos; provavelmente todos deviam contribuir para o financiamento das despesas ordinárias e é provável que também tomassem algumas refeições em comum. Provavelmente não existiam estatutos escritos da escola, e toda a regulamentação dependia da pessoa do seu dirigente. Ademais, o objetivo último da Academia não eram o saber e a ciência buscados unicamente na sua abstração, mas sim, como já observamos acima, pelo seu valor ético-político[4].

Se temos presente tal objetivo ético-político-educativo da Academia, então, sob esse aspecto, é exato o que diz Jaeger na página que se segue: "O conhecimento, ao qual Sócrates atribuía a capacidade de tornar bons os homens, *é diferente do que normalmente tem o nome de ciência.* Ele é um saber criativo e acessível somente à alma que tenha afinidade de natureza com o que deve ser conhecido, o bom, o justo, o belo. Nada é negado com tão apaixonada energia por Platão, mesmo na mais avançada idade, do que o princípio de que a alma possa conhecer o que é justo sem *ser* ela mesma justa. *Nisso, e não na organização das ciências, consistia o significado da fundação da*

2. Ver em particular: J. P. Lynch, *Aristotle's School. A Study of a Greek Educational Institution*, Berkeley-Los Angeles-Londres 1972, pp. 112-134.

3. Sobre isso ver as observações de H. Cherniss, *The Riddle of the Early Academy*, Berkeley 1945; trad. italiana de L. Ferrero, com o título *L'enigma dell'Accademia antica*, La Nuova Italia, Florença 1974, pp. 72ss.

4. Ver a ótima reconstrução de conjunto de H. J. Krämer, *Die Ältere Akademie*, na nova edição de *Grundriss der Geschichte der Philosophie* de F. Ueberweg: *Die Philosophie der Antike*, Band 3. *Ältere Akademie — Aristoteles — Perípatos*, herausgegeben von H. Flashar, Basel-Stuttgart 1983, pp. 1-174 (Citaremos esse trabalho com a abreviação Ueberweg-Krämer).

Academia platônica. Tal significado manteve-se vivo até o final, como o demonstra a carta da velhice de Platão: *o objetivo é a convivência de pessoas escolhidas que, tendo formado a sua alma no bem, pela sua superior atitude espiritual, podem tornar-se participantes daquele conhecimento 'conclusivamente iluminador'*. Platão diz que da relação com esse conhecimento não lhe parecia resultar algum bem para a massa dos homens, mas somente para os poucos que, com uma pequena introdução, eram capazes de encontrá-lo por si mesmos"[5].

Além disso, mesmo sendo incontestável a finalidade ético-político-educativa da Academia, e também a falta, pelo menos em linha programática e consciente em todos os níveis, da ideia da unidade sistemática de todas as ciências e da sua organização enciclopédica, não é exato afirmar de modo categórico, como o faz Jaeger, que "as modernas academias e universidades não podem fazer remontar a sua tradição a Platão"[6]. De fato, pela primeira vez na Academia afluíram personalidades, mesmo estrangeiras, de formação muito diversificada e mesmo de atitudes espirituais opostas. Muito além do horizonte socrático, nela entraram triunfalmente a aritmética, a geometria e a astronomia. Com a Academia teve relações Eudoxo, dirigente da escola matemático-astronômica. Temos, ademais, testemunhos que provam a presença na Academia de médicos provenientes da Sicília[7]. E essas personagens, com o seu ensinamento, que devia ser de algum modo regulado, promoveram na escola uma série de debates extremamente fecundos. Assim, não ainda em nível programático, mas *de fato*, e ainda que por um breve período, esse encontro de homens e de ensinamentos diversos na Academia *produziu igualmente um encontro das ciências que eles cultivavam, e os vários membros da Academia puderam pela primeira vez ouvir juntos essas vozes diferentes, os seus confrontos e os seus desencontros, como antes não fora possível.* Nesse sentido, é preciso reconhecer à Academia platônica o mérito de ter antecipado espiritualmente, sob certos aspectos (e também com as diferentes finalidades acima relacionadas), encontro do saber que, muito mais tarde, as universidades buscarão e realizarão de modo

5. Jaeger, *Aristotele*, pp. 27s.; cf. Platão, *Carta VII*, 341 c-e.
6. Jaeger, *Aristotele*, p. 21.
7. Cf. o que observa o próprio Jaeger, *Aristotele*, p. 20 e nota 2.

sistemático. Com razão, portanto, a posteridade escolherá justamente o nome da Academia platônica para designar as instituições nas quais as várias formas de saber são cultivadas e elaboradas no mais alto nível.

É também verdade que a Academia, morto Platão, no curso de poucos decênios perdeu rapidamente essa característica, restringindo sempre mais os próprios interesses numa visão estreita e privada de adequada originalidade. Mas a culpa foi dos sucessores de Platão, os quais não só não foram capazes de desenvolver o grandioso projeto do Mestre, mas também mostraram-se incapazes de conservá-lo intocado. A antiga Academia tornou-se, de vários modos, em parte infiel a Platão, desenvolvendo apenas alguns traços do platonismo, isolando-se da grandiosa visão global originária, chegando assim, de certo modo, a deformá-los irremediavelmente, como veremos agora[8].

8. Uma bibliografia completa sobre a Antiga Academia e seus expoentes encontra-se em Ueberweg-Krämer, *passim.* Os preciosos papiros herculanenses que contêm importantes notícias de Filodemo sobre os Acadêmicos antigos encontram-se agora publicados em excelente edição crítica com tradução e comentário por K. Gaiser, *Philodems Academica. Die Berichte über Platon und die Alte Akademie*, Stuttgart-Bad Cannstatt 1988.

II. EUDOXO DE CNIDO, UM ASTRÔNOMO HÓSPEDE DA ACADEMIA

1. A imanentização das Ideias

Já o astrônomo Eudoxo[1], intervindo nas discussões filosóficas da Academia, estando ainda vivo Platão, como nos é transmitido, não hesitou em assumir posições opostas às teses de Platão, em dois pontos essenciais que, em última análise, comprometiam o sentido do platonismo no seu conjunto.

Em primeiro lugar, Eudoxo sustenta uma interpretação das relações entre as Ideias e as coisas, que mostra de modo muito eloquente como ele, verdadeiramente, não compreendeu e não acolheu o sentido da "segunda navegação" platônica. Relata-nos, com efeito, Aristóteles que, segundo Eudoxo, as Ideias eram causa das coisas "por mistura"[2]. E Alexandre, comentando a passagem, precisa:

---

1. Eudoxo nasceu em Cnido, entre a última década do século V e a primeira do século IV (sobre as indicações cronológicas relativas a Eudoxo, as fontes são discordantes; uma discussão sobre esses dados encontra-se em F. Lassere, *Die Fragmente des Eudoxos von Knidos*, Berlim 1966, pp. 137-139). De Cnido foi para Atenas, atraído pela fama dos socráticos (Diógenes Laércio, VIII, 86 [= Lasserre, fr. T 7]). Esteve no Egito, onde manteve contatos com os sacerdotes e aprendeu a sua sabedoria. Em seguida fundou uma escola em Cítico. De Cítico transferiu-se para Atenas com numerosos alunos. Passou os últimos anos da sua vida na própria pátria. Alguns estudiosos tendem hoje a negar que Eudoxo tenha entrado para a Academia platônica. Lasserre escreve: "Seguramente ele não entrou para a Academia e, portanto, nela não ensinou" (p. 41). Mas esta é certamente uma tese hipercrítica. De fato, *a*) Eudoxo possui uma doutrina das Ideias; *b*) Aristóteles fala dele como um dos platônicos; *c*) a sua tese sobre o prazer provocou na Academia reações que só se explicam admitindo que ele, pelo menos por algum tempo, fez parte da escola; *d*) muitas fontes afirmam que Eudoxo foi ouvinte de Platão (cf. os documentos em Zeller, *Die Philosophie der Griechen*, II, 1, p. 993, nota 3). É certamente verdade que a colaboração entre Platão e Eudoxo não terá sido duradoura e que devem ter surgido atritos que levaram a uma ruptura (cf. as explícitas indicações de Diógenes Laércio, VIII, 87s). Para uma exposição pormenorizada do pensamento de Eudoxo ver Ueberweg-Krämer, pp. 73-87.

2. Aristóteles, *Metafísica*, Α 9, 991 a 14ss. e Μ 5, 1079 b 18ss. (= Lasserre, fr. D 1).

Também Eudoxo, entre os amigos de Platão, sustentava que cada realidade existia por causa da mistura das Ideias nas coisas que possuem o ser com relação a elas[3].

É óbvio que Eudoxo buscava com essa doutrina simplificar e resolver o problema, assaz árduo no contexto da ontologia platônica, das relações entre Ideias e coisas, problema simplesmente posto no *Fédon*, posteriormente aprofundado no *Parmênides* e nos diálogos sucessivos, porém nunca resolvido de modo perfeito nos escritos, mas só no âmbito das doutrinas não-escritas. Mas a solução proposta por Eudoxo é a pior possível. Com efeito, como já objetava Aristóteles, para poderem "misturar-se" com as coisas, as Ideias deveriam ser *corpóreas*, pois a mistura se dá exatamente entre elementos corpóreos. Eudoxo certamente não afirmava que as Ideias fossem corpóreas, mas assumia uma posição que, para poder ser corretamente sustentada, comportava a corporeidade das Ideias; ou melhor, assumia uma posição que demonstrava, em substância, que não captara exatamente o sentido do imaterial, porque o imaterial não pode "misturar-se" com o material[4].

2. O hedonismo de Eudoxo

Igualmente notável foi também o distanciamento de Eudoxo da ética platônica. Ele sustentou, de fato, que o *prazer* é o *bem*, e que isso decorre do fato de todos os seres tenderem espontaneamente ao prazer. Relata Aristóteles textualmente:

> [...] Eudoxo pensava que o prazer é um bem por essas razões: [1] vemos que todos os seres vivos, tanto os racionais como os irracionais, tendem a ele; mas em todos os casos o que é desejado é o bem, e o que é desejado mais do que tudo é o máximo bem; portanto, o fato de todos os seres vivos serem levados ao mesmo objeto indica que, para todos, este é o sumo bem (cada ser

---

3. Alexandre de Afrodísia, *In Arist. Metaph.*, p. 97, 17-19 Hayduck (= Lasserre, fr. D 2).

4. Sobre o problema ver: Reale, *Aristotele, Metafisica*, vol, I, pp. 199s.; Berti, *La filosofia del primo Aristotele*, pp. 232-239; Lasserre, *Die Fragmente des Eudoxos...*, pp. 149ss.; Ueberweg-Krämer, pp. 74-77.

vivo, de fato, encontra o que é bem para ele, como encontra o seu alimento), mas o que é bem para todos, vale dizer, aquilo para o qual todos tendem, é o bem por excelência. As suas teorias obtinham crédito mais pela virtude do seu caráter do que por si mesmas: era considerado, com efeito, homem excepcionalmente controlado e, portanto, pensava-se que ele afirmava essas coisas não porque fosse pessoalmente amigo dos prazeres, mas porque essa era a verdade. [2] Ademais, pensava que isso não se mostrava menos evidente com base no argumento contrário: com efeito, dizia, a dor é em si mesma um objeto de aversão para todos; portanto, o seu contrário é igualmente para todos algo desejável. [3] E sumamente desejável é o que nós não desejamos por causa de outra coisa nem em vista de outra coisa. Tal objeto é, segundo o consenso unânime, o prazer: de fato, ninguém indaga com que fim o sente, considerando que o prazer é desejável em si mesmo. [4] Enfim, qualquer que seja o bem que se alcance, por exemplo, ao agir com justiça e com temperança, o prazer torna-o mais desejável; mas o bem só pode ser acrescido por si mesmo[5].

A partir do argumento principal apresentado, é claro que Eudoxo pensava sobretudo na *natureza física* do homem (a que o homem tem em comum com os animais), e não na natureza puramente espiritual do homem, isto é, a alma, que tanto Sócrates como Platão tinham contraposto à natureza física, mostrando que nela, e só nela, consistia a verdadeira natureza do homem. Por isso Eudoxo caminhava para posições análogas às dos cirenaicos, antecipava em certo sentido Epicuro e, assim, situava-se fora da esfera platônica ou, pelo menos, desviava-se da linha platônica.

As desconfianças que Platão nutriu com relação a Eudoxo e os dissabores que surgiram entre os dois[6] eram bem motivados: o cientista Eudoxo, com efeito, não compreendeu a fundo o filósofo Platão e não soube mover-se na dimensão metafísica por ele alcançada[7].

5. Aristóteles, *Ética Nicomaqueia*, X, 2, 1172 b 9ss. (= Lasserre, D 3; cf. também D 4).

6. Cf. *supra*, a nota 1.

7. Para a bibliografia ver Ueberweg-Krämer, pp. 82-87.

III. HERÁCLIDES PÔNTICO, UM DIRIGENTE DA ACADEMIA NA AUSÊNCIA DE PLATÃO

1. Esquecimento das realidades inteligíveis

Igualmente indicativos são os desvios da doutrina platônica encontrados em Heráclides Pôntico, que também gozou de grande estima do mestre, a ponto de receber o encargo de substituí-lo *pro tempore* na direção da Academia, por ocasião da última viagem a Siracusa[1]. E foi por pequena margem de votos que, depois da morte de Espêusipo, sobrinho e primeiro sucessor de Platão, ele não conseguiu tornar-se o terceiro dirigente da Academia.

Heráclides parece não se ter ocupado especificamente dos problemas suscitados pela doutrina das Ideias nem, em geral, de toda a temática ligada à "segunda navegação". Diz bem um estudioso italiano que, "de acordo com os testemunhos existentes, a filosofia de

---

1. Heráclides nasceu em Heracleia no Ponto, de nobre e rica família. Deve ter sido contemporâneo de Espêusipo. Se é verdade, como se relata (Suda, *s.v.* [= Wehrli, frs. 2 e 17]), que Platão deixou a Heráclides o encargo de dirigir a escola durante a sua viagem à Sicília, isso deve ter coincidido com a última das três viagens, a de 361 a.C. E nessa época, para obter tal encargo, Heráclides não podia ser muito jovem. Se, como se reata (Diógenes Laércio, V, 86 = Wehrli, fr. 3), Heráclides foi ouvinte de Aristóteles, isso poderia referir-se, como foi notado pelos estudiosos, à atividade de Aristóteles como professor de retórica quando estava na Academia. Os escritos atribuídos a Heráclides parece que eram "excelentes pela beleza estilística e pela dignidade do argumento", como afirma Diógenes Laércio (V, 86), o qual fornece também (V, 86-88) um longo elenco de títulos (cf. Wehrli, fr. 22). Depois da morte de Espêusipo, magoado por não ter sido eleito dirigente da escola, Heráclides deixou a Academia e Atenas para retornar à sua pátria, onde morreu do modo como diremos (cf. nota 8). O mais recente editor dos seus fragmentos o inclui na escola de Aristóteles (F. Wehrli, *Die Schule des Aristoteles*, Heft VII: *Heraklides Pontikos*, Basel 1953, 1969²). Por outro lado, o mesmo Wehrli reconhece expressamente que os nexos entre Heráclides e os peripatéticos limitam-se a problemas concernentes a disciplinas particulares de caráter científico. Para um desenvolvimento mais pormenorizado ver: Ueberweg-Krämer, pp. 88-89 e F. Wehrli, *Der Perípatos bis zum Begin der römischen Keiserzeit*, contido no mesmo volume de Ueberweg no qual está a citada exposição de Krämer (*Die Philosophie der Antike*, Band 3, herausgegeben von H. Flashar, Basel-Stuttgart 1983), pp. 523-528.

Heráclides não só não parece exigir, mas até mesmo excluir a realidade de essências inteligíveis"[2].

Contudo, ele sustentou uma doutrina de tipo atomístico, ou melhor, de tipo corpuscular, a meio caminho entre o pitagorismo e o atomismo, segundo a qual todas as coisas são compostas de "massas sem junções", isto é, de corpos indivisíveis que, diferentemente dos corpos da escola de Abdera, eram "capazes de afecções", portanto, de entrar em relação recíproca de modo não simplesmente mecânico[3]. Uma teoria desse tipo podia, embora de modo ambíguo, ligar-se de alguma maneira com a doutrina platônica segundo a qual os elementos materiais derivavam da combinação de triângulos elementares; mas não parece que Heráclides a relacionasse com a doutrina das Ideias.

Porém, diferentemente dos atomistas, Heráclides admitiu um Deus que, com a sua intervenção, combinava entre si os átomos e constituía o cosmo; um Deus que, contudo, à diferença do platônico Demiurgo, era concebido, em certa medida, em sentido imanentista. Escreve a esse propósito Cícero:

> Heráclides Pôntico, além das bobagens pueris com as quais encheu os seus livros, oscila entre uma concepção tendendo a identificar a divindade com o mundo e uma concepção tendendo a identificar Deus com a mente divina. Mas não hesita, em seguida, em considerar divinos os planetas, em espoliar a divindade de qualquer faculdade perceptiva e em atribuir-lhe um aspecto mutável, para depois contar de novo entre os deuses, naquele mesmo livro, o céu e a terra[4].

2. Concepção da alma

Assim, enfraquecido o sentido do ser inteligível platônico, Heráclides volta a conceber a alma, de modo fantasioso, como constituída de matéria sideral e luminosa. As almas, antes de entrar nos

---

2. Pesce, *Idea, Numero e Anima. Primi contributi a una storia del Platonismo nell'Antichità*, Pádua 1961, p. 50.

3. Cf. Wehrli, *Heraklides*, frs. 118-123.

4. Cícero, *De nat. deor.*, I, 13, 34 (= Wehrli, *Heraklides*, fr. 111).

corpos, habitam a Via Láctea e formam os inumeráveis pontos luminosos que vemos[5]. Portanto, na concepção de Heráclides, a alma volta a ser matéria, embora sideral.

O que foi dito explica bem como o misticismo e a religiosidade de Heráclides, enfraquecidas as conquistas da segunda navegação, voltam necessariamente a ser do mesmo tipo do misticismo e da religiosidade dos mistérios. E, precisamente, Heráclides reporta-se aos profetas Zoroastro[6] e Abari[7], e remete-se, nessa temática, a filósofos como Pitágoras e Empédocles, muito mais do que a Platão.

Sobre a sua morte circulam duas versões diferentes nos pormenores, mas idênticas no significado: ele queria, depois da morte, receber honras divinas[8].

3. Negação do geocentrismo

Não podemos concluir o estudo sobre Heráclides sem recordar que, embora sobre bases puramente intuitivas, ele negou que a terra

5. Cf. Wehrli, *Heraklides*, frs. 90-103.

6. Cf. Wehrli, *Heraklides*, frs. 68-70.

7. Cf. Wehrli, *Heraklides*, frs. 73-75.

8. Diógenes Laércio, V, 89s (= Wehrli, *Heraklides*, fr. 16) relata este caso extraído de Demétrio de Magnésia: "Heráclides, desde jovem e até a idade madura, criou uma serpente. Quando estava para morrer, ordenou a um dos seus fiéis amigos que escondesse o seu cadáver e pusesse no leito, em seu lugar, a serpente, para que se acreditasse que ele tinha ido para o meio dos deuses. Tudo foi executado exatamente. Mas, enquanto os cidadãos acompanhavam Heráclides à sepultura e o louvavam cantando, a serpente, ouvindo os gritos, saltou para fora dos panos e convulsionou a multidão. Quando o fato foi descoberto, consideraram Heráclides não mais segundo a falsa crença que ele tinha querido, mas na relidade, tal como ele era". Diógenes Laércio (V, 91 [= Wehrli, *Heraklides*, fr. 14 a]) relata uma segunda versão, ainda mais fantasiosa, extraída de Hermipo: "Mas Hermipo conta que, estando a região devastada por uma carestia, os heraclenses pediram à Pítia um remédio. Heráclides corrompeu com dinheiro não só os enviados sagrados, mas também a Pítia, para que a resposta fosse a seguinte: o mal cessaria se coroassem Heráclides, filho de Eutifronte, ainda vivo, com uma coroa áurea e se o honrassem depois de morto como um herói. Quando trouxeram tal resposta, os seus autores não tiraram dela nenhuma vantagem, porque Heráclides, tão logo recebeu a coroa no teatro, morreu de ataque apoplético, e os enviados foram apedrejados até a morte. E também a Pítia, no momento em que descia para o interior do templo, foi mordida por uma serpente e morreu imediatamente".

estivesse no centro do universo e que fosse imóvel, sustentando que ela gira sobre o próprio eixo do Ocidente ao Oriente[9].

Parece, ademais, que admitiu, além dessa rotação diária, também uma rotação anual da terra em torno de um centro do mundo, negando, desse modo, o geocentrismo[10].

9. Cf. Wehrli, *Heraklides*, frs. 104-117, e o comentário nas pp. 94ss.

10. Ver Ueberweg-Krämer, pp. 94s. com as relativas indicações. Para a bibliografia ver as pp. 98-102.

IV. ESPÊUSIPO, PRIMEIRO SUCESSOR DE PLATÃO

1. Repúdio das Ideias platônicas

Justamente os que enfrentam diretamente a discussão dos problemas relativos ao mundo inteligível, buscando superar alguns problemas levantados por ele, indicam o quanto estava ofuscado e comprometido o sentido da autêntica componente metafísica platônica na Academia. E, em primeiro lugar, está Espêusipo[1], sucessor de Platão, que negou a existência das Ideias e dos Números ideais, reduzindo todo o mundo inteligível platônico unicamente aos *entes matemáticos*, como relata Aristóteles:

> Não acreditava que existissem Ideias, nem entendidas em sentido próprio nem entendidas como números, [mas acreditava] que existissem entes matemáticos e que os números fossem as primeiras realidades[2].

O Estagirita diz-nos também a razão pela qual Espêusipo foi induzido a isso, isto é, por não conseguir superar as dificuldades levantadas pela teoria das Ideias:

---

1. Espêusipo era filho de Potoné, irmã de Platão. Sucedeu Platão em 347 e dirigiu a Academia por oito anos, até 339/338. Parece que, velho e enfermo, pôs espontaneamente fim à própria vida (cf. Isnardi Parente, fr. 2). O elenco dos livros escritos por Espêusipo é referido por Diógenes Laércio, IV, 4-5 (= Isnardi Parente, fr. 2). P. Lang foi o primeiro a recolher os fragmentos que restaram, descurando, porém, os testemunhos biográficos (*De Speusippi academici scriptis. Accedunt fragmenta*, Bonn 1911; Frankfurt 1964[2]). Foram recentemente publicadas, com breve intervalo, duas novas e notáveis coleções dos textos, preparadas, respectivamente, por M. Isnardi Parente (Speusippo, *Frammenti*, Edizione, traduzione e commento, Bibliopolis, Nápoles 1980) e por L. Tarán (*Speusippus of Athens. A Critical Study with a Collection of the Related Texts and Commentary*, Brill, Leiden 1982). Ao lado da clássica numeração de Lang, indicaremos também a de Isnardi Parente, que tem a vantagem de pertencer a uma coleção que está publicando toda "A Escola de Platão" (e como tal impõe-se como ponto de referência) e de fornecer também a tradução dos textos. A menção da numeração da edição de Tarán impõe-se pela sua excepcional importância. Para um quadro sintético completo do pensamento de Espêusipo ver Ueberweg-Krämer, pp. 22-38.

2. Aristóteles, *Metafísica*, M 8, 1083 a 20ss. (= Lang, fr. 42 d; cf. frs. 42 a-c = Isnardi Parente, frs. 73-16 = Tarán, frs. 31-34).

De fato, os que admitem a existência só de entes matemáticos além das realidades sensíveis, abandonaram o número ideal e admitiram só o número matemático, porque viram os *artifícios* e as *dificuldades* da doutrina das Ideias[3].

Os estudiosos notaram bem esse desvio nitidamente herético de Espêusipo, mas sem atinar para o seu alcance.

Eliminados os Números ideais e as Ideias, restavam ainda, indubitavelmente, os entes matemáticos e geométricos, que constituíam o degrau inferior da hierarquia do mundo inteligível platônico, uma espécie de faixa *intermediária* entre os entes sensíveis e os superiores entes ideais. Tais entes matemáticos e geométricos, enquanto inteligíveis, eram entendidos como ontologicamente diferentes das coisas sensíveis (isto é, ingênitos, incorruptíveis, imutáveis, captáveis somente pelo pensamento) e, por isso, "distintos" ou "separados" delas[4]. E se, depois dessa reforma, a posição de Espêusipo não se reduziu ao mero pitagorismo, foi unicamente pela "distinção" ou "separação" (ou seja, *transcendência*) que ele ainda aceitou de Platão, e que não havia nos pitagóricos, mas à qual fatalmente enfraqueceu quase à extinção. Com efeito, os entes matemáticos e geométricos são os menos idôneos para dar o sentido do suprassensível pois, mesmo possuindo os caracteres essenciais do suprassensível, mantêm alguns caracteres do sensível, como a *multiplicidade* (existem muitos números matemáticos, muitos dois, três, quatro, etc., enquanto as Ideias são únicas; existem muitos triângulos geométricos, muitos quadrados, etc.); ademais, os entes geométricos implicam a espacialidade, mesmo que seja ideal.

A metafísica platônica acaba sendo radicalmente matematizada, com todas as consequências que daí derivam.

2. Os planos da realidade

A distância que separa Espêusipo de Platão mostra-se evidente também na diversidade e na nítida distinção de planos hierárquicos da

3. Aristóteles, *Metafísica,* M 9, 1086 a 2ss. (= Lang, fr. 42 e = Isnardi Parente, fr. 77 = Tarán, fr. 35).

4. Como nos relata Aristóteles: cf. Lang, frs. 42 a-c = Isnardi Parente, frs. 73-75 = Tarán, frs. 31-33.

realidade por ele propostos. Além dos princípios primeiros, dos quais falaremos adiante, ele admitia:

1) os *números* (matemáticos);
2) as *grandezas* (geométricas);
3) a *alma*;
4) os *sensíveis*[5].

Como se vê, nesse esquema não há mais lugar para as Ideias-números nem para as Ideias em geral, e nem mesmo para o Demiurgo (e, em particular, para a sua função produtora do mundo), que são realidades situadas claramente fora das categorias unilateralmente matematizantes às quais Espêusipo reduz o discurso metafísico. É mantida, contudo, a *alma do mundo*, mas com importância e função diferentes.

Contudo, há mais. Platão, como vimos, interpretou os planos da realidade em função dos *princípios* da própria natureza, sobretudo em função das categorias do *limite* e do *ilimitado* (o limite entendido como forma, o ilimitado como matéria: como matéria inteligível no mundo inteligível, como *chora* ou espacialidade sensível no mundo sensível); ademais, manteve sempre firme a convicção de que todo o real, em todos os planos, dependia do único Princípio Primeiro (o Uno-Bem). Espêusipo abandonou também essa explicação do real, como nos informa Aristóteles:

> Admitia *princípios diferentes* para todo tipo de substância: com efeito, um é o princípio dos números, outro o das grandezas e outro ainda o da alma...[6].

Aristóteles observa ainda a imprecisão dessa posição pois, segundo ele, admitir princípios diversos para as realidades diversas significa reduzir o universo a uma série de episódios[7], como acontece numa tragédia de má qualidade, desconexa e sem unidade precisa[8].

---

5. Cf. Aristóteles, *Metafísica*, Z 2, 1028 b 18ss. (= Lang, fr. 33a; cf. frs. 33 b-d = Isnardi Parente, frs. 48-51 = Tarán, frs. 29 a-c).

6. *Ibidem*.

7. Cf. Aristóteles, *Metafísica*, Λ 10, 1075 b 37ss.; N 3, 1090 b 13ss. (= Lang, frs. 33 e, 50 = Isnardi Parente, frs. 52, 86 = Tarán, frs. 30, 37).

8. Cf. nota 15 e o texto correspondente.

O Estagirita observa ainda contra Espêusipo, em espírito platônico, que admitir princípios diversos para as diversas realidades significa admitir um universo mal governado, pois um universo bem governado deve ser dirigido por um *único princípio*[9].

Tudo o que estamos dizendo ficará mais claro a partir do que segue.

3. Princípios supremos do real

Platão, nas suas "doutrinas não-escritas", como sabemos, pôs o ápice da hierarquia do mundo inteligível no Uno, fazendo derivar dele, em união bipolar com uma Díade de grande-pequeno (o indeterminado inteligível), os Números ideais. Espêusipo aceitou em parte a doutrina do Uno-princípio (traindo-a largamente, por outro lado, como veremos adiante), mas em lugar da díade de grande-pequeno, pôs o princípio da *multiplicidade*[10], provavelmente porque, eliminadas as Ideias-números e as Ideias em geral, devendo deduzir como primeiros os números matemáticos, o princípio da *multiplicidade* pareceu-lhe ser mais conforme ao seu escopo.

Ademais, como já se disse, Espêusipo não soube desenvolver a dedução das sucessivas realidades, de modo unitário, a partir daqueles princípios supremos. Os planos do real acima elencados poderiam ser assim entendidos e desdobrados:

1) número;
2) número + extensão = grandeza;
3) grandeza + movimento = alma;
4) alma + corporeidade = sensível.

Ora, afirma um agudo intérprete, "o Uno e o múltiplo [...], mesmo permanecendo em si idênticos, operando em todos os níveis sobre uma matéria diferente, dão lugar aos planos sucessivos. Mais exatamente, dever-se-ia dizer que múltiplo e matéria *são a mesma coisa,*

9. Cf. Lang, fr. 33 e = Isnardi Parente, fr. 52 = Tarán, fr. 30.

10. Cf. Aristóteles, *Metafísica*, N 5, 1092 a 35s., N 1, 1087 b 4ss. (= Lang, frs. 48 a-b = Isnardi Parente, frs. 82-82 a = Tarán, frs. 38-39).

de modo que, propriamente idêntico, permanece somente o Uno, porque o outro princípio é multiplicidade no primeiro nível, extensão no segundo, movimento no terceiro e corporeidade no quarto"[11]. Esta sutil exegese[12], que em parte salvaria Espêusipo do "rapsodismo" ontológico, não parece ser confirmada adequadamente pelos textos. Com efeito, Aristóteles diz expressamente que, para Espêusipo, não só era *diferente* o princípio material das diferentes realidades, mas *também o princípio formal era diferente,* e diz ainda, particularmente, que Espêusipo deduzia as grandezas a partir do *ponto,* "que *não é o uno*, mas *semelhante ao uno*"[13], e de *uma matéria diferente,* que *não é o múltiplo,* mas "*é semelhante ao múltiplo*"[14]. Assim não parece possível salvar Espêusipo da acusação de rapsodismo ontológico, e Aristóteles pode muito bem objetar que os planos da realidade, como são admitidos por ele, não podem depender uns dos outros:

> De fato, mesmo que o número existisse, segundo a doutrina dos que admitem somente a existência de entes matemáticos, existiriam, apesar de tudo, as grandezas; e se também não existissem as grandezas, existiriam ainda a alma e os corpos sensíveis. Mas os fatos demonstram que a realidade não é uma série desconexa de episódios, como uma tragédia de má qualidade[15].

Mas há outro ponto que indica de modo eloquente a medida da perda da mensagem de Platão. Da *República* ao *Timeu* e também nas "doutrinas não-escritas", Platão tinha reafirmado que o Princípio primeiro é o Bem, coincidente com o Uno, e que o Demiurgo construtor do mundo também é essencialmente bom. Espêusipo, ao contrário, negou que o Princípio coincidisse com o Bem e, portanto, que o Bem coincidisse com o Uno, sustentando que o bem e o belo existem só no que deriva do Princípio, como acontece, por exemplo, nas plantas e nos animais: não é bom e belo a semente nem o germe, que corresponderiam ao princípio, mas só o organismo desenvolvido, isto é, o principiado[16].

---

11. Pesce, *Idea, Numero e Anima*, p. 57.
12. Para uma interpretação análoga, cf. Ueberweg-Krämer, p. 31.
13. Cf. Lang, fr. 49 = Isnardi Parente, fr. 84 = Tarán, fr. 51.
14. *Ibidem*.
15. Aristóteles, *Metafísica*, N 3, 1090 b 13s. (= Lang, fr. 50 = Isnardi Parente, fr. 86 = Tarán, fr. 37).
16. Cf. Aristóteles, *Metafísica*, Λ 7, 1072 b 30ss. (= Lang, fr. 34 a; cf. frs. 34 b-f = Isnardi Parente, frs. 53-58 = Tarán, frs. 42-44).

Sabemos que Espêusipo sustentou essa tese, identificando o Uno com o Bem, para evitar a consequente identificação do princípio do múltiplo com o mal[17]. Mas a emenda foi pior do que o soneto: para eliminar uma dificuldade dialética, Espêusipo eliminava pela base uma das mais poderosas intuições platônicas: a que, pela primeira vez no Ocidente, punha o Bem como origem do ser[18].

Enfim, deve-se notar uma última peculiaridade do pensamento de Espêusipo. Ele não só dissociou o Uno do Bem, mas ulteriormente, do Uno e do Bem dissociou também a Inteligência (como em parte já Platão). Relata Aécio:

> Espêusipo disse que Deus é a Inteligência, a qual não se identifica nem com o Uno nem com o Bem, mas tem a sua natureza particular[19].

Os testemunhos que nos chegaram não dizem com exatidão qual é a natureza da Inteligência. Talvez Espêusipo situasse o Deus-Inteligência na esfera dos entes matemáticos, relacionando-o com a natureza das realidades matemáticas[20], assim como a alma era relacionada com as realidades matemático-geométricas, e definida como "forma do geralmente extenso"[21].

4. O conhecimento

Depois do que dissemos, não causará admiração o corte antidualista que assume a gnosiologia de Espêusipo. Os entes inteligíveis são captados pelo conhecimento intelectivo, enquanto os entes sensíveis são captados pela percepção sensível com valor cognoscitivo[22]. Platão, como sabemos, negava à sensação e à percepção sensível valor de conhecimento, e reservava a qualificação de verdadeiro

17. Cf. Aristóteles, *Metafísia,* N 4, 1091 b 30ss. (= Lang, fr. 35 a; cf. fr. 35 b-e = Isnardi Parente, frs. 64ss, 59 = Tarán, frs. 45 a-46 b).

18. Cf. o vol. III, pp. 100s., 309.

19. Aécio, em Estobeu, *Anthol.*, I, 1 (= Diels, *Doxographi graeci*, p. 303 b = Lang, fr. 38 = Isnardi Parente, fr. 89 = Tarán, fr. 58).

20. Cf. Ueberweg-Krämer, p. 37.

21. Ver Isnardi Parente, frs. 96-98 e comentário dos mesmos, pp. 336-346.

22. Cf. Sexto Empírico, *Contra os matem.*, VII, 145 (= Lang, fr. 29 = Isnardi Parente, fr. 34 = Tarán, fr. 57).

conhecimento à dialética e à intelecção, capazes de captar o mundo das Ideias.

No que concerne ao conhecimento intelectivo, Espêusipo, desenvolvendo certos aspectos da dialética platônica, que já visava determinar as relações essenciais (positivas e negativas) que ligavam entre si as várias Ideias, afirmava, de maneira original, que não podemos conhecer uma coisa só estabelecendo *a totalidade das relações positivas e negativas que a liga organicamente com todas as outras*. Relata Aristóteles, aludindo a Espêusipo:

> Alguns sustentam que é impossível conhecer as diferenças de uma coisa com relação a todas as outras sem conhecer cada uma delas; mas sem as diferenças — eles afirmam — não é possível conhecer cada uma das coisas definíveis, já que uma coisa é idêntica àquilo do qual não difere e é diferente daquilo do qual difere[23].

Trata-se de uma concepção organicista do conhecimento, referida a um conceito de base da dialética platônica, que antecipa de algum modo a Hegel e a Bradley, como foi muito bem notado[24].

5. A ética

Na ética, Espêusipo deve ter partilhado algumas ideias platônicas, porém temperando notavelmente o seu ascetismo.

Afirmou que o bem supremo do homem é a virtude porque é o bem da alma, mas considerou bens, embora inferiores, também as afecções positivas do corpo, como a saúde e semelhantes, e males as coisas a eles contrárias[25], e polemizou com Eudoxo, que sustentava ser o prazer um bem[26]. Mas o que principalmente merece ser observado é a definição geral que Espêusipo deu da felicidade como "sistema perfeito de realização das coisas *conformes com a natureza*"[27].

---

23. Aristóteles, *Segundos Analíticos*, B 13, 97 a 6ss.; (= Lang, fr. 31 a; cf. frs. 31 b-c = Isnardi Parente, frs. 38-40 = Tarán, frs. 63 a-d).

24. Cf. Chernisss, *L'enigma...*, p. 45.

25. Cf. Lang, frs. 57-59 = Isnardi Parente, frs. 101-107 = Tarán, frs. 77, 78 a-d, 79.

26. Cf. Lang, fr. 60 a - 60 i = Isnardi Parente, frs. 108-117 = Tarán, frs. 80ss.

27. Clemente de Alexandria, *Strom.*, II, 22, 133 (= Lang, fr. 57 = Isnardi Parente, fr. 101 = Tarán, fr. 77).

De fato, a *conformidade com a natureza* tornar-se-á a palavra de ordem de todas as escolas helenísticas. Em Espêusipo a natureza é, pelo menos em parte, ainda a platônica; nas escolas helenísticas, ao contrário, voltará a ser a pré-socrática *physis*, mais ainda, uma *natureza* concebida de modo predominantemente materialista, como veremos[28].

---

28. Para a bibliografia ver: Isnardi Parente, pp. 29-48 e Ueberweg-Krämer, pp. 39-43.

V. XENÓCRATES, SEGUNDO SUCESSOR DE PLATÃO

1. A tripartição da filosofia

Espêusipo foi dirigente da Academia, como dissemos, por apenas oito anos. Sucedeu-o Xenócrates (vencendo a Heráclides, por pequena margem), o qual dirigiu a escola por um quarto de século[1], e, com a sua habilidade pessoal de mestre e com numerosos escritos, deixou uma marca mais profunda e duradoura. Não sem razão, portanto, ele é considerado o maior expoente da antiga Academia.

Costuma-se dizer que Xenócrates é mais próximo de Platão do que Espêusipo. Todavia, tal afirmação, mesmo sendo verdadeira, pode levar a enganos, pois maior aproximação é ainda muito relativa dado que, em substância, o autêntico espírito de Platão revive apenas em parte na doutrina de Xenócrates e sofre deformações que, embora menos vistosas que as que encontramos na doutrina de Espêusipo, são no entanto notáveis.

Muito indicativa é a *tripartição* que Xenócrates operou no âmbito da filosofia, acreditando ter dado com isso forma sistemática às perspectivas segundo as quais se desenvolvera o pensamento platônico. Ele dividiu, com efeito, a filosofia em 1) *física*, 2) *ética* e 3) *lógica*. Esta divisão proviria virtualmente de Platão, que teria acrescentado a *dialética* à *física* dos antigos naturalistas e à *ética* de Só-

---

1. Xenócrates nasceu em Calcedônia, no início dos século IV. Ainda jovem foi para Atenas, onde logo se tornou seguidor de Platão. Acompanhou Platão numa de suas viagens à Sicília (Diógenes Laércio, IV, 6 e 11 = Isnardi Parente, fr. 2). Assumiu a direção da Academia em 339/338 e manteve-a até 314/313 a.C. Morreu aos 82 anos, segundo o que afirma Diógenes Laércio (IV, 14 = Isnardi Parente, fr. 2). Foi escritor muito fecundo: compôs obras em prosa e em poesia, assim como exortações das quais Diógenes Laércio (IV, 11-14 = Isnardi Parente, fr. 2) fornece os títulos. Os fragmentos que restaram foram compilados pela primeira vez por R. Heinze, *Xenokrates, Darstellung der Lehre und Sammlung der Fragmente*, Leipzig 1892 (Hildesheim 1965[2]) e, agora, por M. Isnardi Parente, *Senocrate-Ermodoro, Frammenti*. Edição, tradução e comentário, Bibliopolis, Nápoles 1982. Junto com a clássica numeração de Heinze, daremos a de Isnardi Parente. Para uma exposição mais pormenorizada do pensamento de Xenócrates ver Ueberweg-Krämer, pp. 44-66.

crates, e teria fundido tudo num grandioso sistema[2]; mas o primeiro a propô-la foi Xenócrates[3].

A distinção fez enorme sucesso, e dela serviu-se toda a era helenística, por mais de meio milênio, para fixar os quadros do saber filosófico. Em lógica, física e ética dividiram a especulação filosófica os epicuristas, os estoicos e os ecléticos; contra os esquemas e os dogmas da lógica, da física e da ética dirigiram as suas críticas dissolventes.

No entanto tal tripartição não capta e não revela as verdadeiras linhas de força do filosofar platônico, mas em certo sentido encobre-as, porque oculta exatamente a linha de força essencial do platonismo, isto é, a *metafísica.* Com efeito, bastaria remeditar o *Fédon* para constatar a radical ruptura que Platão opera com a velha física, justamente em função da sua "segunda navegação"; e bastaria considerar os livros centrais da *República* e os diálogos imediatamente posteriores, para darse conta de que *a dialética platônica inclui uma verdadeira metafísica,* na medida em que esta exprime a ascensão do sensível ao suprassensível, e na medida em que os seus procedimentos dialéticos descendentes e ascendentes estão em conexão com a concepção da estrutura do suprassensível (e, portanto, com os êxitos da "segunda navegação"). O esquema de Xenócrates deveria, pois, fundamentalmente, destacar a componente que Aristóteles chamou de "filosofia primeira" (ou "teologia") e os pósteros de "metafísica", e distinguir: 1) metafísica, 2) física, 3) ética e 4) dialética ou lógica. Mas tal distinção, como veremos, não foi feita nem mesmo no Perípato pós-aristotélico, onde teria sido ainda mais fácil e mais óbvia, porque delineada pelo próprio Estagirita.

2. A doutrina do conhecimento

Da dialética, à qual Xenócrates deve ter dedicado muita atenção[4], sabemos pouco. Chegaram-nos, contudo, notícias da gnosiologia, que, em não pequena parte, modifica a gnosiologia platônica.

---

2. Cf. Diógenes Laércio, III, 56.

3. Cf. Sexto Empírico, *Contra os matem.,* VII, 16 (= Heinze, fr. 1 = Isnardi Parente, fr. 82).

4. No catálogo das obras de Xenócrates leem-se numerosos títulos de obras dedicadas a esse ponto (cf. Isnardi Parente, fr. 2, pp. 55ss.).

Platão, como sabemos, em função do pressuposto da perfeita correspondência entre os planos do conhecimento e os planos do ser, admitiu as duas fundamentais figuras gnosiológicas da "ciência" e da "opinião" ou *doxa*, que se referiam, respectivamente, à esfera da inteligibilidade e à do sensível; e admitiu como verdadeira em sentido absoluto só a primeira; a *doxa* era, para Platão, quase sempre falsa e, quando verdadeira, em certo sentido, só *per accidens*. Xenócrates projeta uma nova distinção das esferas do ser e, consequentemente, modifica também a distinção das formas do conhecer.

Ele distingue três diferentes planos do real: 1) a realidade que subsiste fora do céu, 2) a realidade constituída pelos céus e 3) a realidade encerrada dentro da esfera do céu[5]. A distinção faz eco a esquemas platônicos, mas sobretudo repete de modo claríssimo o célebre esquema aristotélico, e o reproduz afirmando fortemente os caracteres cosmológicos, muito mais do que os especificamente metafísicos e ontológicos. A realidade que está fora do céu é a realidade do inteligível; o céu é concebido como um misto de sensível e inteligível; a realidade que está dentro da esfera do céu é o sensível.

A essas três esferas da realidade correspondem três formas cognoscitivas, respectivamente: 1) o puro conhecimento noético, 2) a representação *doxástica*, 3) a percepção sensorial. Ademais, Xenócrates declarou que o conhecimento noético é *cientificamente verdadeiro*, porque tem como objeto o inteligível; o conhecimento sensorial é, por sua vez, *empiricamente verdadeiro*, porque a percepção sensorial é sempre verdadeira como constatação do empírico. Ao contrário, a representação *doxástica* pode ser verdadeira ou falsa enquanto, sendo os céus realidade ao mesmo tempo inteligível (pelas leis que os governam) e sensível (porque são vistos e, portanto, têm matéria), podem dar lugar ao erro, justamente em virtude da mistura dos dois elementos[6]. Em todo caso, é claro que, para Xenócrates, a *doxa* vale mais que a sensação e tem um âmbito autônomo, muito mais do que para Platão.

---

5. Cf. Heinze, fr. 5 = Isnardi Parente, fr. 83.
6. *Ibidem*.

3. Os princípios e as esferas do ser

Espêusipo eliminara os Números ideais e as Ideias em favor dos números matemáticos, reduzindo aqueles a estes, como se viu acima; Xenócrates repudia a posição de Espêusipo e tenta voltar à posição platônica sustentando o seguinte:

> As Ideias e os Números têm a mesma natureza e todas as coisas restantes — linhas e superfícies, e até a substância do céu e das coisas sensíveis — derivam deles[7].

Portanto, os Números dos quais fala Xenócrates não são os matemáticos dos quais fala Espêusipo, mas os *ideais*. As Ideias e os Números ideais absorvem em si toda a realidade do mundo inteligível e explicam todas as coisas celestes e sensíveis. Aquelas realidades que constituem a esfera supraceleste, da qual se falou no parágrafo precedente, são, portanto, os Números ideais e as Ideias, e deles derivam as outras duas esferas.

E os Números ideais e as Ideias, sendo uma multiplicidade que deve ser explicada, do que derivam? Xenócrates retomou a doutrina platônica dos dois princípios supremos do "Uno" e da "Díade indefinida de grande e pequeno"[8]. Esses princípios, combinando-se entre si, davam origem (uma origem não cronológica, mas extratemporal, isto é, ideal) aos Números ideais e às Ideias[9]. Xenócrates derivava, em seguida, dos Números, as Figuras[10], segundo um procedimento que os documentos não nos permitem reconstruir de modo exato, e segundo esquemas que Aristóteles não se cansa de denunciar como absurdos.

Parece que Xenócrates, por um lado, absorve totalmente os entes matemáticos na esfera ideal, dado que, justamente, Ideias e Números têm a mesma natureza. Por outro lado, parece manter o estatuto ontológico de "intermediárias" para as formas geométricas, que constituem, em certo sentido, a passagem mediada entre idealidade e espa-

7. Aristóteles, *Metafísica*, Z 2, 1028 b 24ss. (= Heinze, fr. 34; cf. também as outras passagens ali reportadas = Isnardi Parente, frs. 103ss.).

8. Cf. Teofrasto, *Metafísica*, 6 a-b Usener (= Heinze, fr. 26; cf. também Heinze, frs. 27 e 28 = Isnardi Parente, frs. 100, 98, 101, 102).

9. Cf. Heinze, frs. 29ss. = Isnardi Parente, frs. 119 e 94ss.

10. Cf. Heinze, frs. 37-39 = Isnardi Parente, 117, 118, 260.

cialidade física. Assim sendo, seria preciso concluir que a ordem dos números pode ser considerada como reabsorvida por Xenócrates na ordem ideal; não, porém, a ordem das figuras, que permanece "intermediária"[11].

Também no cosmo de Xenócrates, como no de Espêusipo, não desempenha papel produtivo um Demiurgo entendido em sentido platônico. Como Aristóteles, ele concebeu o mundo não criado junto com o tempo, mas eterno[12] e, portanto, deu à narração do *Timeu* uma interpretação não literal (mas alegórica): mesmo a geração do mundo se dá *fora do tempo,* como a dos Números ideais.

Xenócrates (como Espêusipo) manteve todavia a alma do mundo, fazendo-a derivar dos supremos princípios do Uno e da Díade, definindo-a como *número automotor*, que não coincide, porém, com a Inteligência suprema, a qual, como veremos a seguir, segundo Xenócrates, junta-se ao Uno[13].

As almas humanas, que são igualmente números automotores, são concebidas platonicamente como incorpóreas, como inteligências imateriais provenientes de fora do corpo, como imortais e eternas: Xenócrates afirma ser imortal e eterna não só a parte racional da alma mas até mesmo a parte irracional[14].

4. Interpretação religiosa do cosmo

Tudo o que dissemos até aqui ainda não caracteriza plenamente o pensamento de Xenócrates. Com efeito, ele interpreta em chave acentuadamente religiosa a ontologia, a cosmologia e a ética. Vimos a maciça presença da componente religiosa no sistema platônico; nisso Xenócrates poderia parecer fiel seguidor do mestre. Mas veremos que isso é verdade só na aparência e não na realidade, porque a religiosidade de Xenócrates já é outra com relação à platônica.

---

11. São essas as conclusões de Isnardi Parente com base nos frs. 106-108 e 117-118 (ver o seu comentário, pp. 339s. 344-346).

12. Cf. Heinze, frs. 54-55 = Isnardi Parente, frs. 153-160.

13. Cf. Heinze, frs. 60ss. = Isnardi Parente, frs. 165ss.

14. Cf. Heinze, frs. 70ss. = Isnardi Parente, frs. 205ss.

Como é expressamente referido, ele não só identificava o Uno com o Intelecto, mas chamava-o Zeus, supremo Deus masculino, pai e senhor do universo. De modo análogo, identificava a Díade com a Deusa feminina, mãe dos Deuses, senhora das coisas que estão sob o céu, alma do universo[15].

E não só os dois princípios ontológicos supremos eram entendidos por ele em chave mitológico-religiosa, mas eram entendidas da mesma maneira também as três substâncias ou as três esferas da realidade nas quais ele dividia o universo, substâncias que ele identificava com as três Moiras: ele chamava Atropo a esfera do inteligível, Laques a esfera dos céus, Cloto a esfera do sensível[16].

Além do céu, naturalmente, também os planetas eram considerados seres divinos, até mesmo Deuses. Cícero relata:

> Xenócrates dizia que oito era o número dos deuses, dos quais cinco teriam tirado o nome dos planetas, um sexto resultaria do conjunto das estrelas fixas, que constituiriam assim os membros esparsos de um único corpo indivisível, o sétimo e o oitavo, enfim, seriam identificados, respectivamente, com o sol e com a lua[17].

Os próprios elementos físicos eram por ele considerados divinos[18]. Até mesmo os animais, na sua opinião, possuiriam certo sentido do divino[19].

A visão religiosa do cosmo, como se vê, parece situar-se num clima de caráter mais místico-mágico do que racional, em todo caso, de espírito não genuinamente platônico.

Uma prova ulterior do que dissemos encontra-se na doutrina dos Demônios, que Xenócrates desenvolve partindo de motivos platônicos[20]. Os Demônios são seres intermediários entre os homens e os Deuses, que agem de modo particular nos sacrifícios e nos oráculos. Eles são seres mais poderosos que os homens, porém menos que os Deuses e, contrariamente aos Deuses, podem ser bons ou maus.

---

15. Cf. Aécio, *Plac.*, I, 7, 30 (= Heinze, fr. 15 = Isnardi Parente, fr. 213).
16. Heinze, fr. 5 = Isnardi Parente, fr, 83.
17. Cícero, *De nat. deor.*, I, 13, 34 (Heinze, fr. 17 = Isnardi Parente, fr. 263).
18. Cf. Heinze, fr. 15 = Isnardi Parente, fr. 213.
19. Cf. Heinze, fr. 21 = Isnardi Parente, fr. 220.
20. Cf. Heinze, frs. 23-25 = Isnardi Parente, frs. 222-230.

O que as antigas lendas narravam sobre as disputas e as lutas entre os Deuses, as suas paixões e ações, na relidade deveria ser atribuído não aos Deuses, mas aos Demônios. Os demônios são as almas libertas dos corpos.

Como bem se observou, a demonologia de Xenócrates tem um tríplice significado: 1) um significado religioso, enquanto os Demônios são mediadores entre os homens e os Deuses e têm parte dominante nos cultos e nos oráculos, 2) um significado psicológico, porque são almas humanas que se libertaram dos corpos com a morte e 3) também um significado ético, porque o conflito entre o bem e o mal prossegue com eles, além da terra, também no mundo celeste[21].

Essa demonologia teve notável influxo sobre o estoicismo e, em seguida, sobre toda a filosofia pagã de caráter religioso, particularmente sobre o médio e o neoplatonismo.

5. A ética

Xenócrates escreveu muito sobre ética, mostrando assim ser sensível às novas exigências espirituais dos tempos. Veremos, com efeito, como nos sistemas da era helenística a ética é maciçamente dominante.

Pelo pouco que nos é referido dele nessa matéria, podemos dizer que ele fixou o esquema ao qual se ativeram posteriormente todos os antigos Acadêmicos.

Em particular, Xenócrates deve ter contribuído intensamente para fixar a "escala dos bens" ou dos valores (evidentemente inspirando-se nas *Leis* de Platão), ou seja, a escala diante da qual o homem vive da maneira como deve viver e é feliz.

Como primeiro bem ele pôs o bem espiritual da *virtude: primeiro bem*, note-se, mas não *único bem*, como sustentavam os estoicos. Como segundo bem pôs as afecções positivas do corpo (como, por exemplo, a saúde), e como terceiro bem pôs as coisas favoráveis exteriores (os bens instrumentais).

Para alcançar a felicidade, não bastam os bens inferiores; é preciso o primeiro bem. Todavia, a virtude, se está em condições de dar

21. Cf. o amplo exame do tema em Heinze, pp. 78-123.

a felicidade, não pode dar a *felicidade total* onde faltem os outros bens. Os bens inferiores, portanto, se não dão a felicidade, quando usados de modo reto podem, contudo, completá-la[22].

E como fundamento dessa escala de valores, Xenócrates punha a própria natureza, a *physis*[23], como já fizera Espêusipo e ainda mais acentuadamente Pólemon e, em seguida, todos os filósofos da era helenística[24].

---

22. Cf. Heinze, frs. 76-94 = Isnardi Parente, frs. 231-251.

23. Plutarco, *Adv. Stoic.*, 23, 1069 e (= Heinze, fr. 78 = Isnardi Parente, fr. 233); Cícero, *De fin.*, IV, 6, 15 (= Heinze, fr. 79 = Isnardi Parente, fr. 234).

24. Para a bibliografia ver: Isnardi Parente, pp. 9-26 e Ueberweg-Krämer, pp. 66-72.

VI. OS ÚLTIMOS REPRESENTANTES DA ANTIGA ACADEMIA: PÓLEMON, CRÁTES E CRÂNTOR

Depois da morte de Xenócrates, na metade do século que se seguiu, a Academia foi dominada por três pensadores que contribuíram para produzir uma mudança no clima espiritual, a ponto de pôr a antiga escola de Platão em sintonia com o clima espiritual das escolas helenísticas. Foram eles: Pólemon, por muito tempo dirigente da escola, Crátes, que sucedeu ao mestre Pólemon por um brevíssimo período, e Crântor, companheiro e discípulo de Pólemon. De fato, nos seus escritos, no seu ensinamento, assim como no seu modo de viver, dominam amplamente as instâncias da nova época, as quais encontram nos estoicos, nos epicuristas e nos céticos suas expressões mais vivas e verdadeiras; e o que de Platão ainda resta, ou o que elas repetem de Platão, de vários modos é afetado pelas novas perspectivas.

1. Pólemon

Pólemon[1] nasceu numa agitada família ateniense. Depois de ter vivido uma juventude dissoluta em meio a intemperanças de todo gênero, foi convertido por Xenócrates, improvisamente, no dia em que o ouviu falar da moderação. Daí em diante a filosofia transformou completamente a Pólemon, o qual conquistou tal firmeza, tal decisão de caráter, tal compostura de modos, constância e perseverança moral, que o tornaram famoso[2]. Conta-se dele esse episódio:

> Quando um cão raivoso dilacerou-lhe um músculo, nem sequer empalideceu; tendo-se difundido a notícia do fato, estourou na cidade um tumulto, mas Pólemon permaneceu impassível[3].

---

1. Pólemon sucedeu a Xenócrates em 314/313 a.C. e dirigiu a Academia até 276-275 a.C. A edição de referência é a de M. Gigante, *Polemonis Academici fragmenta*, Nápoles 1977 ("Rendiconti dell'Accademia di Archeologia, Lettere e Belle Arti di Napoli", vol. LI [1976], pp. 91-144). Para uma exposição completa do pensamento de Pólemon ver Ueberweg-Krämer, pp. 151-161; cf. a bibliografia aí contida, pp. 168-174.
2. Cf. Diógenes Laércio, IV, 16-17 (= G., frs. 14 e 16).
3. Diógenes Laércio, IV, 17 (= Gigante, fr. 108).

O episódio é não só significativo, mas também emblemático, porque revela da maneira mais eloquente como, então, também na Academia, a filosofia tinha-se transformado em *doutrina e prática de vida*, exatamente nas mesmas dimensões em que as novas escolas helenísticas, do ceticismo ao epicurismo e ao estoicismo, vinham se afirmando. Deve-se ainda notar que tal episódio figuraria perfeitamente na biografia de um cínico ou de um pirroniano, ou de um sábio estoico, os quais indicavam na "impassibilidade" uma das conquistas fundamentais da sabedoria, como em parte já dissemos, e como veremos amplamente adiante.

Porém, há mais. Não só na prática da vida, mas também nas afirmações doutrinárias, Pólemon está em sintonia com o espírito das novas escolas. Eis um eloquente testemunho:

> Pólemon costumava dizer que *é preciso exercitar-se nos fatos concretos da vida e não nas especulações dialéticas*, para evitar ser como alguém que tenha aprendido de memória um manual de harmonia musical e não saiba exercitá-la e, portanto, para evitar despertar admiração pela habilidade dialética e ser incoerente consigo mesmo na disposição da própria vida[4].

Considerando bem, isso significava em certa medida *o abandono de Platão e, em certo sentido, um retorno a posições pré-platônicas*, ou seja, a posições sob certos aspectos análogas às assumidas pelos socráticos menores ou, pelo menos, *um deslocamento para as posições pós-platônicas dos filósofos helenistas.* Das três partes da filosofia que Xenócrates distinguiu, física, dialética e ética, a última interessa a Pólemon de modo prioritário e determinante.

E Pólemon indicou o parâmetro da vida moral, como já Espêusipo e Xenócrates, na *physis*, na natureza, na *vida segundo a natureza.* Chegou a dedicar à questão um livro que devia desenvolver aquela concepção, então assumida como base da ética de todas as escolas helenísticas[5].

E, como se sustentou na Academia depois de Espêusipo, são bens segundo a natureza, tanto os do espírito, isto é, a virtude, como

4. Diógenes Laércio, IV, 18 (= Gigante, fr. 101).

5. Cf. Clemente de Alexandria, *Strom.*, VII, 6; Plutarco, *Adv. Stoic.*, 23, 169 e; Cícero, *Acad. pr.*, II, 42, 131; Id., *De fin.*, II, 11, 33s (= Gigante, frs. 112, 124, 125, 127).

também, em ordem inferior, os do corpo. A felicidade só pode ser alcançada com a virtude, mas são necessários também os bens inferiores para a *perfeita* felicidade[6]. Esta posição, como veremos, será fortemente hostilizada pelos estoicos.

2. Crátes

Não deve ter sido diferente a posição do último dirigente da antiga Academia, Crátes[7], que teve laços estreitos com Pólemon, como relata Diógenes Laércio:

> Em vida não só tiveram os mesmos interesses e a mesma atividade, mas também, até o último suspiro, tornaram-se sempre mais semelhantes um ao outro e, mortos, tiveram em comum a sepultura[8].

3. Crântor

Crântor, que morreu estando Pólemon ainda vivo[9], retomou a componente "física", escrevendo um comentário ao *Timeu*, sustentando a ideia, já encontrada em Xenócrates, de que a narração da criação do mundo por parte do Demiurgo deveria ser entendida apenas como

6. Cf. Gigante, frs. 131-137.

7. Crátes nasceu em Atenas e foi primeiro aluno e, em seguida, sucessor de Pólemon em 270/269. Dirigiu a Academia por apenas poucos anos. Além de filosófica, a sua produção foi também literária e retórica. Refere-nos Diógenes Laércio (IV, 23): "Crátes, ao morrer, segundo Apolodoro, no terceiro livro da sua *Cronologia*, deixou muitos livros, alguns sobre filosofia, outros sobre comédia e discursos feitos diante do povo por ocasião de embaixadas".

8. Diógenes Laércio, IV, 21.

9. Crântor nasceu em Sôli, na Cilícia. Foi discípulo de Xenócrates e companheiro de escola de Pólemon. Deve ter sido contemporâneo de Pólemon, um pouco mais jovem. Não dirigiu a Academia porque morreu antes de Pólemon. Conta Diógenes Laércio (IV, 24) que "[...] enfermo, retirou-se ao templo de Asclépio, e aí passeava. Vieram a ele de todas as partes, crendo que não se encontrava ali por enfermidade, mas porque queria fundar uma escola. Entre esses estava também Arcesilau, que queria ser recomendado por ele a Pólemon [...]. Todavia, quando se curou, voltou a ouvir as lições de Pólemon e foi por isso muitíssimo admirado".

expressão imaginária com finalidade didática[10] e, portanto, não em sentido literal. A geração da alma e do mundo deveria ser interpretada não em sentido cronológico, mas metatemporal: ela ilustraria, justamente, a *estrutura* ontológica de uma e de outro.

Ele reelaborou, ademais, a doutrina relativa à escala de valores, *incluindo nela também o prazer*: em primeiro lugar, pôs a *virtude*, em segundo a *saúde*, em terceiro *o prazer* e, em quarto, *a riqueza*[11]. E nessa reavaliação do prazer, provavelmente sofreu influência do epicurismo.

De Crântor deve ainda ser mencionado o escrito *Sobre a dor*, que é talvez o primeiro escrito do gênero consolatório que, em seguida, terá grandíssimo sucesso. Nele o filósofo, provavelmente, analisava o sentido da dor física e espiritual[12]. E isso também estava em total sintonia com o espírito dos novos tempos.

Enfim, contra a posição estoica, Crântor recusou nitidamente a doutrina da *apatia*, sobre a qual falaremos amplamente a seguir, e sustentou a doutrina da *moderação das paixões*, como relata-nos Cícero:

> Não somos feitos de pedra, antes, temos na alma um não sei quê de constitucionalmente terno e sensível, algo que a dor consegue abalar como uma tempestade. E não se engana Crântor, uma das figuras mais ilustres da nossa Academia, ao dizer: "Discordo absolutamente dos que tanto elogiam esta indefinida insensibilidade, que não pode existir, e não deve. Eu espero nunca estar enfermo, isto sim; mas se vier a estar, pois bem, quero conservar a sensibilidade, qualquer que seja a operação ou o corte que deva suportar. Porque a imunidade à dor não se obtém senão pagando um preço demasiado alto: o embrutecimento da alma, e a paralisia do corpo"[13].

Deixou a Arcesilau os seus pertences. Os fragmentos sobre a sua interpretação do *Timeu* estão recolhidos, traduzidos e comentados em: H. Dörrie, *Die Geschichtlichen Wurzeln des Platonismus*, Stuttgart-Bad Cannstatt 1987, n. 5, pp. 102-110, 328-338. Para uma pormenorizada exposição do pensamento ver Ueberweg-Krämer, pp. 161-164; cf. a bibliografia aí contida, pp. 168-174.

10. Cf. Proclo, *In Tim.*, I, 76, 1ss.; 277, 8ss. Diehl (= Dörrie, 5,1 e 5,2).
11. Cf. Sexto Empírico, *Contra os matem.*, X, 51ss.
12. Diógenes Laércio, IV, 27, diz que esse livro era "admiradíssimo".
13. Cícero, *Tusc. disput.*, III, 6, 12; cf. também *Acad. pr.*, II, 44, 135.

VII. CONCLUSÕES SOBRE A ANTIGA ACADEMIA

Depois da morte de Crátes, assumiu a direção da Academia Arcesilau, muito próximo dos últimos três pensadores mencionados, o qual, como veremos, rompeu nitidamente com a tradição, *assumindo posições decididamente céticas*. Na realidade, depois do progressivo esquecimento do sentido da "segunda navegação" platônica e de todas as realidades ligadas a ela, a Academia não tinha mais nada de construtivo para propor.

As sibilinas deduções metafísicas sobre a teoria dos princípios e dos entes ideais, sustentadas por Espêusipo e por Xenócrates, esgotaram-se muito rapidamente pela excessiva abstração.

As místicas e mistéricas amplificações, operadas por Heráclides e pelo próprio Xenócrates, de alguns traços próprios de Platão, particularmente da sua última fase, não podiam encontrar imediato acolhimento numa época toda voltada para a imanência, que buscava reduzir tudo à *physis* material. Só no final da era pagã e nos desenvolvimentos ulteriores da filosofia pagã na era cristã é que aquela tendência encontrará terreno adequado.

Na ética (fora a afirmação do princípio de que a *physis* é o fundamento do agir ou, pelo menos, como polo dialético, o princípio da *metriopatia*), a antiga Academia teve pouco a dizer à nova época. As posições muito mais audaciosas e cáusticas dos céticos, epicuristas e estoicos souberam comunicar espiritualmente muito mais aos seus contemporâneos.

Assim a verdadeira voz de Platão, pouco a pouco, não foi mais ouvida entre os muros da Academia. Só com o médio-platonismo e, sobretudo, com o neoplatonismo ela voltará a ser ouvida e novamente compreendida. Mas isso acontecerá no momento em que as escolas helenísticas estarão no seu ocaso, sobretudo nos primeiros séculos da era cristã, justamente mediante a recuperação do sentido e alcance da "segunda navegação" platônica.

Contudo, resta a notável importância *histórica* da Antiga Academia.

As complexas doutrinas de Espêusipo e de Xenócrates sobre os princípios primeiros e sobre a estrutura hierárquica do real lançam muita luz, com todas as suas implicações, sobre as doutrinas não escritas de Platão.

O próprio Aristóteles amadureceu muitas das suas concepções através de intensas e fecundas discussões com as doutrinas dos Acadêmicos, como amplamente demonstram os livros XIII e XIV da *Metafísica*.

Enfim, como já notamos acima, a tripartição feita por Xenócrates da filosofia em lógica, física e ética tornar-se-á o eixo de todo o pensamento da era helenística.

TERCEIRA SEÇÃO

O PRIMEIRO PERÍPATO E A RÁPIDA PERDA DO SENTIDO DA DIMENSÃO METAFÍSICA

«... πολὺ τὸ οὐχ ὑπακοῦον οὐδὲ δεχόμενον τὸ εὖ, μᾶλλον δὲ πολλῷ πλεῖον...»

"... há muitas coisas que não obedecem ao bem e não o acolhem, antes, isso acontece na maioria dos casos..."

Teofrasto, *Metafísica,* 11 a 14-16

ΘΕΟΦΡΑΣΤΟΣ

I. O PERÍPATO ARISTOTÉLICO, SUA ORGANIZAÇÃO E SUA RÁPIDA DECADÊNCIA

A fundação do Perípato, como já dissemos no quarto volume, coincidiu com o retorno de Aristóteles a Atenas e, portanto, aconteceu por volta de 335-334 a.C.

O Aristóteles que voltava a Atenas, depois de treze anos de ausência, não era mais o simples platônico dissidente, *persona non grata* a muitos dos acadêmicos. Era então o filósofo mais consagrado e conhecido, o mestre do grande Alexandre, um homem sobre cuja fama ninguém então podia lançar sombra. Além disso, o homem que voltava era profundamente consciente de ser o único verdadeiro herdeiro de Platão; o único capaz de levar adiante, de modo crítico e construtivo, o discurso platônico que, na Academia, os que se diziam fiéis discípulos comprometiam cada vez mais gravemente.

Diz bem Jaeger: "Foi a recordação de Platão que o fez discernir no retorno [a Atenas] algo mais que uma extrínseca condição favorável para uma manifestação mais vasta da sua atividade. Desse modo assumiu então também publicamente, diante de todo o mundo, a sucessão do mestre"[1].

Por isso, à Academia de Xenócrates, não hesitou em contrapor uma nova escola, certo de poder construir espiritualmente em torno de si tudo o que o mestre Platão tinha construído com a Academia.

Mas Aristóteles era um meteco, e a lei ateniense não lhe permitia adquirir casas e terrenos; por isso fundou a sua escola num ginásio público, o Liceu, no qual provavelmente havia um edifício e um jardim na vizinhaça.

Era difundido o costume de ensinar passeando; mas no Liceu aristotélico tal costume deve ter tido particular importância, pois a escola aristotélica foi logo denominada "Perípato", e os seus seguidores "peripatéticos": em grego, com efeito, como já dissemos, Perípato significa *passeio* e peripatético significa *passeante*[2].

---

1. Jaeger, *Aristotele*, p. 423.
2. Cf. Cícero, *Acad. post.*, I, 4, 17.

Já com o primeiro sucessor de Aristóteles, Teofrasto, o edifício e o jardim tornaram-se propriedade da escola. Na verdade, também Teofrasto era meteco, mas Demétrio de Falero, discípulo apaixonado do Perípato, que alcançou em Atenas notável poder político, fez adotar um procedimento jurídico especial e deu a Teofrasto o edifício e o jardim da escola[3]. E do testamento de Teofrasto conclui-se que o edifício devia ser bastante amplo, dotado de uma biblioteca, de um museu de história natural e de um pequeno templo[4].

É provável que o próprio Aristóteles tenha fixado o plano geral dos estudos, além do regulamento da escola. A sistematização geral do saber que ele traçou, e que examinamos amplamente, provavelmente forneceu a precisa trama segundo a qual se organizavam os cursos e as lições. Ao lado das ciências teoréticas, práticas e poiéticas, que são as propriamente filosóficas, entraram triunfalmente no Perípato as ciências naturais, as análises e as classificações dos fatos particulares, o gosto pela pesquisa na dimensão empírica. Aristóteles em pessoa conduziu imponentes pesquisas de fisiologia, de biologia e de zoologia, e Teofrasto (que, junto com outros discípulos, deve ter dado cursos regulares desde os inícios da escola) fundou a botânica. Assim, pelo menos enquanto viveu Aristóteles, o Perípato como conjunto superou a Academia, e não só a Academia de Xenócrates, mas a própria Academia de Platão, seja na dimensão horizontal, pela vastidão enciclopédica do saber, seja na dimensão vertical, pela profundidade do repensamento dos problemas especulativos.

Mas, assim como o momento mágico da Academia ficou limitado ao período da vida de Platão, também o do Perípato se estendeu a pouco além da morte de Aristóteles. Com efeito, os dois grandes tiveram idêntico destino: Platão foi traído pelos seus sucessores na Academia e Aristóteles igualmente no Perípato. E dado que a historiografia não reconheceu adequadamente essa analogia dos destinos, devemos evidenciá-la a partir de algumas observações precisas.

Reconhecer a infidelidade dos discípulos de Platão não foi difícil, até mesmo porque nenhuma personagem de excepcional importância tomou a direção da antiga Academia, e as medíocres tentativas

3. Cf. Diógenes Laércio, V, 39. Os testemunhos e fragmentos de Demétrio foram compilados por F. Wehrli, *Die Schule des Aritoteles*, Heft IV: *Demetrios von Phaleron*, Basel 1949.

4. Diógenes Laércio, V, 51s.

feitas pelos acadêmicos com vistas a aprofundar o discurso platônico mostram claramente a sua inadequação.

Ao contrário, o imediato sucessor de Aristóteles, Teofrasto, foi uma figura de primeira ordem, um pesquisador excepcional, um enciclopédico que, quanto à vastidão do saber, rivalizou com o próprio Aristóteles. Teofrasto seguiu muito de perto a evolução espiritual do Estagirita, desde o período de Assos e de Mitilene; em seguida retomou, repensou todos os temas aristotélicos e nalguns casos parece ter ido além das conclusões de Aristóteles. Assim a imagem do Teofrasto, fiel discípulo de Aristóteles, acabou ocultando a verdade histórica e não deixando ver a ruptura que se verificou no Perípato teofrástico com relação ao Perípato aristotélico. Consequentemente, não se compreendeu como com o segundo sucessor de Aristóteles, Estraton, discípulo de Teofrasto, o Perípato tenha esquecido quase completamente a mensagem de Aristóteles.

A verdade é que Teofrasto só parcialmente foi discípulo fiel do mestre. Em Aristóteles, como vimos, conviveram dois interesses bem distintos, o filosófico-especulativo e o científico. O Estagirita desenvolveu seu gênio nas duas direções de maneira excepcionalmente criativa. Ao contrário, os interesses de Teofrasto foram prioritariamente científicos, e só nessa direção o seu gênio foi criativo; a fundação da botânica foi a sua conquista essencial. No campo especificamente filosófico, ele não teve capacidade suficiente para mover-se de modo verdadeiramente autônomo e criativo. Repetiu Aristóteles, repensou pontos particulares, introduziu inovações; todavia não só não ganhou algo de organicamente novo, mas faltou-lhe substancialmente o fôlego especulativo do aristotelismo, sem o qual muitos problemas fenecem, perdendo consistência e importância. Em suma, o pensamento de Teofrasto, enquanto revela uma imponente extensão científica, comparável à do mestre, revela também, quando se o prova criticamente, uma fragilidade na espessura especulativa e filosófica, que em certos pontos raia à inconsistência.

E assim pode-se compreender por que, depois de Teofrasto, Estraton se refugiará na física, e por que os escolarcas do Perípato, depois de Estraton, tenderão a voltar-se para as ciências empíricas; mas essa é uma parábola iniciada exatamente com Teofrasto, que já não soubera repropor o sentido último da filosofia de Aristóteles.

Vejamos pormenorizadamente os modos pelos quais se deu essa perda por parte de Teofrasto.

II. TEOFRASTO E A PERDA DA COMPONENTE METAFÍSICA

1. A metafísica

À medida que Teofrasto[1] enfraquece o sentido do especulativo e do metafísico é revelada exatamente pelo seu breve tratado de filosofia primeira (ao qual foi dado pelos pósteros o nome de *Metafísica*, por analogia de conteúdo com a obra aristotélica de filosofia primeira), o qual contém uma série de problemas e aporias sem respostas[2].

Mesmo mantendo uma parte da terminologia aristotélica e certas fórmulas que, aparentemente, repetem análogas fórmulas do Estagirita, Teofrasto nessa obra, certamente sem dar-se conta, reduz de tal modo

---

1. Teofrasto nasceu na ilha de Lesbos, na cidade de Ereso. A data de nascimento é dificilmente determinável. A data de morte, como relata Diógenes Laércio (V, 58), apoiado em Apolodoro, deve situar-se na 123ª Olimpíada (288/284 a.C.). Ainda Diógenes Laércio (V, 40) afirma que morreu aos 84 anos, o que permitiria fixar a data de nascimento com relativa aproximação. Mas outras fontes dizem que morreu aos 99 e, até mesmo, aos 107 anos. Como já dissemos, foi discípulo e companheiro de Aristóteles desde a época em que o Estagirita ensinou na Ásia Menor. Não é improvável que Teofrasto tenha, daí em diante, seguido sempre a Aristóteles. Em 323/322 sucedeu-o na direção da escola peripatética, onde se manteve por cerca de trinta e cinco anos com grande sucesso. Escreveu muitíssimas obras, das quais Diógenes Laércio (V, 42-50) fornece o catálogo. Cf. a excelente reconstrução feita por O. Regenbogen, na monografia *Theophrastos*, Supl. VII, 1940, col. 1362ss. da *Realenzyklopädie der classischen Altertumswissenschaft* Pauly-Wissowa-Kroll. (Esta é a melhor monografia de conjunto dedicada ao nosso pensador). A única edição integral das obras de Teofrasto é a de F. Wimmer, *Theophrasti Eresii Opera, quae supersunt, omnia*, Parisiis 1866 (reproduzida fotomecanicamente em Frankfurt a.M. 1964), atualmente superada.

2. Esse pequeno escrito de Teofrasto foi estudado a fundo somente em tempos modernos: primeiro por H. Usener (*Zu Theophrast's metaphysischen Bruchstück*, in "Rheinisches Museum", 16 [1861], pp. 258-281), o qual também preparou uma edição (*Theophrasti De prima philosophia libellus*, Bonn 1890), e depois por Ross (W. D. Ross — F. H. Fobes, *Theophrastus, Metaphysics, with Translation, Commentary and Introduction*, Oxford 1929). Na Itália ficou por muito tempo quase desconhecido; recentemente organizamos a primeira versão italiana, com comentário e monografia introdutória (G. Reale, *Teofrasto e la sua aporetica metafisica. Saggio de ricostruzione e di interpretazione storico-filosofica con traduzione e commento della "Metafisica"*, Brescia 1964).

e em tal medida os originais valores conceituais daquelas fórmulas, que acaba comprometendo gravemente o originário complexo metafísico aristotélico (da mesma maneira que Espêusipo e Xenócrates tinham comprometido o originário complexo metafísico platônico)[3].

Como mostramos no quarto volume, o horizonte metafísico do Estagirita caracterizava-se por quatro dimensões ou componentes: 1) Aristóteles, em primeiro lugar, definiu a metafísica como *teoria das causas e dos princípios primeiros*; 2) além disso mostrou que a metafísica era também ontologia, ou seja, *teoria do ser*, dado que as causas que o metafísico busca são as causas de todo o ser; 3) em terceiro lugar, mostrou que a metafísica era igualmente *teoria da substância*, enquanto a substância é o núcleo do ser, o primeiro dos significados de ser e, portanto, o fundamento de todo significado ulterior de ser; 4) enfim, Aristóteles definiu a metafísica também como teologia, isto é, como *teoria de Deus ou do divino*, sendo divina a primeira e suprema causa, divino o ser supremo, divina a substância primeira. Vimos, ademais, que as quatro definições da metafísica, longe de se excluírem reciprocamente, mantêm entre si, no contexto do discurso aristotélico, uma relação de complementaridade, remetendo uma à outra e desembocando todas na definição teológica. De fato, se a busca das causas e dos princípios não chegasse a Deus e ao Princípio divino, reduzir-se-ia a mera busca dos princípios físicos e, portanto, seria física e não metafísica; se a teoria do ser fosse limitada somente à esfera do ser sensível e não pusesse o problema do ser suprassensível, seria sempre física e não metafísica; e o mesmo di-}ga-se da teoria da substância, que pode ser, justamente, metafísica somente e na medida em que põe o problema e indaga sobre a substância divina. Esse era, pois, o horizonte especulativo da metafísica aristotélica[4].

Pois bem, o que permaneceu em Teofrasto de todo esse complexo e multiforme jogo de componentes? Como se reduziu o horizonte especulativo da sua metafísica?

---

3. A interpretação que damos aqui reproduz, em síntese, as conclusões do nosso trabalho sobre Teofrasto, citado acima na nota 2.

4. Cf. vol. IV, pp. 27ss.; cf. também Reale, *Aristotele, La Metafisica*, vol., I, pp. 10ss.; Reale, *Il concetto di filosofia prima, passim.*

1) No seu tratado metafísico, o Erésio sustém a definição da metafísica como *teoria das causas e dos princípios primeiros*, e enfatiza a diferença entre ela e as ciências particulares: estas partem de princípios para afastar-se deles, indo na direção do que deriva dos princípios, enquanto a metafísica, ao contrário, parte das coisas para ir na direção dos princípios:

> As coisas fundam-se sobre princípios. Acontece aqui [na metafísica] exatamente o oposto do que acontece nas outras disciplinas. Nessas ciências, com efeito, as partes que vêm depois dos princípios têm maior força e completude. E é assim por boas razões: aqui, de fato [na metafísica] ocupamo-nos fundamentalmente dos princípios, enquanto, nas outras ciências, a busca afasta-se dos princípios[5].

2) A *dimensão ontológica*, por sua vez, *resulta já inteiramente enfraquecida*, e de maneira quase total. Note-se: não só fica enfraquecida a complexa problemática dos múltiplos significados do ser e das suas relações, mas fica substancialmente enfraquecida até mesmo a própria temática do ser. O primeiro Perípato, portanto, já não mais compreendia o significado da pergunta pelo ser, justamente a pergunta que Aristóteles afirmou ser a eterna pergunta da filosofia[6].

3) Com Teofrasto, perde-se também o sentido da complexa problemática da substância. E à substância, Aristóteles não só dedicou uma conspícua parte da sua *Metafísica*, mas escreveu dela expressamente:

> Na verdade, o que antes, agora e sempre é objeto de pesquisa e constitui o eterno problema sobre *que coisa é o ser*, equivale a: *que coisa é a substância* [...]. Por isso também nós, principalmente, de maneira fundamental e exclusiva, por assim dizer, devemos examinar que é o ser entendido no sentido da substância[7].

Na *Metafísica* de Teofrasto, desaparecem alguns dos termos que em Aristóteles estavam estreitamente ligados à problemática da substância, enquanto o uso de outros, sempre ligados à temática da substância, faz-se raro. O próprio termo *ousía*, em Teofrasto, carrega-se

---

5. Teofrasto, *Metafísica*, 6 b 17-22.
6. Cf. Reale, *Teofrasto...*, pp. 140ss.
7. Aristóteles, *Metafísica*, Z 1, 1028 b 2-7.

posteriormente de novo significado cosmológico, que indica a substância do Todo ou do universo. Ora, isso é altamente significativo na medida em que a doutrina aristotélica da substância, como vimos, estava longe de ser definitivamente sistematizada nos seus pormenores e esclarecida em todos os seus pressupostos e corolários. Ela oferecia abundante material para formular problemas e aporias. Evidentemente, o fato de Teofrasto não ter sequer tocado essa esfera de questões demonstra que o seu interesse tinha mudado notavelmente com relação ao do mestre[8].

4) Ao contrário, o escrito de Teofrasto apresenta ainda a metafísica como teologia, vale dizer, como doutrina das realidades supremas, imutáveis e imóveis, inteligíveis e suprassensíveis. A metafísica, para ele, pelo menos nominalmente, ainda continua sendo a ciência que está acima da astronomia (que é a parte mais elevada da física), porque busca determinar os Motores primeiros e os fins supremos que escapam à astronomia. Escreve o Erésio:

> Se [...] a astronomia traz a sua contribuição ao conhecimento, mas *não* com relação aos princípios primeiros da natureza, as realidades supremas devem ser *diferentes das que são objeto da astronomia e das anteriores*. E, com efeito, o método [da metafísica], como alguns sustentam, não é o método físico e não o é completamente[9].

Observe-se, ademais, o seguinte. Deus, também para Teofrasto, é chamado *Mente*, *Nous*, embora apenas de passagem[10]. Mas Deus não está mais no centro do interesse do Erésio, o qual, pelo contrário, mesmo que a modo de hipótese dialética, projeta até mesmo a possibilidade de explicar o movimento dos céus em função de uma animação que lhe seria intrínseca, assim como explica o movimento dos animais independentemente do Motor Imóvel[11].

> Estar em movimento, em geral, é uma característica peculiar da natureza e, sobretudo, do céu. Por isso, se a atividade faz parte da essência de cada coisa, e se cada coisa quando está em atividade está também em movimento, como acontece com os animais e com as plantas (se, de fato, não fosse assim,

8. Cf. Reale, *Teofrasto...*, pp. 144ss.
9. Teofrasto, *Metafísica,* 10 a 5-9.
10. Cf. Teofrasto, *Metafísica,* 7 b 22ss.
11. Teofrasto, *Metafísica,* 10 a 9-19.

seriam plantas e animais somente por homonímia), é evidente que também o céu, no seu movimento de rotação, move-se em virtude da sua própria essência; separando-o do seu movimento e considerando-o em repouso, seria céu só por homonímia. O movimento de rotação do universo é, com efeito, a vida do próprio universo. Portanto, se não devemos buscar explicação da vida dos animais ou se devemos buscá-la somente no modo indicado, então, não é verdade que não deveremos tampouco explicar o movimento circular do céu e dos corpos celestes, ou que deveremos explicá-lo somente de certo modo?

A hipótese é posteriormente abandonada por Teofrasto; mas já o modo como foi formulada é eloquentíssimo, porque insinua a ideia de que uma alma imanente ao mundo basta para explicar os movimentos cósmicos: uma ideia que aponta na direção a ser percorrida pelo Pórtico[12].

Há mais, porém. Uma vez enfraquecida a problemática do ser e da substância, a metafísica de Teofrasto *tende fatalmente a restringir-se a uma forma de cosmologia*: as causas, os princípios e Deus interessam a Teofrasto não mais para explicar metafisicamente o ser e a substância, mas para explicar o mundo físico.

No curso do escrito sobre as aporias, nem sequer uma vez é dito, quando se fala dos princípios, *de que* eles são princípios, e nunca se diz que se trata dos princípios do ser e da substância. Quando Teofrasto fala de princípios e de causas, pensa mais nas causas e nos princípios *que movem os céus,* ou seja, mais nas causas *do universo e do mundo* do que noutra coisa. O ser e a substância *não constituem mais um problema formalmente autônomo* com relação à cosmologia. Para Teofrasto trata-se, em sede metafísica, *de explicar o mundo em todas as suas particularidades, o mundo como mundo.*

É claro, então, que lhe preocupem profundamente alguns pormenores: os fluxos do mar, as cheias e as secas, as transformações de elementos, os chifres dos cervos, os órgãos rudimentares de alguns animais, o modo de acasalar das garças, a vida das efemérides, os fenômenos da geração e da nutrição dos animais e outros semelhantes, *justamente na perspectiva da filosofia primeira*. E, analogamente, explica-se a importância particular que ele dá às questões da *efesis* e da relação entre os céus, o seu movimento, o Motor, os motores, o

---

12. Cf. Reale, *Teofrasto...*, pp. 151ss.

desejo e a alma: o seu interesse é *particularmente sensibilizado pelos problemas cosmológicos*, e, malgrado as afirmações explicitamente feitas no início do escrito, de que a metafísica é ciência das realidades primeiras e supremas, inteligíveis e imóveis, a discussão dos sucessivos problemas toma outra direção. Uma confirmação de tudo o que estamos dizendo é dada pelo fato de que todas as aporias que têm raiz e natureza cosmológica são efetivamente valorizadas, e as propriamente metafísicas são privadas de atração e insignificantes.

Portanto, em Teofrasto, a metafísica se "cosmologiza" fortemente e o seu horizonte é reduzido a uma única dimensão: busca das causas que explicam o universo, o mundo físico e o mundo celeste. Existe Deus e existem substâncias suprassensíveis, mas, para Teofrasto, interessam unicamente (e problematicamente) como *causas do universo*, e não em si e para si.

Metafísica como busca das causas *do universo enquanto universo*, busca dos limites do mesmo, das recíprocas relações das realidades nele, busca dos limites do finalismo e da tendência ao melhor: eis ao que, efetivamente, se reduz a "filosofia primeira", ou melhor, a "ciência das realidades supremas" de Teofrasto, tal como aparece no escrito que nos chegou[13].

Assim Teofrasto está bem longe de ter permanecido fiel a Aristóteles: são os próprios fundamentos do discurso metafísico que ficam comprometidos no seu escrito de filosofia primeira.

O exame de um último ponto completará a nossa interpretação.

Teofrasto, assim como Aristóteles, concebe o universo como eterno, ingênito e incorruptível. (Parece até que ele defendeu a tese aristotélica contra Zenão e o Pórtico)[14]. Todavia, no universo de Teofrasto, ingênito e incorruptível, *uma vastíssima zona é subtraída ao finalismo e à tendência ao melhor*; antes, não só é posta em relevo a disteleologia reinante no âmbito do próprio universo, mas *são apresentadas novas explicações que assumem um caráter nitidamente mecanicista.*

Teofrasto já *não* explica mais a disteleologia como resistência que a matéria opõe à forma, mas como *resultante casual do mecânico movimento dos astros.*

---

13. Cf. Teofrasto, *Metafísica*, 11 b 24 - a 11.

14. Ver a bibliografia sobre o assunto em Reale, *Teofrasto...*, p. 157, nota 93.

No capítulo quarto lemos:

Por outro lado, é difícil atribuir razões a cada tipo de realidade, relacionando-as com a sua causa final, em todos os casos, quer se trate dos animais, das plantas ou da própria esfera de ar. A menos que a geração de formas múltiplas e variadas, estejam elas no ar ou na terra, aconteça *por causa da ordem e da mudança de outras realidades*. Como exemplo mais importante dessas coisas, alguns aduzem as estações do ano, nas quais se dão as gerações dos animais, das plantas e dos frutos, o sol fazendo as vezes de princípio gerador[15].

E no capítulo nono, depois de destacar os vários exemplos de realidades que não têm um fim, Teofrasto acrescenta:

Mas o exemplo mais notável e evidente refere-se aos fenômenos da nutrição e da geração dos animais; alguns desses, com efeito, não têm qualquer finalidade, mas devem-se a meras coincidências e a necessidades extrínsecas. De fato, se ocorressem efetivamente para alguma vantagem dos animais, seria preciso que se verificassem sempre do mesmo modo e uniformemente. Além disso, quanto às plantas, especialmente os seres inanimados, que são evidentemente dotados de uma natureza determinada, quanto às suas figuras, suas formas e suas potencialidades, poder-se-ia perguntar qual a finalidade dessas características. A suposição de que não tenham uma explicação é absurda, sobretudo para os que não querem estender essa mesma suposição também ao âmbito de outros seres, anteriores e mais nobres. Antes, parece ter, certa verossimilhança a explicação de *que todas essas coisas possuam formas e diferenças, umas com relação às outras, casualmente e pelo movimento circular do céu*[16].

Enfim, no mesmo capítulo, pouco adiante, lemos:

Mas se tal é o desejo da natureza, resulta claramente o seguinte: *há muitas coisas que não obedecem ao bem e que não o acolhem, antes, isso acontece na maioria dos casos*. De fato, o mundo animado é uma pequena parte, enquanto a esfera do inanimado é infinita; e só uma mínima parte dos seres animados é melhor pelo simples fato de ser viva[17].

Se, pois, existe uma esfera tão vasta na qual as realidades e os fenômenos não se produzem por um fim, isto é, em vista de um *telos*

15. Teofrasto, *Metafísica,* 7 a 19 - b 5.
16. Teofrasto, *Metafísica,* 10 b 16 - 11 a 1.
17. Teofrasto, *Metafísica,* 11 a 13-18.

metaempírico, mas só por *coincidências acidentais* e por *necessidades extrínsecas*, ou seja, pelo movimento dos corpos celestes, o mundo sublunar (a verdadeira *natureza*) é inteiramente (ou quase) subtraído à tendência para o melhor. A ordem predomina somente, segundo a explícita declaração de Teofrasto, no âmbito dos céus e dos entes matemáticos[18].

Se é assim, não se poderá mais dizer, com Aristóteles, que *de Deus dependem o céu e a natureza. A natureza fica praticamente separada do princípio primeiro, contra as intenções explicitamente declaradas por Teofrasto no primeiro capítulo.*

Nessa tendência de delimitar fortemente o finalismo e explicar mecanicamente os fatos da natureza inanimada, e grande parte dos fenômenos relativos às plantas e aos animais, o escrito de Teofrasto antecipa, de modo surpreendente, aquilo que, embora sobre outras bases, será o tipo de explicação da natureza propugnado pelos epicuristas[19].

As pontes com a metafísica de Aristóteles foram rompidas. Ficam claras as razões pelas quais, logo depois de Teofrasto, não se falará mais de metafísica ou de filosofia primeira no Perípato, e a física tomará o lugar da metafísica.

2. A física e a psicologia

Análogas observações devem ser feitas, embora em menor medida, a propósito da física e da psicologia de Teofrasto. Ele sabe levantar dúvidas e aporias, mas em geral mostra-se incapaz de resolvê-las, e, além disso, as aporias e dúvidas, embora expressas em linguagem aristotélica, revelam tendências antitéticas ao espírito da filosofia aristotélica.

Quanto à física, ele levantava dúvidas sobre alguns pontos da doutrina do movimento, sobre a doutrina do lugar, assim como sobre a doutrina do fogo. O fogo, para Teofrasto, não parece ser um ele-

---

18. Cf. Teofrasto, *Metafísica,* 11 b 12-21.

19. Cf. também as conclusões de R. Mondolfo, *L'infinito nel pensiero dell'antichità classica*, La Nuova Italia, Florença 1956, pp. 158ss.

mento como os outros três (terra, ar, água), porque não subsiste por si, mas só num substrato, isto é, na coisa que queima. Em geral, nas pesquisas físicas, ele tende a prescindir da explicação finalista. Ademais (e isso também é uma novidade com relação a Aristóteles), ele tende a dar *uma variedade de explicações* dos vários fenômenos, sobretudo quando se trata dos fenômenos particulares[20].

Também são interessantes os traços aporéticos da sua psicologia[21]. O Erésio aceita a doutrina aristotélica do intelecto potencial e do intelecto agente, e aceita o ponto de vista aristotélico segundo o qual o intelecto agente está *na alma*[22]. Mas para responder à aporia, já levantada por Aristóteles, da inteligência que não está sempre em ato, escreve:

> Quais são, portanto, essas duas naturezas? E o que é esse princípio que serve de substrato e está ligado ao princípio ativo? O intelecto, de fato, é uma espécie de *mistura* do princípio ativo e do princípio potencial. Se, pois, o intelecto movente é congênito, desde a origem deveria agir e sem descontinuidade; mas se aparece mais tarde, com o concurso de que princípio aparece, e de que modo é gerado? Parece, pois, ingênito, dado que, certamente, é também incorruptível. Nesse caso, dado que é imanente, por que não age sempre? E qual a razão do esquecimento, do engano, do erro? Não acontece tudo isso por causa da *mistura*?[23]

Nesta passagem fica evidente que, como um estudioso já observou[24], a ideia de "mistura" comporta o risco de comprometer a espiritualidade do intelecto e, de algum modo, materializá-lo (a mistura se dá, com efeito, normalmente entre elementos materiais).

A mesma tendência revela, por outro lado, a afirmação de Teofrasto segundo a qual a atividade do pensamento deveria ser considerada como um *movimento* da alma. Lemos, de fato, num fragmento:

> Esses pontos de vista são aprovados também pelo corifeu dos discípulos de Aristóteles, Teofrasto; no primeiro livro do seu tratado *Do movimento*, ele

---

20. Veja-se uma ótima análise da física de Teofrasto no livro de P. Steinmetz, *Die Physic des Theophrast*, Bad Homburg-Berlim-Zürich 1964.

21. Sobre isso ver: E. Barbotin, *La théorie aristotélicienne de l'intelect d'après Théophraste*, Louvaina-Paris 1954 (contém também uma edição dos fragmentos de psicologia com tradução francesa) e G. Movia, *Anima e intelletto. Ricerche sulla psicologia peripatetica da Teofrasto a Cratippo*, Pádua 1968.

22. Cf. Movia, *Anima e intelletto...*, p. 61ss.

23. Temístio, *De anim.*, 108, 22ss. Heinze (= Barbotin, fr. 12).

24. Cf. M. De Corte, *La doctrine de l'Inteligence chez Aristote*, Paris 1934, p. 58.

declara: "Por um lado, as tendências, os desejos, os acessos de cólera são movimentos dependentes do corpo e recebem dele o seu princípio, mas tudo o que diz respeito aos juízos e especulações não pode ser remetido a outra coisa: é, ao contrário, na própria alma que eles encontram o seu princípio, o seu ato e o seu termo, se é verdade que o intelecto é algo melhor e mais divino, penetrando as coisas a partir de fora e sendo absolutamente perfeito". E prossegue: "A propósito dessas últimas operações, *é preciso perguntar-se, portanto, se elas se afastam da definição do movimento, pois todos estão de acordo em considerar também elas como movimentos*"[25].

Disso tudo também resulta evidente a incapacidade própria de Teofrasto de captar o sentido do metafísico, e a tendência a reduzir toda a problemática especulativa à dimensão física.

3. A lógica

Mais penetrantes e construtivas foram as correções trazidas por Teofrasto à lógica de Aristóteles. Quase todas representaram, como julgam os especialistas em lógica, efetivas melhoras[26].

O Erésio demonstrou, por exemplo, que além dos quatro modos que Aristóteles admitiu para a primeira figura do silogismo, era preciso admitir outros cinco[27]. Corrigiu alguns erros nos quais Aristóteles incorreu na silogística modal, baseando-se em nova definição do conceito de "possível"[28]. Enfim, introduziu os *silogismos hipotéticos*[29].

Teofrasto, mesmo não inovando os fundamentos da lógica de Aristóteles, assumiu posições mais acentuadamente formais, sempre menos ligadas à ontologia do *eidos* e da essência. E com os silogismos hipotéticos pôs-se na via que será percorrida pelos estoicos. Embora de maneira inconsciente, ajudou a abrir para a lógica, como diz o mais atento estudioso dessa parte do pensamento de Teofrasto, novos horizontes: "não é um estoico, mas prepara o estoicismo"[30].

---

25. Simplício, *In Phys.*, 964, 29ss. Diels (= Barbotin, fr. 13).

26. Um atento e sistemático reexame dos fragmentos e testemunhos sobre a lógica de Teofrasto foi feito por I. M. Bochenski, *La logique de Théophraste*, Friburgo na Suiça 1947.

27. Cf. Alexandre de Afrodísia, *In Analyt. pr.*, 69, 26ss.; Bochenski, *La logique...*, pp. 56ss.

28. Cf. Bochenski, *La logique...*, pp. 67-102.

29. Cf. textos e discussão em Bochenski, *La logique...*, pp. 103-120.

30. Bochenski, *La logique...*, p. 127.

4. A ética

Também na ética são bem visíveis as orientações empiristas de Teofrasto. As novidades do Erésio na ética não consistem na introdução de novos princípios morais, mas na atenuação do interesse pelos princípios e pelos fundamentos da ética, em favor do interesse pela descrição fenomenológica do particular. E nesse âmbito Teofrasto mostra-se verdadeiro mestre: os seus *Caracteres*, que passam em revista cerca de trinta tipos humanos mais característicos, são cheios de sagacidade, fineza e penetração psicológica[31].

No que concerne à escala dos valores, Teofrasto apenas reafirmou o que Aristóteles já dissera, insistindo em alguns aspectos por razões de polêmica antiestoica e antiepicurista. Para ele, a virtude é o bem supremo, o bem que dá felicidade, mas é condição necessária e não suficiente da felicidade. Para a felicidade concorrem também os bens do corpo e os bens exteriores. Estoicos e epicuristas iludem-se dizendo que o sábio pode ser feliz entre os tormentos: onde há tormento não há felicidade. Por isso Cícero critica-o asperamente:

> Teofrasto [...] depois de ter declarado que os flagelos, as torturas, os tormentos, as desgraças civis, o exílio, os lutos têm grande influência para tornar feia e infeliz a vida, não hesitou, em seguida, em adotar uma linguagem nobre e elevada, em contraste com o seu modo vulgar e mesquinho de pensar. Se esse modo de pensar era correto, não vem ao caso aqui; o que é certo é que era coerente, e eu, uma vez aceitas as premissas, jamais critico as consequências. Contudo, Teofrasto, que entre os filósofos é o mais refinado e erudito, não é criticado tanto pela sua distinção dos bens em três categorias: quase todos o criticam especialmente pelo seu livro sobre a felicidade, no qual demora-se em explicar por que quem é torturado, submetido aos tormentos, não pode ser feliz. Naquele livro, parece declarar também que a felicidade não sobe sobre a roda — uma máquina de tortura usada pelos gregos. Na verdade ele não o diz explicitamente em nenhum lugar, mas o significado das suas palavras é esse[32].

Sobre isso deve-se notar o seguinte: se Cícero acreditava que Teofrasto não estava em sintonia com o Perípato[33], é só porque não

---

31. *Caracteres* é, sem dúvida, a obra de Teofrasto mais lida, sobretudo fora dos círculos filosóficos, como provam as numerosas edições e variadas traduções em línguas modernas.
32. Cícero, *Tusc. disput.*, V, 9, 24.
33. Cf. Cícero, *Tusc. disput.*, V, 30, 85.

conhecia a *Ética Nicomaqueia* (até o tempo da edição dos esotéricos feita por Andrônico, o Aristóteles lido, como veremos, era sobretudo o dos escritos exotéricos do período juvenil). Vimos, com efeito, que Aristóteles afirmava expressamente que a felicidade, além da virtude, "tem necessidade também dos bens exteriores"[34], e que "ninguém será verdadeiramente feliz se tiver a sorte de Príamo"[35].

E ainda mais expressamente observava:

> [...] por isso o homem feliz precisa dos bens do corpo, dos bens exteriores e dos bens da fortuna para não ser obstaculizado por eles. Os que afirmam que se alguém é bom, é feliz, mesmo que submetido ao suplício da roda e mesmo que caia em grandes desgraças, fazem, voluntária ou involuntariamente, uma afirmação insensata[36].

Mas a novidade e a audácia das novas escolas helenísticas estavam justamente na afirmação da autossuficiência da virtude para alcançar a felicidade, como veremos amplamente.

Porém, o individualismo das novas escolas helenísticas mostra-se na tomada de posição de Teofrasto a propósito do matrimônio, desaconselhado por ele ao filósofo, o qual não deve ser distraído pelas preocupações domésticas e deve poder bastar-se a si mesmo[37]. E sobretudo, positivamente, mostra-se na tomada de posição de Teofrasto sobre a igualdade de todos os homens, superando nitidamente o preconceito racista do mestre. Teofrasto, com efeito, sustenta que todos os homens, gregos ou bárbaros, são *afins e congêneres* (οἰκείους καὶ συγγενεῖς), embora posteriormente exagere ao querer estender tal laço a todos os seres viventes e, portanto, também aos animais[38].

5. Conclusões sobre Teofrasto

Vimos que, examinadas com a devida atenção, as doutrinas filosóficas de Teofrasto, longe de mostrar uma fidelidade do discípulo ao mestre, demonstram uma irresistível, constante, as mais das vezes

---

34. Aristóteles, *Ética Nicomaqueia*, A 8, 1099 a 31.
35. Aristóteles, *Ética Nicomaqueia*, A 10, 1101 a 7s.
36. Aristóteles, *Ética Nicomaqueia*, H 13, 1153 b 17-21.
37. Cf. Zeller-Plebe, p. 404.
38. Porfírio, *De abstinentia*, III, 25; II, 20ss.

inconsciente, tendência para soluções de tipo empírico, mecânico e imanentista dos problemas. O cientista Teofrasto mostra de modo inequívoco não saber mais compreender adequadamente a mensagem filosófica do mestre; embora, como cientista, por exemplo, na botânica, esteja sem dúvida acima do mestre. Teofrasto enfraqueceu o sentido da dimensão especulativa e metafísica do filosofar e, portanto, não é de admirar que já o seu discípulo Estraton, que o sucedeu na direção do Perípato, delimite o âmbito das pesquisas exclusivamente à física, e que os sucessores de Estraton dirijam-se prioritariamente às ciências empíricas.

III. OUTROS DISCÍPULOS DIRETOS DE ARISTÓTELES: EUDEMO, DICEARCO E ARISTÓXENO

1. Eudemo

Antes de falar de Estraton, "o físico", queremos recordar pelo menos três discípulos diretos de Aristóteles, codiscípulos de Teofrasto, cujas tendências são assaz indicativas.

Eudemo de Rodes seguiu cursos no Perípato, junto com Teofrasto, quando Aristóteles ainda era vivo[1]. Não parece que Eudemo tenha sido muito original; todavia, são bem visíveis alguns dos seus deslocamentos nas mesmas direções assumidas por Teofrasto.

Ao mesmo tempo, junto com Teofrasto, desenvolveu os silogismos hipotéticos[2].

Mas o que mais interessa é que Eudemo, assim como Teofrasto, fez afirmações de sabor imanentista, justamente a propósito do Motor Imóvel. Querendo, com efeito, resolver o problema de como o Motor Imóvel move o primeiro céu, Eudemo prescinde totalmente da solução dada por Aristóteles na *Metafísica*, segundo a qual o Motor move como objeto de amor, estando fora do mundo, sendo imaterial, sem partes, impassível, não misturado com qualquer coisa. Eudemo, de fato, sustenta que o Motor deve estar presente "dentro da esfera maior"[3]; uma solução que recorda a hipótese imanentista de Teofrasto, segundo a qual bastaria uma alma cósmica para explicar o movimento dos céus[4]. E é uma solução que, de qualquer modo, supõe a materialização do Motor ou, pelo menos, a perda do caráter metafísico em favor de um caráter físico-cosmológico[5].

---

1. Eudemo nasceu em Rodes. A tradição não fornece dados cronológicos suficientes para estabelecer as datas de nascimento e de morte. Deve ter sido em torno da época de Teofrasto. Depois que Teofrasto tornou-se escolarca no Perípato, Eudemo provavelmente voltou para Rodes. Os fragmentos e testemunhos de Eudemo foram compilados e comentados por F. Wehrli, *Die Schule des Aristoteles*, Heft VIII: *Eudemos von Rhodos*, Basel 1955 (1969²).

2. Cf. Wehrli, *Eudemos*, frs. 7-24.

3. Cf. Simplicius, *In Arist. Phys.*, p. 1354, 5ss. Diels (= Wehrli, *Eudemos*, fr. 122 a; cf. também fr. 123 b).

4. Cf. a passagem transcrita acima, pp. 117ss.

5. É o caso de recordar que os juízos dos estudiosos do século passado e doprincípio do nosso século, que afirmavam uma aproximação, em matéria de ética, de Eudemo a Platão, fundam-se no pressuposto de que a *Ética Eudêmica* seja obra de Eudemo, enquanto hoje a maioria dos estudiosos afirma que a *Ética Eudêmica* é obra de Aris-

2. Dicearco

Dicearco[6] não é menos interessante, enquanto parece retornar até mesmo a uma concepção da alma, não só pré-aristotélica, mas certamente pré-platônica[7]. Ele sustenta, com efeito, uma concepção de tipo epifenomênico da alma como "harmonia dos quatro elementos"[8].

Isso significa, como bem perceberam já os antigos, negar que a alma seja substância[9]. E significa também, por consequência, negar que a alma seja imortal (a alma deixa de ser no momento em que cessa o acordo entre os elementos) e significa, em geral, negar um discurso metafísico sobre a alma[10].

3. Aristóxeno de Tarento

Análoga foi também a posição de Aristóxeno de Tarento[11]. Relata Cícero:

---

tóteles. Todas as afirmações de Zeller (Zeller-Plebe, pp. 449-456) a esse respeito estão totalmente superadas.

6. Dicearco nasceu em Messina, na Sicília. Não conhecemos sua data de nascimento nem de morte. Sobre as poucas conjeturas que podem ser feitas a respeito da sua vida ver Wehrli, *Die Schule des Aristoteles*, Heft I: *Dikaiarchos*, Basel 1944 (1967²), pp. 43ss. (comentário aos frs. 1-4).

7. Cf. Wehrli, *Dikaiarchos*, frs. 5-12.

8. Plutarco, *Plac. philos.*, IV, 2 5 (= Wehrli, *Dikaiarchos*, fr. 12a; cf. também fr. 12b, c,d).

9. Nemésio, *De nat. hom.*, II; Migne, XL, p. 537 (Wehrli, *Dikaiarchos*, fr. 11), relata: "Dicearco diz que a alma é harmonia dos quatro elementos, para dizer que é mistura e acordo dos elementos. Não quer dizer, de fato, a harmonia que brota dos sons, mas a mistura harmônica no corpo e o acordo de quente e frio, úmido e seco. É, portanto, evidente que todos aqueles dos quais falamos sustentam que a alma é substância; Aristóteles e Dicearco sustentam, ao contrário, que não é realidade substancial". (Aqui Nemésio erra sobre Aristóteles, a quem evidentemente não conhecia, mas esclarece bem a posição de Dicearco).

10. Vale a pena ler algumas anotações de Cícero: "Dicearco, transcrevendo em três livros uma conferência pronunciada em Corinto, introduz como personagens do primeiro [livro] muitos sábios em dicussão entre si; nos outros dois [livros] confia a Fenécrates, um velho de Ftia que ele afirma descender de Deucalião, a tese seguinte: a alma não existe, é um nome absolutamente sem significado; falar de animais e de seres animados não quer dizer nada e nem existe, no homem como nos animais, alma ou qualquer sopro vital; a força que nos permite agir e provar sensações é igualmente difusa em todos os corpos vivos, e não é outra coisa senão o corpo, o qual é uno, simples e feito de modo a possuir vigor e sensibilidade pela sua natural organização" (*Tusc. disput.*, I, 10, 21 = Wehrli, *Dikaiarchos*, fr. 7). Cícero (I, 21, 51s = Wehrli, fr. 7e) reafirma. "Dicearco e Aristóxeno negaram a existência da alma exatamente porque lhes era difícil explicar a sua essência e a sua qualidade".

11. Aristóxeno nasceu em Tarento. Não é possível precisar as datas de nascimen-

Uma teoria difundida na antiguidade, e retomada recentemente por Aristóxeno, que além de filósofo era também músico, faz da alma uma espécie de tensão do próprio corpo: como no canto e nos instrumentos de corda temos aquela que é chamada harmonia, assim, segundo a natureza e a organização do corpo no seu conjunto, teríamos diversas vibrações análogas aos tons da música. Aristóxeno não se afastou do terreno da sua especialização, mas disse coisas que correspondiam a tudo aquilo que, muito antes dele, Platão enunciou e discutiu[12].

Cícero tem plena razão: tanto Dicearco como Aristóxeno retomaram, exatamente, aquela posição de origem médico-pitagórica que Platão apresenta no *Fédon*, refutando-a vigorosa e eficazmente. Mas justamente isso é muito instrutivo: a refutação da teoria epifenomênica da alma, como harmonia dos elementos corpóreos, era feita na base da descoberta do suprassensível e dos resultados da "segunda navegação". É precisamente a total perda daquela descoberta que permite voltar à vida posições físicas e até mesmo pré-socráticas[13].

---

to e morte. Deve ter sido coetâneo de Dicearco; em todo caso, foi seu codiscípulo e amigo. Os seus fragmentos foram compilados por F. Wehrli, *Die Schule des Aristoteles*, Heft II: *Aristoxenos*, Basel 1945 (1967²).

12. Cícero, *Tusc. disput.*, I, 10, 19-20 (= Wehrli, *Aristoxenos*, fr. 120a, reproduzido parcialmente).

13. Discípulo direto de Aristóteles foi também Clearco, natural de Soli na ilha de Chipre. (Os seus fragmentos foram recolhidos e comentados por F. Wehrli, *Die Schule des Aristoteles*, Heft III, *Klearchos*, Basel 1948.) Alguns estudiosos sustentam que Clearco esteja em antítese com as tendências imanentistas e materialistas dos outros peripatéticos. E isso é em parte verdade. Todavia, não é certamente o continuador do autêntico filão aristotélico. Com efeito, as suas demonstrações da imortalidade da alma caem do nível metafísico ao nível mágico e misteriosófico (Clearco lembra um pouco Heráclides Pôntico). Sobre ele fazem-se sentir de modo acentuado as influências das religiões do Oriente. Vale e pena ler o fr. 7 (Wehrli): "Que a alma possa entrar e sair do corpo, prova-o também o fato daquele que, como se lê em Clearco, serviu-se de um bastão 'psicagógico', mantendo-o sobre um jovem que dormia, e convenceu o divino Aristóteles, como conta Clearco no seu escrito *Do sono*, de que a alma é separável do corpo, entrando e servindo-se dele como de um albergue. Ele tinha, de fato, surrado o jovem com o bastão, tirando-lhe a alma; e conduzindo-a, com o bastão, para longe do corpo, fez ver que este ficava sem movimento e permanecia insensível, sem reagir aos golpes que o dilaceravam, como um corpo exangue. Depois, como entrementes a alma tinha-se separado do corpo, ele aproximou de novo o seu bastão ao corpo do jovem, o qual, depois do retorno da alma, contou tudo o que tinha acontecido. Assim, portanto, depois dessa experiência, convenceu a todos que tinham visto o fenômeno, até mesmo a Aristóteles, de que a alma é separável do corpo". O mesmo tom encontra-se no fr. 8 (Wehrli). Em suma: Clearco apresenta um tipo de discurso baseado em determinadas experiências misteriosóficas, que estão longe do discurso metafísico aristotélico, assim como a prática mistérica está longe do *lógos* filosófico.

IV. ESTRATON DE LÂMPSACO, SEGUNDO SUCESSOR DE ARISTÓTELES

1. A física

Estraton de Lâmpsaco, a personagem mais célebre do antigo Perípato depois de Teofrasto, foi, entre outras coisas, preceptor de Ptolomeu II de Alexandria, e depois sucessor de Teofrasto na direção do Perípato[1].

Com Estraton, as tendências que já operavam no Perípato, com Teofrasto, têm um desfecho clamoroso: a doutrina de Estraton passa a ser, sem sombra de dúvida, uma forma de materialismo e de imanentismo tanto na letra como no espírito.

Relata Cícero:

> Tu negas que sem Deus possa haver alguma coisa: mas eis que se te apresenta de improviso Estraton de Lâmpsaco, o qual concede a Deus a exoneração de tão grande encargo. Se os sacerdotes dos Deuses fazem férias, é tanto mais justo que também o façam os Deuses: nega, de fato, haver necessidade de valer-se da obra dos Deuses para construir o mundo. Todas as coisas existentes, ensina ele, foram produzidas pela natureza; não, porém, como diz aquele filósofo segundo o qual essas coisas foram feitas de corpúsculos ásperos e lisos, cheios de dentes e ganchos, interpondo-se no vazio; estes, sustenta ele, são sonhos de Demócrito, que não ensina, mas sonha. Estraton, com efeito, investigando as diferentes partes do mundo, ensina que tudo o que é e se produz, é ou foi produzido por *pesos* e *movimentos*. Assim livra a Deus de um grande trabalho e a mim do temor[2].

O fragmento é, por muitos aspectos, revelador.

---

1. A cronologia de Estraton é relativamente determinável, pelo menos quanto à direção da escola e à morte. Sabemos por Diógenes Laércio (V, 58) que ele sucedeu a Teofrasto na direção do Perípato na 123ª Olimpíada (288/284 a.C.), que manteve este encargo por dezoito anos e que morreu na 127ª Olimpíada (274/270 a.C.). Na corte egípcia, portanto, esteve antes de 288/284. Das suas obras Diógenes Laércio fornece o elenco (V, 59s.). Os seus fragmentos foram compilados e comentados por F. Wehrli, *Die Schule des Aristoteles*, Heft V: *Straton von Lampsakos*, Basel 1950 (1969²).

2. Cícero, *Acad. pr.*, II, 38, 121 (= Wehrli, *Straton*, fr. 32).

Em primeiro lugar, é evidente a liquidação do Motor Imóvel já iniciada por Teofrasto. Estraton, contradizendo Aristóteles, o qual afirmava que céu e natureza dependiam daquele princípio divino, diz claramente que a natureza basta a si mesma e não tem necessidade de *princípio transcendente.*

Mas é evidente também a total liquidação de qualquer *princípio imanente* de tipo vitalista, como, por exemplo, uma alma cósmica, um artífice divino imanente, como o que será admitido pelos estoicos[3].

Estraton inclina-se decididamente para o lado dos atomistas e dos epicuristas. Embora criticando a Demócrito, de fato ele está na mesma linha dele, pelo menos enquanto põe os "pesos" e os "movimentos" como causas de todas as coisas, e tudo sob o signo da necessidade mecânica, excluindo qualquer finalismo[4]. Não muda a natureza desse mecanismo o fato de que ele, além dos "pesos" e dos "movimentos", para explicar as coisas, recorra também aos dois princípios qualitativamente diferenciados do *quente* e do *frio*, de cuja dinâmica derivam as sucessivas qualidades[5]. De fato, esses dois princípios qualitativos não operam em função de um fim, mas de modo automático e necessário, nem mais nem menos que os "pesos" e os "movimentos".

Excluído o Princípio transcendente como causa final-motora, excluída a causa final e a forma, da aristotélica *physis* não resta senão a matéria, vale dizer, quase nada de aristotélico, enquanto não resta mais que a pré-socrática *physis*. Perdidas as conquistas platônicas e aristotélicas, o retorno a posições pré-socráticas torna-se fatal.

Não é, portanto, de admirar que Estraton, além dos conceitos metafísicos, rejeite também muitas das perspectivas propriamente físicas de Aristóteles.

Rejeita a doutrina do "quinto elemento", sustentando que o céu é feito de fogo[6] em vez de éter. Rejeita a teoria dos lugares naturais e os movimentos naturais dos elementos ligados àqueles[7]. Modifica a doutrina do tempo e reinterpreta a doutrina do movimento[8].

---

3. Cf. Plutarco, *Contra Colotes,* XIV, 1115 b (= Wehrli, *Straton*, fr. 35).

4. Estraton destacava-se dos atomistas, entre outras coisas, negando o vazio infinito e sustentando a divisibilidade infinita dos corpos (cf. Wehrli, *Straton*, frs. 55 e 82).

5. Cf. Wehrli, *Straton*, frs. 42-49.

6. Cf. Aécio, *Plac.*, II, 11, 4 (= Wehrli, *Straton*, fr. 84).

7. Cf. Wehrli, *Straton,* frs. 50-53.

8. Cf. Wehrli, *Straton*, frs. 70-83. Uma análise atenta da física estratoniana e, em

2. A psicologia

Naturalmente, enfraquecidos os conceitos de forma e substância espiritual, Estraton cai numa interpretação decididamente materialista da alma humana. Já Teofrasto, como vimos, tendia a interpretar o pensamento como "movimento" da alma[9], e em chave de movimento interpreta-o, de modo mais claro, também Estraton. Sensações e pensamentos, no seu modo de entender, são movimentos do mesmo gênero.

Eis um eloquente fragmento a respeito:

> Estraton de Lâmpsaco, que foi discípulo de Teofrasto, e é contado entre os melhores peripatéticos, não só afirma que a alma irracional move-se, mas também a racional, pois ele afirma que são movimento também as atividades da alma. Diz, pois, no livro *Do movimento*, entre outras coisas, o que segue: "Sempre, de fato, aquele que pensa é movido, como o que vê, ouve e odora; a intelecção, com efeito, é um ato do intelecto, como a visão é uma ação da vista". E antes disso escreve: "Os movimentos são, pois, na maior parte, os mesmos, isto é, aqueles nos quais a alma move-se por si no ato de entender, e aqueles pelos quais anteriormente foi movida pelas sensações. E é claro: qualquer coisa que não tenha sido antes percebida não pode ser conhecida intelectualmente, trate-se de lugares, portos, pinturas, estátuas, homens, ou qualquer outra coisa do gênero"[10].

Portanto, o pensamento não é qualitativamente diferente da sensação, mas é "movimento psíquico", como a sensação, e até mesmo dependente da sensação.

A conclusão da materialidade da alma é, portanto, inevitável, dadas as premissas do discurso estratoniano. A alma reduz-se, mais precisamente, a uma *substância pneumática*, difusa por todo o corpo, mas que tem o seu centro ou sua parte "hegemônica" localizada na parte do cérebro que está entre as duas sobrancelhas. Todas as sensações, as afecções, além das paixões, são remetidas a essa parte hegemônica que, exclusivamente, tem capacidade de sentir[11]. Não é

---

particular, do movimento, foi feita recentemente por M. Gatzemeier, *Die Naturphilosophie des Straton von Lampsakos. Zur Geschichte des Problems der Bewegung im Bereich des frühen Perípatos*, Meisenheim am Glan 1970.

9. Cf. o fragmento de Teofrasto, que apresentamos nas pp. 141.

10. Simplício, *In Phys.*, 965, 7ss. (= Wehrli, *Straton*, fr. 74).

11. Cf. Wehrli, *Straton*, frs. 107-131.

improvável que essa substância pneumática da alma fosse ligada por Estraton com o princípio do quente.

Não nos admiramos, por consequência, de ouvir Estraton afirmar que "todo animal acolhe em si o intelecto"[12]. De fato, o intelecto aqui é a substância pneumática da qual falamos, responsável por todas as sensações, assim como pelo pensamento, que não é senão um prolongamento da sensação. Com efeito, diz bem Wehrli, "o sensismo não conhece qualquer distinção essencial entre homem e animal"[13].

É suficiente notar, nesse contexto, que não tem sentido falar de imortalidade da alma. Antes, é-nos transmitido que Estraton expressamente refutou as provas platônicas adotadas no *Fédon* a favor da imortalidade da alma[14].

Assim Estraton foi em tudo um físico: não só porque ocupou-se de questões de física, mas também porque àqueles problemas, assim como aos problemas do homem, resolveu-os todos em chave naturalista, isto é, materialista. Estraton introduziu no Perípato, em lugar do aristotelismo, o fisicismo pré-socrático.

---

12. Cf. Epifânio, *Adv. haereses*, III, 33 (= Wehrli, *Straton,* frs. 48 e 117).

13. Wehrli, *Straton, p. 74.*

14. Cf. Wehrli, *Straton,* frs. 122-127 (esses fragmentos foram transmitidos por Olimpiodoro no seu comentário ao *Fédon*).

V. CONCLUSÕES SOBRE O PRIMEIRO PERÍPATO

A sorte que coube a Aristóteles na sua escola, e (como veremos no sétimo volume) ao longo de toda a era helenística até os albores da era cristã, foi assaz infeliz.

O seu maior discípulo, colaborador e imediato sucessor, Teofrasto, se esteve certamente à sua altura pela vastidão do conhecimento e originalidade da pesquisa no âmbito das ciências, como vimos, não esteve à altura de compreender e, portanto, fazer compreender aos outros *o aspecto mais propriamente filosófico* e especulativo de Aristóteles. Ainda menos capazes de entender Aristóteles mostraram-se os seus outros discípulos, os quais voltaram-se rapidamente para concepções materialistas de tipo pré-socrático, enquanto o sucessor de Teofrasto, Estraton de Lâmpsaco, assinala o ponto de ruptura mais clamoroso com o aristotelismo.

Mas além desse esquecimento ou ininteligência do mestre verificada nos discípulos, e que, como vimos, tem um exato paralelo na história da Academia platônica, há outro fato que explica a má sorte de Aristóteles.

Teofrasto, ao morrer, deixou o jardim e os edifícios do Perípato para a escola, mas reservou a biblioteca que continha todas as obras não publicadas de Aristóteles para Neleu de Esquépsis[1]. Ora, sabemos por Estrabon[2], que Neleu levou consigo a biblioteca para a Ásia Menor e, ao morrer, deixou-a aos seus herdeiros. Estes, como já recordamos ao tratar de Aristóteles, esconderam os preciosos manuscritos numa cantina, para evitar que caíssem nas mãos dos reis Atálidas, que se empenhavam na constituição da biblioteca de Pérgamo. Esses escritos ficaram escondidos até que um bibliófilo de nome Apelicon comprou-os e levou-os para Atenas. Pouco depois da morte de Apelicon, eles foram confiscados por Silas (86 a.C.) e levados para Roma, onde foram confiados para a transcrição ao gramático Tiranion. Uma sis-

1. Cf. Diógenes Laércio, V, 52.
2. Estrabon, XIII, 1, 54.

temática edição foi, porém, feita por Andrônico de Rodes (décimo sucessor de Aristóteles) na segunda metade do século I a.C.

Portanto, depois da morte de Teofrasto, o Perípato foi privado exatamente daquilo que se pode considerar o instrumento mais importante de uma escola filosófica. Em particular, foi privado da produção aristotélica, que consistia nos apontamentos e no material das lições (os assim chamados escritos esotéricos), contendo a mensagem mais profunda e mais original do Estagirita. E é bem verdade que, como se disse, certamente foi feita alguma reprodução desses escritos e, portanto, alguma cópia ficou no Perípato, de modo que a narração de Estrabon tem algo de romanceado. E é também verdade que o atento estudo dos antigos catálogos das obras de Aristóteles, que nos foram transmitidos, levaria a concluir que ficaram em circulação cópias dos esotéricos aristotélicos, além das que foram transportadas para a Ásia Menor. Todavia, qualquer que seja a verdade sobre isso, ficam esses dois fatos incontestáveis, isto é, que o Perípato demonstrou por longo tempo ignorar a maior parte dos escritos esotéricos e que só depois da edição de Andrônico eles voltaram à ribalta. Se, pois, o Perípato, depois de Teofrasto, possuiu alguma obra esotérica aristotélica, ninguém foi capaz, por mais de dois séculos e meio, de fazê-la falar. A era helenística leu, portanto, principalmente, ou melhor, quase exclusivamente, as obras exotéricas, as únicas que Aristóteles publicou, as quais, como vimos, careciam exatamente da *força especulativa* e da *profundidade teorética* que caracterizavam as obras esotéricas.

Assim o Perípato não foi capaz de exercer um influxo filosófico de relevo e as suas disputas foram pouco além dos muros da escola.

O alimento espiritual da nova era provinha agora de outras escolas: do Jardim de Epicuro, do Pórtico de Zenão e do movimento cético de Pirro.

EPICVREA

EDIDIT HERMANNVS VSENER

Este é o frontispício da célebre antologia preparada por H. Usener dos escritos de Epicuro que nos chegaram e dos testemunhos sobre ele, publicada em Lípsia em 1887. Esta antologia abriu uma nova época nos estudos epicuristas, e, como tal, para as citações, permanece ainda o ponto de referência para a numeração.

SEGUNDA PARTE
O EPICURISMO: DAS ORIGENS AO FIM DA ERA PAGÃ

«Μήτε νέος τις ὢν μελλέτω φιλοσοφεῖν, μήτε γέρων ὑπάρχων κοπιάτω φιλοσοφῶν. οὔτε γάρ ἄωρος οὐδείς ἐστιν οὔτε πάρωρος πρὸς τὸ κατὰ ψυχὴν ὑγιαῖνον. ὁ δὲ λέγων ἢ μήπω τοῦ φιλοσοφεῖν ὑπάρχειν ὥραν ἢ παρεληλυθέναι τὴν ὥραν, ὅμοιός ἐστι τῷ λέγοντι πρὸς εὐδαιμονίαν ἢ μήπω παρεῖναι τὴν ὥραν ἢ μηκέτι εἶναι.»

"Nunca se protele o filosofar quando se é jovem, nem canse o fazê-lo quando se é velho, pois ninguém é jamais pouco maduro nem demasiado maduro para conquistar a saúde da alma. E quem diz que a hora de filosofar ainda não chegou ou já passou, assemelha-se ao que diz que ainda não chegou ou já passou a hora de ser feliz."

Epicuro, *Epístola a Meneceu,* 122

PRIMEIRA SEÇÃO

EPICURO E A FUNDAÇÃO DO "JARDIM"

«κενὸς ἐκείνου φιλοσόφου λόγος, ὑφ᾽οὗ μηδὲν πάθος ἀνθρώπου θεραπεύεται· ὥσπερ γὰρ ἰατρικῆς οὐδὲν ὄφελος μὴ τὰς νόσους τῶν σωμάτων ἐκβαλλούσης, οὕτως οὐδὲ φιλοσοφίας, εἰ μὴ τὸ τῆς ψυχῆς ἐκβάλλει πάθος.»

"É vazio o discurso do filósofo que não consiga curar alguma paixão do homem: assim como realmente a medicina em nada beneficia se não liberta dos males do corpo, assim também sucede com a filosofia, se não liberta das paixões da alma."

Epicuro (Usener, fr. 221)

Na p. 138 apresentamos um rosto de Epicuro tirado de uma herma bifronte, juntamente com Hermaco (ela aparece inteira na p. 232), conservada nos Museus Capitolinos de Roma. Aqui apresentamos a célebre cabeça de Epicuro que se encontra na Sala das Musas dos Museus Vaticanos.

I. GÊNESE E CARACTERÍSTICAS DO "JARDIM"

1. A polêmica de Epicuro contra Platão e Aristóteles

A primeira, em ordem cronológica, das grandes escolas helenísticas surgiu em Atenas nos fins do século IV a.C. (307/306 a.C.) por obra de Epicuro[1]. Para sermos exatos, a primeira escola já

1. Epicuro nasceu em Samos durante a Olimpíada 109, 3, isto é, em 341 a.C. (cf. Diógenes Laércio, X, 14). O pai, Neócles, era ateniense e fora para Samos como colono. Aos 18 anos Epicuro veio a Atenas para o *efebado* (algo que recorda, sob certos aspectos, o nosso serviço militar). Nessa época dirigia Xenócrates a Academia e Epicuro, provavelmente, "*Xenocraten audire potuit*" (Cícero, *De nat. deor.*, I, 26, 72). Antes de vir a Atenas, porém, Epicuro já se aproximara da filosofia e frequentara as lições de um platônico de nome Pânfilo (Diógenes Laércio, X, 14). Mas, certamente, o encontro decisivo deve ter sido com Nausífanes, filósofo atomista, que lhe abriu os horizontes de Demócrito, do qual falaremos posteriormente. Em seguida à expulsão dos colonos atenienses de Samos, Epicuro passou a Colofônia (Diógenes Laércio, X, 1) e depois a Mitilene e Lâmpsaco (Diógenes Laércio, X, 15). A nova visão da vida já devia estar clara para Epicuro em Mitilene e Lâmpsaco, onde ensinou por cinco anos (Diógenes Laércio, X, 15). Por volta de 307/306, Epicuro transferiu-se para Atenas (Diógenes Laércio, X, 1) e fundou o Jardim (do qual falaremos amplamente em seguida). Morreu na Olimpíada 127, 2, isto é, em 270 a.C. (Diógenes Laércio, X, 15). Epicuro foi escritor fecundíssimo. Diógenes Laércio diz que ele é autor de cerca de trezentos rolos (cf. em Diógenes Laércio, X, 26ss. os títulos das obras mais notáveis). Dessa imponente produção restou-nos pouco: três cartas (*A Meneceu, A Heródoto, a Pitocles*), uma antologia de sentenças (*Máximas capitais*), conservadas por Diógenes Laércio, uma segunda antologia de máximas (*Sentenças Vaticanas*), e vários fragmentos, alguns dos quais tirados dos papiros de Herculano.

Os fragmentos diretos e os testemunhos indiretos foram recolhidos e sistematizados pela primeira vez por H. Usener, *Epicurea*, Lípsia 1887 (reprodução anastática, Roma 1963). A edição Usener constitui-se ponto de referência para as citações. Os fragmentos ulteriores que vieram à luz, especialmente dos papiros de Herculano, podem ser encontrados na edição de G. Arrighetti, *Epicuro*, Turim 1960, 1973[2], com boa tradução, aparato crítico e notas. Uma tradução de alto nível dos fragmentos diretos é a de E. Bignone, *Epicuro, Opere, frammenti, testimonianze sulla vita*, Bari 1920 (reprodução anastática, Roma 1964), acompanhados de notas críticas de grande valor. A tradução completa dos *Epicurea* de Usener foi feita por Lidia Massa Positano (Pádua 1969). Recentemente todos os fragmentos e testemunhos foram retraduzidos (junto com os dos epicuristas Metrodoro, Hermarco, Colotes e Polistrato), com ampla introdu-

fora constituída, pelo menos no seu embrião, alguns anos antes, pois Epicuro ensinou em Colofônia, em Mitilene e em Lâmpsaco. E em Mitilene, sobretudo em Lâmpsaco, Epicuro reuniu os primeiros seguidores. De todo modo, foi a transferência da escola para Atenas (que ainda era a capital da cultura da Hélade) que assinalou o seu ingresso efetivo na vida espiritual da grecidade.

Essa transferência da escola de Epicuro para Atenas constituía, com relação às grandes escolas de Platão e Aristóteles, um verdadeiro ato de desafio, uma provocação e, até mesmo, o início de uma revolução espiritual, como veremos. Mas Epicuro compreendeu que tinha algo novo para dizer, algo que por si voltava-se para o futuro, enquanto as escolas de Platão e Aristóteles voltavam-se, então, quase exclusivamente para o passado: um passado que, por mais próximo que fosse, cronologicamente, dos novos acontecimentos, repentinamente tornou-se espiritualmente remoto.

Ademais, como vimos[2], a Academia e o Perípato estavam solapando os fundamentos sobre os quais foram construídos e, rapidamente, estavam obliterando a palavra dos seus fundadores, tanto no espírito como na letra. Por causa dessa crise das escolas tradicionais, criava-se objetivamente um vazio espiritual no qual podiam com facilidade inserir-se novas propostas alternativas que respondessem às novas necessidades dos novos tempos.

A aversão nutrida pelo nosso filósoso, seja por Platão, seja por Aristóteles foi radical e não conheceu meias medidas.

A aversão pelo platonismo nasceu em Epicuro, provavelmente, já no tempo da sua primeira passagem por Atenas, por ocasião do *efebado*[3], talvez até mesmo antes, quando, na nativa Samos, ouviu as lições do platônico Pânfilo[4]. Epicuro não podia concordar com Platão

---

ção e notas de comentário, por Margherita Isnardi Parente (*Opere di Epicuro*, Utet, Turim 1974). A essa tradução nos reportamos (às vezes com levíssimos retoques). Recordamos ao leitor que são de grande importância os volumes da coleção "La Scuola di Epicuro", publicados a partir de 1978 pelo "Istituto Italiano per gli Studi Filosofici" de Nápoles, pelo Editor Bibliopolis, os quais apresentam preciosos textos de Epicuro tirados dos papiros herculanenses.

2. Cf. *supra*, pp. 73ss. e 109ss.

3. Cf. *supra*, nota 1.

4. Cf. Diógenes Laércio, X, 14 (= Usener, p. 366).

em nenhuma das dimensões nas quais ele se moveu: na dimensão metafísica e gnosiológica, apoiada sobre o imaterial; na dimensão místico-religioso-teológica, toda centrada no suprassensível e no transcendente; na dimensão política, que idealizava a velha polis e os seus valores, e que a história estava destruindo inexoravelmente.

Epicuro alimentou a mesma aversão diante de Aristóteles, considerado por ele como seguidor de Platão e, substancialmente, platônico. Como demonstrou Ettore Bignone[5], de modo dificilmente contestável, Epicuro leu e meditou o Aristóteles exotérico, isto é, as obras (na maioria compostas em forma dialógica, imitando os diálogos platônicos) que o Estagirita escreveu e publicou sobretudo quando era discípulo da Academia, e que eram expressões de conceitos e, em geral, de um modo de pensar e sentir fortemente platônicos. As obras de escola de Aristóteles, as esotéricas, se não foram inteiramente desconhecidas para Epicuro, todavia não incidiram a fundo sobre o nosso filósofo, a despeito do que busquem demonstrar alguns estudiosos. É com o Aristóteles platônico, em todo caso, que Epicuro trava suas polêmicas mais vigorosas e radicais.

2. O repúdio da "segunda navegação"

As etapas da polêmica antiplatônica e antiaristotélica foram especificadas e reconstruídas pelos mais recentes estudos: ficou claro, com efeito, que todas as teses essenciais do epicurismo adquiriram o seu exato significado histórico e teorético justamente no contexto dessas polêmicas[6]. Mas o que aqui principalmente nos interessa desta-

---

5. E. Bignone, *L'Aristotele perduto e la formazione filosofica di Epicuro*, 2 vols., La Nuova Italia, Florença 1936 [1973²]. Esta é, certamente, a obra mais significativa sobre Epicuro publicada em nosso século, ponto de referência para uma exata compreensão do nosso filósofo.

6. Além do volume de Bignone citado na nota precedente, ver: Domenico Pesce, *Saggio su Epicuro*, Laterza, Bari 1974. Concordamos com as teses desse livro. Pessoalmente estamos convencidos de que Epicuro leu algumas partes (provavelmente pequenas) dos esotéricos de Aristóteles *só depois da fundação do Jardim*, ou seja, quando os traços essenciais da sua visão do mundo e da vida já estavam fixados. De fato, os traços dos esotéricos aristotélicos aparecem sobretudo no grande tratado *Sobre a Natureza* (em 37 livros), que é a *suma* que Epicuro compôs (ao que parece num arco

car é que Epicuro quer rejeitar, de modo drástico, o próprio fundamento sobre o qual se apoiam os imponentes edifícios especulativos de Platão e do primeiro Aristóteles, vale dizer, a "segunda navegação" com todos os êxitos a ela ligados.

Na célebre passagem do *Fédon* onde se esclarecem as razões que tornaram necessária a "segunda navegação" (da qual falamos amplamente no terceiro volume), Platão diz com clareza que o seu itinerário especulativo consiste na passagem das coisas às Ideias mediante os *logoi*, os *raciocínios*. As coisas não são conhecíveis através dos sentidos. De fato, eles "cegam a alma" e, portanto, longe de revelar-lhe as coisas, ocultam-nas. As coisas só se tornam inteligíveis se postulamos, *com os raciocínios*, a existência de Ideias metaempíricas: a razão do nascer, do perecer e do ser das coisas não está *nas* próprias coisas, mas numa causa metaempírica (a "verdadeira causa")[7]. Na *República*, em seguida, Platão explica, com todos os pormenores, as etapas necessárias dessa "longa estrada" que conduz do sensível ao inteligível: a alma separa-se gradualmente do sensível, primeiro, *mediante as ciências matemáticas* (matemática, geometria, astronomia, harmonia), as quais revelam através do sensível (as figuras geométricas, a visão dos astros e dos seus movimentos, os sons) a existência de entes, leis e proposições inteligíveis e, sucessivamente, *mediante a dialética*, a qual conduz à visão das Ideias em si e das suas recíprocas relações e, por fim, à visão da suprema Ideia, a Ideia do Bem[8].

Pois bem, Epicuro pretende arruinar essa imponente construção, contestando ponto por ponto todos os princípios que a sustentam.

Antes de tudo ele não só nega que a sensação esconda as coisas e confunda a alma, mas afirma que ela constitui *o mais sólido critério de verdade*, que só ela é sempre verdadeira, e, portanto, que "capta o ser" (como veremos amplamente no próximo capítulo). Os raciocínios e as demonstrações terminam no vazio porque procedem ao infinito e, portanto, afastam-nos sempre mais das coisas, ocultam-nas

---

de tempo muito amplo), para oferecer, na qualidade de mestre, uma sistematização completa e definitiva do seu pensamento.

7. Cf. o vol. III, pp. 49ss.
8. Cf. o vol. III, pp. 100s.

e nunca as desvelam. A platônica inferência metaempírica e a dialética que opera essa inferência são, portanto, decepcionantes: é preciso fixar-se nas coisas e nas suas "vozes" (as sensações). Relata Diógenes Laércio:

> [Os epicuristas] rejeitam a dialética como supérflua: dizem que aos físicos deve bastar o fixar-se nos *significados naturais* [em grego φθόγγους, que significa, literalmente, *sons, vozes*] das coisas[9].

Ademais, contra o específico processo diairético* da dialética platônica lemos na *Epístola a Heródoto*:

> Em primeiro lugar, ó Heródoto, é preciso ter bem claras as noções que correspondem aos vários termos, para poder, com relação a elas, julgar as opiniões, os problemas, os termos, as dúvidas, *de modo a não cair em confusão nas nossas demonstrações, indo ao infinito, e de modo a não ficar apenas com sons vazios.* O conceito fundamental que está atrás de cada palavra deve ser *imediatamente claro, e não deve ter necessidade de demonstração*, se é verdade que para cada objeto de pesquisa, para cada dúvida e para cada opinião devemos ter algo a que nos referir[10].

Não só a dialética, segundo Epicuro, mas também as ciências prescritas por Platão como etapas obrigatórias da "longa via" do ser, são decepcionantes. A geometria é "toda contrária à verdade", porque são "infundados os seus princípios"[11]. A astronomia é "vã"[12]. A música é "inútil" e até mesmo "danosa"[13].

Rejeitando a "segunda navegação" e eliminando o suprassensível, não restava a Epicuro senão a pré-socrática *physis*, a qual, porém, assumia novo significado. Os pré-socráticos não tinham determinado a *physis* com base nas categorias sensível-suprassensível, material-imaterial, corpóreo-incorpóreo, exatamente porque elas só nascem com

---

9. Diógenes Laércio, X, 31 (= Usener, fr. 36). Nessa passagem, Epicuro polemiza com as afirmações de Platão, *Fédon*, 99 c ss., como demonstrou-o muito bem D. Pesce (*Saggio su Epicuro*, pp. 12ss).

* Processo diairético significa processo de divisão. (N. do T.)

10. *Epístola a Heródoto*, 37s (cf. Pesce, *Saggio su Epicuro*, pp. 9-12).

11. Cf. Cícero, *Acad. pr.*, II, 33, 106; Proclo, *In Eucl. I elem. libr.*, 55, p. 199, 9 Friedlein (= Usener, fr. 229 a).

12. *Epístola a Pitocles*, 113.

13. Cf. Sexto Empírico, *Contra os matem.*, VI, 27 (= Usener, fr. 229 b).

a "segunda navegação". Mas depois de Platão e Aristóteles, a determinação da realidade em função dessas categorias torna-se necessária, quer se condivida ou não as soluções platônicas e aristotélicas[14]. Assim, a visão da *physis*, da realidade, proposta por Epicuro, torna-se um verdadeiro "materialismo", *graças à negação clara e explícita do suprassensível, do incorpóreo e do imaterial.* Epicuro é, em certo sentido, o primeiro materialista que formulou de modo teoricamente consciente o próprio materialismo. Com efeito, os pré-socráticos, que, como dissemos, ignoravam a dimensão imaterial do ser, não podiam negar o que ignoravam (o materialismo só é tal *se nega expressamente a existência de outra realidade além da material*); os socráticos menores pararam a meio caminho, pois negaram a existência das Ideias platônicas e fizeram genéricas afirmações de sabor materialista, mas sem tirar todas as devidas consequências e sem explicitar as suas implicações, porque estavam quase todos interessados somente no discurso ético, desenvolvido de maneira um tanto unilateral.

3. A retomada do atomismo e das categorias eleáticas

Epicuro, na verdade, não cria uma nova ontologia: para exprimir a própria visão materialista da realidade de maneira positiva (ou seja, não negando simplesmente a tese platônico-aristotélica), ele remonta a conceitos e figuras teoréticas já elaboradas, exatamente no âmbito da filosofia pré-socrática. Dentre as perspectivas pré-socráticas, era quase inevitável que Epicuro escolhesse a dos atomistas, justamente porque esta, *depois* da "segunda navegação" platônica, resultava, sem dúvida, a mais materialista de todas.

As nossas fontes informam que Epicuro aprendeu as doutrinas do átomo de Nausífanes[15], a quem ouviu em Teos, próxima a Colofônia, ao que parece por quatro anos (de Nausífanes conheceu também o novo discurso cético que Pirro difundia, dado que Nausífanes foi

14. Cf. o vol. III, pp. 49ss.

15. Ver os testemunhos e fragmentos que nos restaram de Nausífane em Diels-Kranz, vol. II, 75, pp. 246-250. Sobre o pensamento de Nausífane cf. Nestle in Zeller, *Die Philosophie der Griechen*, I, 2, pp. 1191s. (acréscimo à nota 3).

ouvinte de Pirro)[16]. Todavia, profundamente convicto das novidades éticas que vinha elaborando e ensinando aos gregos, Epicuro negou a Nausífanes qualquer dívida de reconhecimento, assim como a todos os outros filósofos com os quais teve relações diretas ou indiretas[17]. Evidentemente, nisso ele errou: o sentido daquelas novidades das quais sentia-se portador escondeu a verdade; de fato, se a visão da vida proposta por ele foi sua autêntica criação, não o foram, ao invés, nem as motivações teóricas com as quais buscou sustentá-la nem a visão "física" do universo na qual situou a sua visão da vida, que repetem os módulos do atomismo, com poucas novidades e variações, como veremos, entre as quais a de maior importância consiste na lúcida consciência materialista com a qual são novamente utilizados aqueles módulos, como já acenamos.

Mas o atomismo, como vimos no primeiro volume[18], é uma precisa resposta às aporias levantadas pelo eleatismo, uma tentativa de mediar as instâncias opostas do *lógos* eleático, de um lado, e da experiência, do outro. Na lógica do atomismo entrou grande parte da lógica eleática (Leucipo, o primeiro atomista, foi discípulo de Melisso[19] e, em geral, o atomismo foi, entre as propostas pluralistas, a mais rigorosamente eleática). Por consequência, era inevitável que ela passasse também a Epicuro, como recentemente foi demonstrado de modo preciso[20]. E assim veremos que, amiúde, mais do que os cânones da lógica expressamente elaborada por Epicuro (da qual falaremos no próximo capítulo), resultam determinantes os cânones da lógica eleática e, em particular, a lógica do *terceiro excluído*, fundada neste paradigma: o ser é, o não-ser não é, e *tertium non datur*. Portanto, não só ouviremos ressoar na ontologia as típicas afirmações eleáticas que "nada deriva de nada", que "nada se dissolve no nada", que o ser é todo homogêneo, "todo igual a si mesmo", mas veremos prolongar-se igualmente na canônica e na ética esse típico modo de

16. Cf. Diógenes Laércio, IX, 64 (= Diels-Kranz, 75 A 2); IX, 69 (= Diels-Kranz, 75 A 3); cf. também Sêneca, *Epist.* 88, 43 (= Diels-Kranz, 75 B 4).

17. Cf. Cícero, *De nat. deor.*, I, 26, 72 (= Usener, *Epicurea*, fr. 233); *Ibid.*, I, 33, 93 (= Usener, *Epicurea*, fr. 235).

18. Cf. vol. I, pp. 151ss.

19. Cf. Reale, *Melisso*, pp. 18, 21, 278ss.

20. Pesce, *Saggio su Epicuro*, *passim*.

raciocinar que não admite "intermédio", não só entre os contraditórios, mas também entre os contrários.

4. As relações entre Epicuro, Sócrates e os socráticos menores

Dissemos acima que uma das características da filosofia da era helenística é o retorno a Sócrates e ao socratismo[21]. Já em Epicuro isso é bem evidente, não só na decidida primazia dada aos problemas éticos em geral, mas também na específica concepção da filosofia como aquela que deve prover à "saúde da alma", como se verifica claramente na *Epístola a Meneceu*[22] e, ainda melhor, no seguinte testemunho:

> É vazio o discurso do filósofo que não consiga *curar alguma paixão do homem*: assim como realmente a medicina em nada beneficia se não liberta dos males do corpo, assim também sucede com a filosofia, se não liberta das paixões da alma[23].

Veremos, ademais, como o próprio "intelectualismo socrático" volta a desempenhar um papel muito importante e como são reafirmados até mesmo os "paradoxos" desse intelectualismo.

Naturalmente a mensagem de Sócrates age através do filtro do materialismo. Com efeito, Epicuro não pode mais dar à *psyché* o valor e a primazia dadas por Sócrates, pois o seu materialismo impõe a concepção da alma e do corpo como *homogêneos por natureza* (ambos são feitos de átomos materiais)[24].

Entre os socráticos menores, agiram sobre a formação da filosofia epicurista, em primeiro lugar, os cirenaicos com a sua doutrina do prazer, a qual, como veremos, junto com a lógica eleática, será repensada a fundo e radicalmente reformada. Em segundo lugar, exerceram um preciso influxo também os cínicos: a eliminação das necessidades supérfluas e induzidas pela sociedade e a redução das necessidades elementares àquelas cuja satisfação é indispensável para a so-

---

21. Cf. *supra*, pp. 12ss.
22. Cf. *Epístola a Meneceu*, 122.
23. Porfírio, *Ad Marcellam*, 31, p. 297, 7ss. Nauck² (= Usener, fr. 221).
24. Cf. *infra*, pp. 191ss.

brevivência, a recusa de participar na vida política e a autarquia são, de fato, temas cínicos que, embora com novo colorido, desempenham um papel essencial no sistema epicurista.

Epicuro diferencia-se nitidamente de Sócrates (e dos socráticos) na concepção da filosofia como "sistema", como expressão de *dogmas* sistematicamente deduzidos e justificados e não de simples instâncias e de problemas:

> O sábio [...] ensinará doutrinas dogmáticas e não falará por aporias[25].

É justamente por isso que Epicuro elabora uma "canônica" e, sobretudo, uma "física", para dar à ética uma fundação não só antropológica, mas também ontológica, *porque uma visão do homem só pode justificar-se verdadeiramente em função de uma concepção do cosmo e do ser, do qual o homem é parte.*

5. O papel predominante da ética

Enfim, para uma exata situação histórica e teorética do pensamento de Epicuro, fica ainda um ponto essencial a ser destacado. Os pré-socráticos só conheceram a filosofia como cosmologia e como ontologia, ignorando a ética; Sócrates e os socráticos rejeitaram a cosmologia e a ontologia e reduziram a filosofia unicamente à ética, à doutrina da sabedoria; com Platão e Aristóteles, a ontologia (que se torna metafísica) voltou a ser momento essencial da filosofia e sobre ela foi fundada a ética: a superioridade da ontologia (da doutrina que explica as causas de todas as realidades) sobre a ética é claríssima em Platão e é afirmada em nível temático com Aristóteles. Pois bem, Epicuro, enquanto reafirma a necessidade da ontologia como fundamento da ética, *inverte a hierarquia platônico-aristotélica e declara a ética superior à física* (à ontologia). À ciência e à *sophia* superpõe-se a *phrónesis*, a sabedoria. Lemos na *Epístola a Meneceu:*

> A sabedoria mostra-se ainda mais apreciável que a filosofia [= a ciência], pois dela provêm todas as outras virtudes, enquanto ensina-nos que não

25. Diógenes Laércio, X, 121 b (= Usener, p. xxx, 46).

é possível viver prazerosamente senão vivendo sabiamente e bem e de maneira justa, <e, ao contrário, que não é possível viver sabiamente e bem e de maneira justa> senão também vivendo prazerosamente[26].

O problema da vida torna-se, para Epicuro, o problema por excelência: todo o resto orienta-se para sua solução. Ademais, a Epicuro não interessa apenas a solução teorética do problema, mas também a realização da ética. Em certos textos, Epicuro parece sobretudo preocupado com essa *realização,* especialmente quando se dirige aos discípulos. Domenico Pesce esclarece de maneira exata essa singular posição de Epicuro: "[...] a função exclusivamente [melhor seria, talvez, dizer: prioritariamente] prática de toda a filosofia leva a essas consequências. No que concerne à ética, trata-se de pô-la em prática, na medida em que a validez da doutrina será imediatamente verificada pela experiência da vida vivida, enquanto, no que concerne à física, uma vez que esta, diferentemente da ética, tem função mais negativa de libertação que positiva de promoção, não haverá qualquer necessidade de possuir a doutrina, conhecer a efetiva explicação dos vários fenômenos, *mas bastará saber que tal explicação existe.* Daí o caráter singular da περὶ φύσεως de Epicuro e a relação particularíssima que se instaura entre o mestre e os discípulos. *A suma do saber deve existir*, porque somente nela se dá a prova de que os princípios da doutrina e o esquema geral da interpretação dos fenômenos (a ontologia e a gnosiologia) funcionam perfeitamente sem qualquer exceção, mas não é de modo algum necessário que o discípulo a percorra inteiramente, bastando, para convencer-se, o estudo de algum *excerptum* ou de um compêndio ou, no máximo, a simples confiança de quem sabe menos em quem sabe mais do que ele"[27].

A forte tendência da filosofia epicurista a tornar-se, antes, a afirmar-se como uma fé e até mesmo como uma religião leiga, já fica evidente a partir do que dissemos, e as ulteriores observações que faremos esclarecerão as motivações internas dessa tendência.

26. *Epístola a Meneceu*, 132.
27. Pesce, *Saggio su Epicuro*, p. 18.

6. As finalidades do "Jardim" e a sua novidade

Apesar das numerosas diferenças que as distinguem entre si, as filosofias morais de Sócrates, de Platão e de Aristóteles têm como fundo comum a polis e o *ethos* que a caracteriza. Todas as vozes de dissenso que se levantaram contra o *ethos* da polis, desde os sofistas até os socráticos menores, por mais radicais e audazes que tenham sido ou parecido ser, supunham, em todo caso, uma ordem ideológica e social ainda solidamente sustentada pela vitalidade da polis grega; as afirmações de cosmopolitismo dos socráticos menores têm um significado particular enquanto, como sabemos, eles são homens de origem não grega ou semigrega, aos quais, portanto, era totalmente ou em parte estranho aquele *ethos*. Epicuro vive e pensa numa época em que a polis, o seu *ethos* e a sua escala de valores foram postos em crise pela revolução de Alexandre; além disso, sendo de sangue grego, mais ainda, de origem ateniense, compreende perfeitamente o sentido trágico daquele vazio espiritual que se formou e pretende preenchê-lo, propondo exatamente um novo *ethos* que rompe com o passado, agora morto e impossível de ser ressuscitado para uma nova vida.

O novo *ethos*, contrariamente ao tradicional enraizado na polis, funda-se sobre o *homem individual*, o *homem privado*: é o *ethos do indivíduo*. Sócrates, Platão e Aristóteles ensinavam a "virtude política", vale dizer, a virtude que aperfeiçoava *o homem como cidadão,* pressupondo que *o homem enquanto tal coincidisse com o cidadão* (homem = cidadão). A nova virtude que Epicuro ensina é a *virtude do homem privado*, a que aperfeiçoa *o homem como indivíduo*, ou seja, o homem considerado em si, fora da convivência num Estado. Epicuro contesta definitivamente a identificação do homem com o cidadão; antes, condena a política como "inútil afã" e proclama a validez e a excelência do "viver escondido", separado e longe do tumulto da política[28].

Nesse contexto deve ser entendida, a nosso ver, a aversão de Epicuro a toda a cultura tradicional. A aversão epicurista à ciência, como vimos, tem significado antiplatônico (antimetafísico), enquanto

---

28. Ver *infra*, pp. 221ss.

a aversão à poesia[29] e à retórica[30] é motivada pelo fato de estarem, uma e outra, ligadas aos *valores cívicos* postos em crise pela destruição da polis. A verdadeira anticultura é a dos cínicos, mas a atitude dos epicuristas exprime, na realidade, mais do que uma aversão à cultura enquanto tal, sobretudo uma contestação dos valores dos quais a cultura tradicional era portadora. Só assim explica-se que Epicuro tenha, ao mesmo tempo, combatido a cultura tradicional e escrito trezentas obras e, em particular, um monumental tratado *Sobre a natureza* composto de trinta e sete livros.

Até a escolha do lugar onde surgiu a escola é expressão dessa revolucionária novidade. Sócrates ensinou nas praças e nos ginásios, onde os homens livres se encontravam; em ginásios Platão e Aristóteles fundaram as suas escolas. Epicuro escolhe um lugar totalmente inusual: um edifício com um jardim, melhor dizendo, com um horto, nos subúrbios de Atenas. O Jardim estava longe do tumulto da vida "política" e próximo ao silêncio do campo. No Jardim gozava-se da paz da natureza, admirava-se a paisagem dos campos e das árvores, que a Sócrates e a Platão não dizia nada[31], mas que para a nova sensibilidade helenística era de grande importância. Daí o nome de "Jardim" passou a indicar a escola e a expressão "os do Jardim" foi usada para designar os epicuristas.

O discurso proveniente do Jardim pode ser resumido em poucas proposições gerais: 1) a realidade é perfeitamente penetrável e conhecível pela inteligência do homem; 2) nas dimensões do real há espaço para a felicidade do homem; 3) a felicidade é ausência de dor e de perturbação, é paz do espírito; 4) para alcançar essa felicidade e essa paz o homem só precisa de si mesmo; 5) não lhe servem, portanto, a Cidade, as instituições, a nobreza, as riquezas, todas as coisas e nem mesmo os Deuses: o homem é perfeitamente autárquico.

É claro que, diante dessa mensagem, todos os homens tornam-se iguais, porque todos aspiram à paz do espírito, todos têm esse direito e todos podem alcançá-la, se querem. Consequentemente, o Jardim quis abrir suas portas a todos: a nobres e não nobres, a livres e não

29. Cf. Usener, frs. 227, 228, 229.

30. Cf. Usener, frs. 46-55.

31. Cf. *Fedro*, 230 d.

livres, a homens e mulheres e, por fim, a prostitutas em busca de redenção.

O novo discurso proveniente do Jardim era, pois, original no seu espírito informador, na cifra espiritual que o caracterizava: ele não constituía um movimento da moda, com uma atração puramente ou prioritariamente intelectual, mas antes, era o apelo a um modo de vida verdadeiramente inusitado[32]. Há em Epicuro vários traços que relembram a figura do profeta e do santo[33]. Inspirando-se grandemente em Bignone, escreve justamente Farrington: "O Jardim era uma base de treinamento para os missionários, e a Casa era o centro de uma intensa propaganda. Os fragmentos que restaram informam-nos sobre a difusão do movimento já durante a vida do fundador. Temos notícias de cartas 'aos amigos de Lâmpsaco', 'aos amigos do Egito', 'aos amigos da Ásia', 'aos filósofos de Mitilene'. Na sua literatura epistolar dirigida às suas comunidades espalhadas pelo Oriente, Epicuro parece ser o precursor de São Paulo"[34].

Epicuro viu muito longe; se os contemporâneos acolheram com suspeitas as suas ideias, o tempo lhe deu razão e a sua filosofia sobreviveu a todas as outras criadas na sua época. Escreve Bignone: "E mais do que qualquer outra, ela [a filosofia epicurista] resiste, no ruir do mundo antigo, porque mais do que qualquer outra, mantém firme as duas crenças que no mundo antigo são as razões íntimas da vida: a fé no real e no conhecimento, e a fé na conquista da felicidade. Quando conseguir vencer a ânsia pelo sobrenatural, quando a realidade mundana parecer ilusão e erro, e o verdadeiro conhecimento não for mais uma busca nos caminhos da experiência, mas apocalipse místico e religioso (onde parecerá inútil o próprio trabalho para conhecer aquilo que jamais poderemos aprender no mundo, e que nos será um dia revelado), quando a própria existência mundana for irre-

---

32. Cf. B. Farrington, *The Faith of Epicurus*, Londres 1967; trad. italiana de F. Cardelli com o título: *Che cosa ha veramente detto Epicuro*, Roma 1967, p. 19.

33. Observa Farrington (*Che cosa...*, p. 18): "[Epicuro] era mais um profeta do que um filósofo, mais um santo do que um profeta. A instituição do Jardim foi a sua resposta aos males do mundo. A sua autoridade espiritual mostra-se no fato de ter levado consigo os irmãos, como o fez, por exemplo, São Bernardo de Claraval, que levou consigo para a vida monástica toda a família".

34. Farrington, *Che cosa...*, p. 141; cf. Bignone, *L'Aristotele perduto...*, I, p. 137.

mediavelmente condenada, e não se aspirar a outra coisa senão a exilar-se dela o mais depressa possível, então a filosofia de Epicuro desaparecerá, como todas as realidades iluminadas pelo sol do mundo antigo. Mas até então, enquanto restar no homem clássico a esperança de vencer, de encontrar em si, contando só com suas forças, a saúde da alma e a razão da vida, Epicuro, esse médico de espíritos, mostrar-se-á ainda [...] um 'salvador', e a escola será a última a combater por essas crenças"[35].

Vejamos agora, pormenorizadamente, as novas doutrinas do Jardim na sua divisão de *canônica, física* e *ética.*

35. Bignone, *L'Aristotele perduto...*, I, p. 111. (As expressões um tanto enfáticas podem parecer desagradáveis, mas era esse o estilo próprio de Bignone, em todos os seus livros).

II. A CANÔNICA EPICURISTA

1. A "canônica" como determinação dos critérios de verdade

Vimos, no quarto volume, o significado da lógica aristotélica: ela assinalou, substancialmente, o momento do amadurecimento completo do *lógos* filosófico, ou seja, o momento no qual o *lógos*, depois de ter problematizado tudo o que é objeto de pensamento, problematizou a si próprio, os seus procedimentos, as condições e as regras gerais que o determinam. Portanto, a lógica aristotélica constituiu a primeira grandiosa tentativa, na história espiritual do Ocidente, de determinar as formas que estruturalmente sustentam e determinam o pensamento humano, a primeira tentativa de explicar em geral como raciocina a mente humana. Assim o Estagirita estabeleceu os elementos primeiros do pensar e do raciocinar (as categorias), a mais elementar conexão desses elementos (o juízo, a proposição), o raciocinar enquanto tal (o silogismo), os tipos de raciocínio possíveis, os que são válidos e os não válidos, os silogismos dialéticos e os paralogismos sofísticos, os procedimentos dedutivos e os indutivos, o seu alcance, o seu limite e as suas condições[1].

Ora, o Jardim de Epicuro não só perde quase totalmente os resultados e as aquisições desse grandioso conjunto, mas perde até mesmo o próprio sentido da problemática lógica aristotélica[2]. Cícero notava justamente:

> Já na outra parte da filosofia, a que diz respeito à arte de discorrer e que se chama 'lógica', esse vosso Epicuro parece-me ser absolutamente desprovido e inerme. Abole as definições, não ensina nada sobre a divisão e a articulação, não ensina como se constitui e se conclui o raciocínio, e como se resolvem os sofismas e como se discerne a ambiguidade dos discursos [...][3].

---

1. Cf. o vol. IV, pp. 141ss.

2. Na verdade, é muito provável que os escritos lógicos de Aristóteles tenham permanecido, se não totalmente, pelo menos em parte desconhecidos a Epicuro, assim como grande parte dos esotéricos aristotélicos, como já recordamos.

3. Cícero, *De fin.*, I, 7, 22 (= Usener, fr. 243, p. 178, 22ss.).

Com efeito, Epicuro ocupou-se de lógica somente com a finalidade de estabelecer os critérios e os cânones basilares que nos permitem alcançar a verdade e a certeza, como já notaram os antigos:

> Os epicuristas transferem a lógica para longe do campo que lhe é próprio, porque em primeiro lugar indagam sobre a canônica do juízo, fazendo dela um preceituário aplicado seja às evidências, seja ao que não cai sob os sentidos, e a tudo o que se segue a isso[4].

Em suma, os epicuristas reduziram a sua lógica a uma espécie de crítica do conhecimento, e esta a alguns princípios muito elementares que, depois de Aristóteles, soam como extremamente simples e, em parte, até grosseiros. De resto, o termo "canônica", com o qual Epicuro designou a sua lógica, exprime de maneira muito eficaz o significado que ele lhe atribuía[5]. Portanto, explica-se por que Epicuro e os epicuristas não reconheciam à lógica qualquer valor autônomo e juntavam-na à física, considerando-a quase como uma introdução a esta. Com efeito, a canônica epicurista desenvolveu-se apenas como propedêutica à física e à ética, e pode ser corretamente considerada como o momento metodológico delas. (De resto, como já acenamos e como veremos melhor mais adiante, também a física de Epicuro não tem valor autônomo, mas é essencialmente finalizada à ética: ela é desenvolvida somente na medida em que serve para determinar os fundamentos ontológicos da ética.)

2. A sensação e sua validade absoluta

Epicuro, no seu *Cânon*, afirmava que os critérios da verdade são três: as *sensações*, as *prolepses* e os *sentimentos*.

Como primeiro critério fundamental ele punha a sensação (*aísthesis*). Contra todas as tendências (desde os sofistas ao incipiente ceticismo) que afirmaram ou continuavam ainda afirmando o caráter subjetivo e relativizante da sensação e, portanto, a sua aleatoriedade

---

4. Sexto Empírico, *Contra os matem.*, VII, 22 (= Usener, fr. 242, p. 177, 24ss.).

5. O tratado epicurista de lógica intitulava-se *Do critério ou cânon* (cf. Diógenes Laércio, X, 27; cf. Usener, pp. 104s.).

do ponto de vista da certeza e da validade, Epicuro reivindicava com a mais extremada energia a certeza e a validade objetiva da sensação, que ele proclamava ser até mesmo absoluta. Eis algumas significativas afirmações:

Se recusares todas as sensações, não terás mais possibilidade de recorrer a nenhum critério para julgar as que, entre elas, consideras falsas[6].

Se recusares uma sensação sem distinguir bem entre o que se deve à opinião, o que espera confirmação, o que está evidentemente presente com base na sensação e na afecção, ou nalgum ato de intuição representativa da mente, acabarás por confundir também as outras sensações com a vã opinião, e não conseguirás mais usar nenhum critério de juízo [...][7].

E note-se: para Epicuro, as sensações são *sempre* e *todas* verdadeiras, *sem exceção*. De fato, dizia ele, se *um só* dos sentidos, mesmo *uma única vez*, nos enganasse, então não se poderia mais dar fé *a nenhum* dos sentidos e desabaria a validade da sensação como tal. Relata Cícero:

Nesse sentido, Epicuro chega a dizer que se uma sensação uma única vez na vida induzisse a erro, não teríamos mais possibilidade de crer em nenhuma sensação[8].

Epicuro temia que se uma sensação se revelasse mentirosa, nenhuma outra poderia mais ser dita verdadeira. E chamava os sentidos 'núncios do verdadeiro'[9].

Os argumentos sobre os quais Epicuro fundava essas asserções foram-nos transmitidos por Sexto Empírico e por Diógenes Laércio, e devemos referi-los, porque revelam de modo eficaz a peculiaridade do seu "dogmatismo".

Em primeiro lugar, a sensação, enquanto *afecção* e, portanto, passiva, não se produz por si, mas deve ser produzida por alguma coisa da qual é o efeito; e, se é produzida por alguma coisa, deve ser também correspondente a ela. Como as afecções de prazer e dor são

6. *Máximas capitais*, 23.
7. *Máximas capitais*, 24.
8. Cícero, *Acad. pr.*, II, 25, 79 (= Usener, fr. 251).
9. Cícero, *De nat. deor.*, I, 25, 70 (= Usener, fr. 251).

produzidas por alguma coisa e correspondem a ela (é impossível que o que produz dor, se e na medida em que a produz, não seja doloroso, e o que produz prazer, se e na medida em que o produz, não seja aprazível), assim ocorre com qualquer outra sensação: é necessário não só que subsista o objeto que a produz, mas que corresponda também à sensação que produz.

Em segundo lugar (e isso constitui indubitavelmente o argumento principal), a sensação é objetiva e verdadeira porque, em última análise, é produzida e, portanto, garantida *pela própria estrutura atômica da realidade*. De fato, como veremos adiante, de todas as coisas emanam complexos de átomos, que constituem *imagens* ou *simulacros* (*eídola*) das mesmas, e as sensações são produzidas pela penetração de tais simulacros em nós. Justamente por esse motivo a objetividade das sensações é absoluta, porque elas podem produzir-se somente se, quando e do modo como os simulacros entram em nós. As que podem ser consideradas ilusões dos sentidos (como a diferente forma de um objeto à distância ou o enfraquecimento ou a deformação do som à distância) são, ao contrário, registros objetivos e reproduções dos simulacros como efetivamente eles são. Afastando-se das coisas, os simulacros alteram-se, e a sensação revela-os sempre e somente do modo como eles alcançam os sentidos: o simulacro do objeto próximo é efetivamente diferente do simulacro do objeto distante, de modo que aquilo que, segundo alguns, é um engano dos sentidos é, ao invés, uma prova da sua objetividade. (O erro só pode ser da *opinião*, que pode intervir e *julgar erradamente sobre a sensação*).

Eis o célebre testemunho de Sexto Empírico no qual estão contidos estes argumentos:

> Epicuro, das duas coisas estreitamente unidas entre si, que são a representação e a opinião, *diz que a representação, chamada também evidência, é em qualquer caso verdadeira.* Assim como as afecções primárias, o prazer e a dor, derivam de alguma coisa que as produz e são correspondentes a ela, ou seja, o prazer do que é aprazível, a dor do que é doloroso, e não é possível que o que produz a dor não seja doloroso, mas necessariamente, por sua natureza, uma e outra coisa devem ser tais, da mesma maneira, *também com as afecções próprias a nós, que são as representações, é necessário que em*

qualquer caso subsista o objeto da própria representação que a produz, e esse objeto não poderia causar a representação daquela forma determinada se não fosse em tudo e por tudo tal como nos aparece. O mesmo se pode arguir a respeito de todas as outras representações tomadas singularmente. O objeto da visão não só dá lugar a esta, mas é tal como a ela aparece; o objeto da audição não só dá lugar a esta, mas é tal como a ela se apresenta, na sua verdadeira realidade; e assim para todos os outros conhecimentos. Todas as representações, portanto, são verdadeiras, e com razão. De fato, raciocinam os epicuristas, se uma representação pode ser dita verdadeira quando provém de algo que subsiste efetivamente e quando corresponde ao que subsiste de fato, e, com efeito, toda representação provém de alguma coisa realmente subsistente e a ela corresponde, segue-se daí necessariamente que toda sensação é verdadeira. Mas acontece que alguns são levados ao engano pela diferença existente entre as representações que aparecem como derivadas do mesmo objeto dos sentidos; por exemplo, do objeto da vista, pelo qual ele aparece às vezes ou de outra cor ou de outra forma ou diferente nalgum outro modo; e assim são induzidos a afirmar que, dessas representações tão diferentes ou até mesmo contrastantes entre si, algumas devem ser verdadeiras e outras, ao contrário, falsas. Ora, isso é ingênuo, e é característico de quem não consegue captar a verdadeira natureza das coisas. Por exemplo, para nos fixarmos apenas nas representações visivas, não é todo o corpo sólido que é visível, mas só a sua superfície colorida. E quanto à cor, uma parte pertence ao próprio corpo, como acontece quando a observação é feita de perto ou de pequena distância; parte está fora dele e situada no espaço que o circunda, como acontece quando olhamos o corpo de grande distância; este, movendo-se no espaço interposto e assumindo uma configuração própria, *é para nós causa de uma representação que corresponde ao que ele é na sua efetiva realidade.* E assim como não se adverte o som da voz nem dentro do bronze golpeado nem na boca daquele que grita, mas só quando chega à nossa sensação, e ninguém diz que é falsa a sensação da voz enfraquecida pela distância, assim não se poderia dizer que é falsa a visão de uma torre que, por causa da grande distância, nos pareça pequena e redonda, enquanto de perto é grande e quadrada, mas dever-se-á dizer, ao contrário, *que é verdadeira porque quando o objeto da sensação se lhe aparece pequeno ou de uma determinada forma, ele é na realidade assim, pelo fato de os contornos dos simulacros terem sofrido uma alteração, por causa da passagem através do ar*; e quando aparece grande e de outra forma, também é assim na realidade. Não que nos dois casos o objeto seja igual; de fato, é próprio da opinião errada considerar que o objeto percebido de perto e de longe seja exatamente o mesmo. *A sensação deve limitar-se a captar o que está presente e a move,* como a cor, por exemplo; ela não deve julgar se uma coisa é o objeto em certo lugar, outra o objeto em outro. *Por isso as representações são todas verdadeiras*[10].

Um terceiro argumento nos é relatado por Diógenes Laércio. A sensação, dizia Epicuro, é *a-racional* e *desprovida de memória, não se autoproduz, mas é produzida por outro*; assim sendo, ela não tem condições de tirar de si nem de se dar o que quer que seja, mas, exatamente por ser assim, ela é objetiva (não é de modo algum manipulada pela atividade do sujeito). A sensação é, portanto, irrefutável, porque não se lhe pode opor nada: *a*) nem outra sensação homogênea, porque tem o mesmo valor; *b*) nem uma heterogênea, porque se refere a um objeto diferente; *c*) nem a razão, porque esta depende da sensação e não vice-versa:

> Toda sensação, diz ele, é irracional e não participa da memória; não se produz a si mesma nem, produzida por outra coisa, é capaz de tirar-lhe ou acrescentar-lhe algo. Nada existe que possa refutar a sensação: uma sensação homogênea não pode refutar a outra porque ambas têm o mesmo valor, nem o pode uma heterogênea, porque o seu juízo não verte sobre o mesmo objeto; nem o raciocínio, porque todo raciocínio depende das sensações; nem enfim uma sensação pode refutar outra, porque estamos ligados a todas. O simples fato de existir a sensação é garantia da veracidade dos sentidos. É um fato real que nós vemos e ouvimos, como é real que sofremos[11].

Foi observado com precisão que, nessas afirmações, Epicuro revoluciona exatamente a posição de Platão[12]. Este, com efeito, desvalorizava a sensação exatamente por ser *a-racional*, ou seja, incapaz de dar conta de si mesma e, portanto, degradava-a ao nível de crença cega (*pistis*)[13]. Epicuro sustenta, ao invés, que o caráter de a-racionalidade e passividade da sensação constitui a melhor garantia do fato de ser pura reprodução de dados não modificados e, justamente por isso, a declara absolutamente verdadeira. Portanto, com razão conclui aquele estudioso: "Caráter imediato, passividade, limitação ao presente [e, podemos acrescentar, a-racionalidade], numa palavra, o caráter de puro registro da sensação, fazem que todas as sensações

10. Sexto Empírico, *Contra os matem.*, VII, 203-210 (= Usener, fr. 247).
11. Diógenes Laércio, X, 31s (= Usener, fr. 36).
12. Cf. Pesce, *Saggio su Epicuro*, pp. 24ss.; 31ss.
13. Cf. vol. III, pp. 75ss.

possuam necessariamente o mesmo valor de verdade. Eis por que duvidar de uma equivale a duvidar de todas, declarar falsa uma significa afirmar que todas são falsas. Estamos, assim, [...] diante de um esquema eleático que encontraremos em seguida em todas as partes do sistema: ou o dogmatismo ou o ceticismo, *tertium non datur*"[14].

3. As "prolepses" ou "antecipações" e a linguagem

Como segundo critério da verdade, Epicuro punha as assim chamadas *prolepses* (προλήψεις), ou *antecipações* ou *pré-noções*, que não são mais que representações mentais das coisas e, podemos dizer, o correspondente sensitivo do conceito ou, melhor ainda, aquilo a que o sensismo epicurista reduz o universal conceitual. Os epicuristas, relata-nos Diógenes Laércio, designam a prolepse da seguinte maneira:

> Dizem que a antecipação [prolepse] é uma capacidade de aprender ou uma ideia geral inata em nós, que não é senão a memória daquilo que frequentemente nos é mostrado de fora[15].

As últimas palavras são as mais indicativas: as prolepses não são mais que as imagens das coisas nascidas das percepções e formadas através da repetição das mesmas percepções, e a sua conservação na memória. Elas são chamadas prolepses, isto é, antecipações ou pré-noções, pelos seguintes motivos. Uma vez que, através das sensações, se tenham formado em nós as imagens das coisas do modo como foi descrito acima, essas podem ser chamadas à mente em qualquer momento, porque permanecem na mente como "selo" (τύπος) das sensações passadas[16], e assim permitem-nos conhecer antecipadamen-

---

14. Pesce, *Saggio su Epicuro,* p. 26.

15. Diógenes Laércio, X, 33 (= Usener, fr. 255).

16. Cf. Diógenes Laércio, X, 33 (= Usener, fr. 255, p. 188,8). Esta interpretação "empirista" da prolepse, apresentada por Diógenes Laércio, foi, na verdade, vivamente discutida e contestada já a partir do século passado por P. Natorp (*Forschungen zur Geschichte des Erkenntnisproblems im Altertum*, Berlim 1884 [Hildescheim 1965²], pp. 234ss.), o qual, encontra nela elementos apriorísticos. Recentemente N. W. De Witt, *Epicurus and his Philosophy*, Minneapolis 1954 [1964²]) interpretou a prolepse como o *correspondente materialista da anamnese platônica* e sustentou, consequentemente, que o inatismo é "parte do núcleo essencial da sua doutrina". Também Isnardi

te tanto as formas como os caracteres próprios das coisas, sem que seja necessário tê-las diante de nós e percebê-las atualmente. Dito de outro modo, antecipamos os caracteres e as formas que as coisas nos manifestarão quando, através da sensação, encontramo-nos de novo com elas. Ademais, elas precedem e condicionam qualquer forma de reflexão, de raciocínio e, em geral, toda atividade racional. De fato, não poderemos produzir ou desenvolver qualquer raciocínio ou discurso, a não ser baseando-nos nos termos que nos são conhecidos por premonição. A prolepse epicurista antecipa a experiência e a atividade racional *somente enquanto e na medida em que é derivada e produzida pela experiência*. Justamente essa estreita ligação com a sensação garante o valor de verdade das prolepses, as quais, da mesma maneira que as sensações, são produzidas pela ação das coisas sobre a nossa alma e, por isso, são verdadeiras, como já observamos.

Além disso, para Epicuro, os "nomes" que constituem a nossa linguagem referem-se exclusivamente a essas prolepses, e isso de modo fundamentalmente *natural*. De fato, os nomes e, de modo geral, a linguagem, segundo o nosso filósofo, são apenas expressões, por meios fonéticos, das nossas percepções e afecções e, portanto,

---

Parente afirma que a prolepse, exatamente enquanto *critério*, não é pura e simples impressão, ou seja, "um reflexo conceitual derivado mecanicamente da impressão de uma série de imagens ou do seu 'armazenamento' na mente; a prolepse, tal como a concebeu Epicuro, deve certamente conter em si um ato de efetiva compreensão intelectual, um ato de juízo intelectivo da mente exercitando-se sobre as imagens" (Epicuro, *Opere*, p. 24). Talvez estes intérpretes, mesmo fazendo valer instâncias válidas no nível teórico, avançam além da letra e também das intenções do nosso filósofo. De fato, as prolepses, para Epicuro, são produzidas pelo contínuo fluxo dos simulacros e pela regularidade e constância com que agem sobre o homem, e, portanto, são os efeitos da dinâmica dos átomos. Além do mais, deve-se observar que bem dificilmente pode-se negar de modo categórico que as prolepses sejam uma espécie de "*a priori* materialístico", no sentido de que a natureza pré-condiciona estruturalmente o conhecimento do homem. O caso mais eloquente, do qual falaremos adiante, é o do conhecimento dos Deuses, dos quais Epicuro afirma que possuímos *prolepses*; e essas prolepses particulares — note-se — não derivam das sensações (pois não vemos nem percebemos os Deuses), mas diretamente do fluxo dos simulacros que os Deuses (como qualquer outra coisa existente) emanam continuamente e que chegam a nós e nos predispõem a reconhecê-los. E é também verdade que o empirismo de Epicuro não tem absolutamente nada a ver com o experimentalismo das modernas formas de empirismo: "Não se poderia conceber — escreve Isnardi Parente — uma forma de empirismo mais alheia a desfechos experimentalístico-científicos" (p. 30).

constituem uma natural manifestação da original ação das coisas sobre a nossa alma. Escreve expressamente Epicuro:

> É preciso crer que dos próprios fatos a natureza recebeu muitos ensinamentos e impulsos; o raciocínio, em seguida, aperfeiçoou o que lhe foi confiado pela natureza e acrescentou ulteriores descobrimentos, mais rapidamente em alguns casos, mais lentamente noutros, e em determinados períodos e lapsos de tempo <com ritmo mais rápido>, noutros mais lento. Por isso mesmo os nomes no início não se formularam por convenção, mas pela diferente natureza dos homens, enquanto estava sujeita a afecções particulares segundo a diversidade das estirpes e concebia representações diferentes, emitia também o ar de maneira própria, seja segundo as afecções e representações, seja segundo a diferença subsistente entre os lugares nos quais viviam os diferentes povos; sucessivamente, no âmbito de cada povo, estabeleceram-se em comum certas expressões peculiares, com a finalidade de se oferecerem reciprocamente indicações menos duvidosas das coisas e se explicarem de modo mais conciso; e os que queriam, baseados nos seus conhecimentos, introduzir a noção de coisas até então nunca vistas, fixavam determinados nomes, alguns formulando-os sob a moção do impulso natural, outros escolhendo-os com base em certos raciocínios e seguindo a razão mais válida para exprimir-se de tal modo[17].

Em conclusão, na medida em que a linguagem exprime as prolepses é, como elas, reveladora da natureza das coisas e portadora de verdade.

4. Os sentimentos de prazer e dor

Como terceiro critério de verdade, Epicuro considerava as *afecções ou os sentimentos* (πάθη) de prazer e dor (os quais, em certo sentido, também podem ser chamados "sentidos internos"). Relata Diógenes Laércio:

> Dizem que duas são as afecções, prazer e dor, existentes em todo ser vivo, uma conforme a natureza, a outra contrária, por meio das quais julga-se o que se deve escolher e o que se deve evitar[18].

17. *Epístola a Heródoto*, 75s.
18. Diógenes Laércio, X, 34 (= Usener, fr. 260).

Aristócles confirma:

> Epicuro e os seus sustentam [...] que o prazer e a dor são o princípio e o critério de tudo o que é elegível e evitável [...][19].

O próprio Epicuro, na *Epístola a Meneceu*, escreve textualmente:

> Dizemos que o prazer é princípio e fim da vida feliz. De fato, o consideramos como um bem primário e conatural a nós, e a partir dele nos movemos ao assumir qualquer posição de escolha ou de rejeição, assim como a ele nos referimos ao julgar qualquer bem com base no critério das afecções[20].

Como lemos na passagem de Sexto Empírico acima citada[21], as afecções de prazer e dor são objetivas pelas mesmas razões pelas quais o são todas as sensações. Elas possuem, todavia, uma importância particular porque, além de critério para discriminar o verdadeiro do falso, o ser do não-ser, como todas as outras sensações, constituem, como lemos nos testemunhos e no fragmento acima citados, o critério axiológico para discriminar o *valor* do *contravalor*, o *bem* do *mal*, e, portanto, constituem o critério da escolha ou não escolha, ou seja, a regra do nosso agir.

Voltaremos a falar disso mais amplamente na exposição da ética epicurista.

5. A opinião

Sensações, prolepses e sentimentos têm uma característica comum, garantia do seu valor de verdade, que consiste na *evidência imediata* (ἐνάργεια). Portanto, enquanto nos fixamos na evidência e acolhemos como verdadeiro o que é evidente, não podemos errar, porque a evidência é dada, em última análise, pela ação direta das coisas sobre a nossa alma. Evidente em sentido estrito é, então, só aquilo que é imediato como as sensações, as antecipações e os sentimentos. Mas dado que ao raciocinar não podemos nos fixar no imediato, sendo o raciocínio fundamentalmente

---

19. Aristócles *in* Eusébio, *Praep. evang.*, XIV, 21,1, 768 d-769a (= Usener, fr. 260).

20. *Epístola a Meneceu*, 128s.

21. Cf. *supra*, pp. 158ss.

operação de mediação, assim nasce a *opinião* (δόξα, ὑπόληψις), e, com ela, a possibilidade do erro.

Portanto, enquanto as sensações, as prolepses e os sentimentos são sempre verdadeiros, as opiniões poderão ser às vezes verdadeiras, às vezes falsas. Por isso Epicuro tentou determinar os critérios segundo os quais se distinguem as opiniões verdadeiras das falsas.

São *verdadeiras* as opiniões que *a*) *recebem atestação* probatória, isto é, *confirmação* da experiência e da evidência e *b*) *não recebem atestação contrária*, ou seja, *desmentido* da experiência e da evidência. Ao invés, são *falsas* as opiniões que *a*) *recebem atestação contrária*, ou seja, são *desmentidas* pela experiência e pela evidência e *b*) *não recebem atestação probatória*, ou seja, não recebem *confirmação* da experiência e da evidência. Sexto Empírico relata-nos com muita clareza esse ponto da doutrina epicurista, numa passagem que merece ser lida por inteiro:

> Dado que temos a faculdade de julgar as nossas representações, ocorre-nos julgar algumas corretamente e outras não, seja porque lhes acrescentamos algo e lhes atribuímos alguma coisa que não lhes pertence, seja porque lhes subtraímos alguma coisa e, em geral, porque interpretamos erroneamente a sensação, que por si mesma é irracional. Portanto, para Epicuro, algumas opiniões são verdadeiras, outras falsas; verdadeiras são as confirmadas ou não desmentidas pela evidência, falsas as desmentidas ou não confirmadas pela evidência. A confirmação é o ato de compreender com evidência que o objeto da opinião corresponde à própria opinião. Por exemplo, enquanto Platão vem de longe, eu imagino e me represento na opinião, à distância, que aquele seja exatamente Platão; no momento em que se aproxima, reforça-se a minha opinião de que aquele é efetivamente Platão; quando, em seguida, toda distância desaparece, ela recebe plena confirmação da evidência. O não desmentido consiste na coerência com os dados da experiência quando o objeto do opinar não é alcançável pelos sentidos. Por exemplo, Epicuro, afirmando que existe o vazio, que é por si inapreensível pelos sentidos, apresenta como prova um fato de natureza evidente, isto é, o movimento: não existindo o vazio não poderia existir o movimento, não tendo o corpo em movimento um lugar no qual efetuar o seu deslocamento, pois todo o espaço seria pleno e compacto; assim o dado da experiência que atesta a existência do movimento não contradiz a opinião acerca do objeto que foge à sensação.

O desmentido é o oposto do não desmentido; ele é a refutação que a experiência sensível dá à opinião acerca de um objeto que não cai sob os sentidos. Assim, por exemplo, os estoicos afirmam que o vazio não existe, porque o consideram algo que não cai sob os sentidos. Ora, tal hipótese contrasta com a experiência sensível, que nesse caso é o movimento, porque, como se disse antes, não existindo o vazio, necessariamente não existiria também o movimento. Assim também a não confirmação é o oposto da confirmação: esta consiste em submeter à prova da evidência o fato de que o opinado não seja do modo em que apareceu precedentemente como, por exemplo, quando alguém vem de longe, à distância fazemos a hipótese de que seja Platão, mas em seguida, desaparecida a distância, aparece-nos com evidência que não se trata de Platão. Tal fato chama-se, exatamente, não confirmação, porque o opinado não foi confirmado pela sensação. Com base em tudo isso pode-se dizer que a confirmação e o não desmentido são o critério da verdade, a não confirmação e o desmentido o critério da não-verdade; e a evidência é a base e fundamento de tudo[22].

Note-se que, como bem destaca Sexto Empírico bem na última frase, a *evidência* fica sendo o parâmetro com base no qual é medida e reconhecida a verdade; mas é, em qualquer caso, uma evidência apenas empírica: é a evidência de fenômenos, isto é, a evidência tal qual aparece aos sentidos e não uma evidência tal qual aparece à razão. Mais do que em qualquer outro lugar, são observáveis aqui as pesadas hipotecas sensísticas da canônica epicurista, que a tornam inadequada e insuficiente à exigência da construção da própria física epicurista.

6. Aporias e limites da canônica epicurista

Os historiadores da filosofia desde muito tempo individuaram perfeitamente as aporias de fundo da canônica epicurista, as quais se reduzem substancialmente às duas seguintes.

Em primeiro lugar, exatamente a absoluta validez que Epicuro atribui à sensação, em última análise, tira qualquer possibilidade de conhecimento objetivo. Com efeito, da pura afirmação de que todas as sensações são verdadeiras podemos deduzir o relativismo e o subjetivismo protagoriano, assim como o objetivismo epicuris-

---

22. Sexto Empírico, *Contra os matem.*, VII, 211-216 (= Usener, fr. 247, p. 181, 12ss.).

ta[23]. Epicuro buscou engenhosamente explicar todas as nossas percepções com a ação que as coisas exercem sobre nós. De fato, para o nosso filósofo, toda representação é gerada pelos "simulacros", isto é, pelos eflúvios de átomos que emanam das coisas; e, dado que desses simulacros provenientes da mesma coisa, existem muitíssimos que são idênticos entre si e também diferentes (porque sujeitos a modificações de diferentes gêneros, devidas a diferentes causas), assim, quando se diz que o mesmo objeto aparece de modo diferente a diferentes pessoas, na realidade não é verdade: as diferentes pessoas que tiveram diferentes sensações foram afetadas não pelo mesmo simulacro proveniente do mesmo objeto, mas por *diferentes* simulacros provenientes do mesmo objeto. Portanto, Epicuro acredita poder concluir que todas as diferentes sensações das diferentes pessoas são igualmente verdadeiras, enquanto todas têm respectivos simulacros, e que o engano nasce somente com o juízo, o qual, de modo indevido, infere da sensação o que não deve acerca da coisa. Mas diz bem Zeller, que, com essa explicação, Epicuro não resolve, mas simplesmente desloca a dificuldade. Fica, de fato, a seguinte aporia: "A percepção deve sempre oferecer fielmente a imagem ou simulacro pelo qual os órgãos sensoriais são golpeados; mas as imagens ou simulacros oferecem o objeto de maneira nem sempre uniforme e fiel. Ora, como é possível distinguir as imagens ou simulacros fiéis dos que não o são, ou seja, os que indicam um objeto determinado e real, dos que não correspondem a nenhum objeto ou correspondem a um objeto diferentemente determinado? A esse problema o sistema epicurista não dá nenhuma resposta. De fato, se dizemos que o sábio sabe distinguir os simulacros uns dos outros, com isso renunciamos a um critério objetivo, e transferimos inteiramente para o sujeito a decisão sobre a verdade e o erro"[24]. Fica evidente, portanto, que o sensismo não é capaz de sair do subjetivismo e do relativismo.

Em segundo lugar, a lógica de Epicuro é fragilíssima justamente ao explicar, em geral e em particular, os processos de inferência que estão na base da própria possibilidade de construir uma física (e também de fundar e justificar uma ética). Todas as proposições da física,

---

23. Cf. Zeller, *Die Philosophie der Griechen*, III, 1, p. 406.
24. Zeller, *Die Philosophie der Griechen*, III, 1, p. 407.

que em seguida explicaremos (assim como muitas das proposições éticas), vão além do imediato controle empírico, pois não são verdades que caem sob os sentidos, e supõem inferências de raciocínio que, por garantia de verdade, não podem ter outra causa senão a falta de atestação contrária, ou seja, o desmentido da experiência, bem ilustrada na passagem acima citada de Sexto Empírico, vale dizer, um fundamento muito frágil.

Os átomos, o vazio, o movimento dos átomos não são coisas por si evidentes, por não serem de modo algum sensorialmente acertáveis; mas, diz Epicuro, são coisas não evidentes, supostas e opinadas para dar razão dos fenômenos e de acordo com os fenômenos. Porém, evidentemente, Epicuro está bem longe de poder demonstrar que, justamente, os átomos, o vazio, o movimento etc. sejam *as únicas* coisas que possamos supor para explicar os fenômenos, porque outros princípios, totalmente diferentes destes, poderiam igualmente reclamar a "falta de atestação contrária" da experiência[25].

Mas como Epicuro chegou justamente ao atomismo? A nosso ver, Epicuro partiu de uma nova visão moral da vida, captada de maneira emocional e intuitiva, e, em seguida, escolheu o atomismo

---

25. Na verdade os estudiosos reconheceram há tempo a importância do *processo de inferência* e, sobretudo, da *inferência por analogia* no pensamento de Epicuro (na polêmica contra o Pórtico, a escola epicurista aprofundará de modo especial este ponto). De modo particular, é bem clara em Epicuro a presença e a importância do conceito de "apreensão intuitiva" ou "apreensão intelectiva" (*epibolé tes dianoías*), ou seja, um ato extremamente racional com o qual colhemos o que está além do fenômeno, isto é, os princípios (sobre este ponto ver a excelente análise e interpretação dos textos epicuristas de C. Bailey, *The Greek Atomists and Epicurus*, Nova Iorque 1964[2], Apêndice III, pp. 559-576). Enfim, destacaram-se o significado e o valor dos termos *epilogízomai* e derivados (ver sobretudo: G. Arrighetti, *Sul valore di epilogismós, epilógisis nel sistema epicureo*, em "La parola del passato", 7 [1952], pp. 119-144), que indicam "a atividade da mente refletindo sobre dados imediatos dos sentidos para transpô-los a outro plano, para transformar a visão sensorial em visão mental" (Isnardi Parente, *Epicuro*, *Opere*, p. 28). Ora, se isso é verdade, é igualmente verdade que Epicuro introduz essas figuras gnosiológicas de modo sub-reptício, sem justificá-las, e até mesmo em contraste com o seu sensismo. Para poder justificar essas figuras lógicas, ele deveria reconhecer ao intelecto a à razão uma estatura ontológica que, ao contrário, não reconhece. Não é certamente casual o fato de que essas figuras se inserem no discurso epicurista sem ser expressamente tematizadas expressamente e sem ser deduzidas e justificadas. Isso confirma a nossa tese, da qual logo falaremos, do intuicionismo próprio do pensamento de Epicuro.

porque julgava ser essa doutrina o melhor “fundamento” para a sua ética. O verdadeiro centro do epicurismo é a ética, e a ontologia só se desenvolveu porque, à medida que e enquanto servia à ética.

De resto, é o próprio Epicuro quem no-lo diz quase expressamente numa de suas máximas:

> Se não nos turbasse o medo dos fenômenos celestes, o medo de que a morte possa ser algo que nos toque diretamente e o desconhecimento dos limites dos prazeres e das dores, *não teríamos necessidade da ciência da natureza*[26].

Assim explica-se o que já acenamos e em seguida demonstraremos: que a física de Epicuro avança claramente sobre a lógica e, por sua vez, a ética de Epicuro avança, em medida ainda mais acentuada, sobre a física, justamente porque a função e o valor instrumental que o nosso filósofo atribuía à física e à canônica, submetidas a uma ética que nasce, na realidade, de outros ramos, acabavam por alterar o papel de fundamento e de critério que elas deveriam ter, e acabavam por submeter os seus desenvolvimentos e êxitos às necessidades da ética, invertendo assim os seus papéis naturais. Veremos repetir-se esse fenômeno, embora de maneira diferente, nas outras grandes Escolas da era helenística.

26. *Máximas capitais*, 11.

III. A FÍSICA EPICURISTA

1. Os fundamentos ontológicos: as características da realidade enquanto tal, os corpos, o vazio e o infinito

Examinemos agora a física de Epicuro de modo pormenorizado. A grande *Epístola a Heródoto,* na medida em que é um epítome e uma síntese, permite perceber de modo preciso tanto os fundamentos como os corolários essenciais dessa seção da filosofia epicurista, e os fragmentos até agora descobertos do grande tratado *Sobre a natureza* oferecem preciosos aprofundamentos de alguns importantes conceitos[1].

Os fundamentos podem ser enucleados e formulados da seguinte maneira.

"Nada nasce do não-ser"[2], porque, do contrário, qualquer coisa poderia absurdamente gerar-se de qualquer coisa sem necessidade de qualquer semente geradora; e nada "se dissolve no nada"[3], porque, do contrário, nesse momento, tudo já teria perecido e nada mais seria. E dado que nada nasce e nada perece, então o todo, isto é, a realidade na sua totalidade, foi sempre tal como é agora, e será assim sempre; com efeito, além do todo, não há nada no qual este possa transformar-se, nem há nada do qual este possa ser transformado. Eis as palavras de Epicuro:

> Devemos indagar sobre o que foge à experiência sensível, tomando o seguinte como ponto estabelecido: antes de tudo, nada provém do nada, porque então tudo nasceria sem necessidade de sementes. E, caso se dissolvesse no nada tudo o que desaparece, todas as coisas seriam destruídas, anulando-se as partes nas quais se decompunham. E também é certo que o todo foi sempre tal como é agora e será sempre assim, pois nada existe nele que possa transformar-se. Com efeito, além do todo não existe nada que, penetrando nele, produza a sua transformação[4].

---

1. Os fragmentos do περὶ φύσεως provêm sobretudo de descobertas de papiros: cf. Arrighetti², frs. 23-39 (pp. 189-418).
2. *Epístola a Heródoto*, 38: οὐδεν γίνεται ἐκ τοῦ μὴ ὄντος.
3. *Epístola a Heródoto*, 39; cf. também 41 e 55.
4. *Epístola a Heródoto*, 38s.

Aqui é reafirmado o antigo grande princípio eleático que fora assumido como ponto de partida dos pluralistas e, em particular, dos atomistas. Epicuro formula-o segundo a versão própria de Melisso, que sabemos ter sido mestre dos atomistas[5], embora diluindo-lhe o alcance ontológico com uma linguagem mais física do que cosmológica.

Este "todo" (πᾶν), ou seja, a totalidade da realidade, é determinado por dois constitutivos essenciais: os *corpos* e o *vazio*. A existência dos corpos é provada pelos sentidos, enquanto a existência do espaço e do vazio é inferida da existência do movimento; de fato, para que exista movimento é necessário que exista um espaço vazio no qual os corpos possam deslocar-se. O vazio não é absoluto não-ser, mas um "espaço", ou, como também diz Epicuro, "natureza intangível". Além dos corpos e do vazio, *tertium non datur*, porque nada mais é pensável que seja por si existente e não seja afecção dos corpos:

> Que existem os *corpos*, atesta-o por si mesma em qualquer hipótese a sensação, com base na qual se deve em seguida raciocinar sobre o que foge à experiência sensível [...]. Se não existisse o que nós chamamos *vazio* ou *lugar* ou *natureza intangível*, os corpos não teriam nem onde estar nem onde mover-se, tal como evidentemente o fazem. *Além dessas duas realidades, nada é concebível*, seja diretamente, seja por analogia com as coisas percebidas pelos sentidos: e tais realidades nós as entendemos como naturezas (φύσεις) integrais e não como o que dizemos serem seus atributos, sejam eles próprios ou acidentais[6].

A inferência do vazio, com a relativa motivação, reporta-se a Leucipo e ressente-se ainda da problemática eleática, particularmente da polêmica antimelissiana da qual brota[7]. A brusca negação de que além dos corpos e do vazio exista alguma coisa supõe o dogma eleático da *absoluta homogeneidade e igualdade do ser*[8], ou seja, a categórica exclusão da possibilidade de distinguir planos e significados diferentes do ser, isto é, precisamente, o repúdio das reformas de Platão e de Aristóteles[9].

---

5. Cf. Melisso, fr. 1; Reale, *Melisso*, pp. 34ss. e 369ss.
6. *Epístola a Heródoto*, 39s.
7. Cf. Reale, *Melisso*, pp. 176ss.
8. Cf., vol. I, pp. 107ss.
9. Já na antiguidade, Plutarco notava, com evidente ironia: "Certamente mais sábio do que Platão foi Aristóteles, o qual afirmava que todas as coisas são do mesmo

A realidade, tal como concebida por Epicuro, é *infinita*. Em primeiro lugar, é infinita como *totalidade*. Escreve o nosso filósofo:

> O todo é infinito, pois o finito tem um limite extremo e o limite extremo considera-se com referência a outro; <mas não é possível conhecer o todo com relação a alguma coisa>; deve-se por isso admitir que, enquanto não tem um limite extremo, ele não tem limite em absoluto, e não tendo limite, é infinito e ilimitado[10].

Cícero, por sua vez, relata-nos:

> Epicuro não vê [...] como deduziu a infinidade daquilo que nós chamamos simplesmente o todo, referindo-nos à natureza? Ele diz: "O que é finito tem um limite [...], o que tem um limite é limitado por algo externo a este [...]. Mas o que é tudo, não pode ser limitado por nada de externo [...]. Não tendo, pois, nenhum limite, segue-se necessariamente que é infinito"[11].

E evidente, ademais, que, para que o todo possa ser infinito, devem ser infinitos cada um dos seus princípios constitutivos: infinita deverá ser a multidão dos corpos e infinita a extensão do vazio (se fosse finita a multidão dos corpos, estes se dispersariam no infinito vazio, e se fosse finito o vazio, este não poderia acolher os infinitos corpos). O conceito de infinito volta assim a impor-se, contra as concepções platônicas e aristotélicas que, na linha dos pitagóricos, o negaram. Com relação ao antigo infinito pré-socrático, do ponto de vista especulativo, o infinito de Epicuro não manifesta nada de novo: este não é, de fato, senão o infinito admitido por Leucipo e Demócrito, os quais, por sua vez, retomavam a antiga intuição jônica e, sobretudo, a exata demonstração melissiana da infinitude do ser, da qual sente-se ainda um preciso eco nas palavras de Epicuro[12]. Todavia,

---

modo, o vazio intocável e o corpo resistente, os princípios e os compostos; afirmando — por Zeus! — que o que é eterno e o que é em devir participam da mesma essência, e assim também o indestrutível e o perecível, as realidades que são impassíveis, autárquicas, imutáveis e imperecíveis do mesmo modo que aquelas cujo ser consiste em sofrer afecções e em mudar, e não são nunca em tempo algum iguais a si mesmas" (*Contra Colotes,* 16, 1116 d [Usener, 76 ad., p. 345]).

10. *Epístola a Heródoto*, 41.

11. Cícero, *De divin.*, II, 50, 103 (= Usener, fr. 297).

12. Confronte-se o parágrafo 41 da *Epístola a Heródoto* (assim como o testemunho ciceroriano) com os fragmentos 3 e 4 de Melisso. Sobre o infinito epicurista cf. as estimulantes, embora às vezes discutíveis, observações de R. Mondolfo, *L'infinito nel pensiero dell'antichità*, Florença 1956, pp. 497ss.

essa retomada do conceito de infinito não é sem importância, sobretudo no que concerne a suas repercussões sobre a visão do homem e da vida, como veremos adiante.

2. Os átomos

Alguns "corpos" são compostos, outros, ao invés, simples e absolutamente indivisíveis. Somente esses últimos são originais, e são algo compacto e indivisível (átomos).

A admissão da existência desses *corpos indivisíveis* ou *átomos* torna-se necessária porque, do contrário, seria preciso admitir uma divisibilidade ao infinito dos corpos, o que levaria, no limite, à dissolução das coisas no não-ser, e isso, como sabemos, é absurdo[13]. O fundamento para a admissão da existência do átomo é, pois, o princípio eleático (e, precisamente, zenoniano) da impossibilidade da divisão ao infinito, o que dissolveria o ser no nada.

Alguns corpos são compostos e outros são elementos que dão origem aos compostos. Estes são corpos indivisíveis e imutáveis, *uma vez que o todo não pode dissolver-se no nada*; eles possuem a capacidade de permanecer imutáveis no curso das dissoluções dos compostos, possuindo natureza compacta e não sendo de modo algum suscetíveis de dissolução. Os princípios constitutivos dos corpos são, pois, necessariamente naturezas indivisíveis[14].

É evidente, a partir do que se disse, que o princípio de que nada nasce e nada perece vale para os corpos simples, isto é, para os átomos (assim como para a totalidade enquanto totalidade) e não para os corpos compostos, que se geram e se corrompem. Todavia, também a *geração* e a *corrupção* dos corpos compostos são entendidas em espírito eleático, ou seja, da mesma maneira em que as entenderam os atomistas (e, em geral, todos os pluralistas), preocupados em salvar os fenômenos sem contradizer o grande princípio de Parmênides[15], como *união* de coisas que são e como *dissolução* ou *separação* nas coisas que são. Escreve Plutarco:

---

13. Cf. *supra*, pp. 171ss.
14. *Epístola a Heródoto*, 40s.
15. Cf. vol. I, pp. 133ss.

> [Os epicuristas] sustentam que não há gênese do que não era antes ou destruição do que é, mas o nascimento acontece por encontro recíproco de algumas entidades e a morte pela sua dissolução[16].

3. As características estruturais dos átomos

Entre as características dos corpos devem-se distinguir as que pertencem ao *corpos enquanto compostos* (dependentes, portanto, da composição) das que pertencem aos *corpos simples*, as quais são originais e essenciais e, portanto, têm a máxima importância, porque sem elas os próprios corpos não poderiam subsistir, e também porque delas derivam as ulteriores características dos corpos compostos.

As características estruturais do átomo são a *forma* ou *figura*, o *peso* e a *grandeza*, e tudo o que é naturalmente ligado à figura[17].

Sobre esse ponto Epicuro diferencia-se dos atomistas antigos. Estes indicavam como características estruturais dos átomos a *figura*, a *ordem* (ou disposição espacial que o átomo tem com relação aos outros, seja no agregado, seja fora dele) e a *posição* (que um átomo possui, seja no agregado, seja no complexo da realidade)[18]. Os antigos atomistas — note-se — não punham a *grandeza* entre as qualidades originais. Eles, porém, incluíam a grandeza na forma; de fato, designavam a forma com o termo *rysmós* (ῥυσμός), o qual indicava *forma geométrica* e, portanto, *dimensão, massa, medida*. Como os modernos estudos esclareceram, os atomistas provavelmente não faziam nem mesmo do peso uma qualidade original: eles o utilizavam na explicação do movimento, mas de maneira muito diferente de Epicuro (como logo veremos), e com uma particular característica que, mais uma vez, o termo *rysmós* podia sugerir, dado que *rysmós* (que deriva de ῥεῖν = escorrer) exprime a ideia de *forma dinâmica* (massa, grandeza, medida), "ou seja, a forma enquanto tende a juntar-se às outras formas e, por isso, imprime uma direção ao átomo"[19]. Epicuro expri-

---

16. Plutarco, *Contra Colotes,* 10, 1112 a (= Usener, fr. 283).
17. Cf. a passagem transcrita à p. 176s.
18. Cf. vol. I, pp.156ss.
19. Alfieri, *Atomos Idea...*, p. 94.

me, ao invés, o conceito de forma com o termo *schema* (σχῆμα), que era o termo com o qual Aristóteles traduziu o arcaico *rysmós* dos antigos atomistas. Mas "esquema" indica a estática forma ontológica, não mais incluindo a ideia física de massa e a dinâmica direção do átomo; e assim explica-se que Epicuro sentisse a necessidade de explicitar e acrescentar a esta as características de *grandeza* e de *peso*, deixando de lado a *ordem* e a *posição*, características que dizem respeito, mais do que aos átomos considerados em si mesmos, às relações de uns com os outros. As *formas* diferentes dos átomos (que não são somente formas regulares de caráter geométrico, mas formas de todo tipo e modo e são, em todo caso, sempre e somente formas *quantitativamente diferentes*, e não qualitativamente diversas como as formas platônicas ou aristotélicas, dado que os átomos são todos de natureza idêntica) são necessárias para explicar as diferentes qualidades fenomênicas das coisas que nos aparecem, e assim também a *grandeza* dos átomos (o peso, ao contrário, como veremos melhor abaixo, é necessário para explicar o movimento dos átomos). Diz claramente Epicuro, retomando o típico argumento eleático dos pluralistas:

> É preciso também convencer-se de que os átomos não apresentam outras propriedades dos fenômenos além de *figura*, *peso* e *grandeza*, e tudo o que é necessariamente ligado à figura. Toda propriedade, de fato, tende a mudar, mas *os átomos não mudam em absoluto, pois deve necessariamente permanecer algo sólido e indestrutível na dissolução dos seres compostos, algo que faça que as mudanças não acabem no nada ou provenham do nada, mas aconteçam por transposições em muitos corpos ou por acréscimo ou por diminuição de átomos.* Daí deriva a necessidade de as realidades transpostas serem indestrutíveis, e não terem a natureza do ser sujeito à mudança, *mas possuírem massa e figura próprias, e, necessariamente, serem de natureza permanente.*
>
> Nas coisas, sujeitas à nossa experiência, que mudam de forma, vemos que a figura se mantém mesmo subtraindo a matéria; mas as propriedades não permanecem no ser que muda, assim como permanece a figura, e tendem a desaparecer em todo o corpo. Devemos, pois, pensar que as realidades que permanecem são as capazes de causar as diferenciações dos corpos compostos; *uma vez que necessariamente há algo que permanece e <não> se dissolve no nada*[20].

---

20. *Epístola a Heródoto*, 54s.

Os átomos, para poderem gerar todas as diferenças que encontramos na realidade, devem ter figuras muito diferentes e numerosas, mas não infinitas (para serem infinitas deveriam poder variar ao infinito a grandeza; mas, então, tornar-se-iam visíveis, o que não acontece), enquanto é finito o número dos átomos para cada uma das formas existentes:

> As partes de que são formados e nas quais se decompõem os corpos são indivisíveis e compactas, e possuem tal variedade de figuras que não podem ser englobadas pela mente. Não é, de fato, possível que todas as diferenças do real, tantas quantas são, produzam-se por figuras iguais em número limitado. Para cada figura há uma infinidade de semelhantes; todavia, quanto às diferenças de figura, os átomos não são infinitos, mas simplesmente tais de modo a não poder ser englobados pelo pensamento [...]; a menos que se queira levar ao infinito os átomos sob o aspecto das suas grandezas[21].

Também não se deve crer que os átomos possam ter toda espécie de grandeza, o que iria contra a nossa experiência: basta crer que existem entre eles diferenças de grandezas, e, admitido isso, poderemos também explicar mais facilmente o que se refere às afecções e sensações. Que subsista entre os átomos toda espécie de grandeza, não explica as diferenças de qualidade, porque em tal caso seria necessário que atingissem os nossos sentidos átomos visíveis, coisa que evidentemente não se verifica, nem se vê como se poderia pensar um átomo visível[22].

Este é outro ponto no qual Epicuro afasta-se dos antigos atomistas, os quais, ao contrário, sustentavam infinitas formas ou figuras dos átomos[23].

4. A doutrina dos "mínimos"

Vimos que a grandeza dos átomos tem um limite. De fato, se eles pudessem ter toda espécie de grandeza, deveriam (uma vez alcançada certa grandeza) tornar-se *visíveis*; mas isso é desmentido pela experiência. Ademais, também a pequenez dos átomos tem um limite.

---

21. *Epístola a Heródoto*, 42s.
22. *Epístola a Heródoto*, 55s.
23. Cf. Diels-Kranz, 68 A 38; cf. também 67 A 9.

Com efeito, se eles pudessem diminuir em grandeza ao infinito, dissolver-se-iam no nada, o que é absurdo e contrário àquela mesma lógica (eleática), que leva a admitir a existência de átomos (como vimos acima).

Ora, todos os átomos, dos menores aos maiores, são estruturalmente, isto é, física e ontologicamente, indivisíveis. Todavia, o fato de serem "corpos" dotados de figura e, portanto, de extensão, e com *grandezas* diferentes (mesmo no âmbito dos dois limites acima assinalados), implica que os átomos possuam *partes*. (Se não fosse assim, não teria sentido falar de átomos *pequenos* e átomos *grandes* e, em geral, de átomos de *diferentes grandezas*). Obviamente tratar-se-á de "partes" ontologicamente não separáveis, mas só logica e idealmente distinguíveis, justamente porque o átomo é estruturalmente indivisível. E mesmo a grandeza dessas "partes" do átomo, pelo mesmo motivo eleático segundo o qual é impossível que os átomos diminuam em grandeza ao infinito, deverá ter um limite, que Epicuro chama de "mínimo" (τὸ ἐλάχιστον), e que constitui, como tal, *a unidade de medida*.

Epicuro — note-se — fala dos "mínimos" não só em referência aos átomos, mas também ao espaço (ao vazio), ao tempo, ao movimento e à "declinação" dos átomos (da qual falaremos adiante), e, em todos esses casos, os "mínimos" constituem a unidade de medida analógica[24].

---

24. A doutrina dos "mínimos", descuidada pelos estudiosos de Epicuro no século passado, está, ao contrário, no centro do interesse dos estudiosos do nosso século. Recordamos os dois estudos mais significativos e amplos sobre o assunto: D. Furley, *Two studies in the Greek Atomists*, Princeton 1967 (Study I: *Indivisible Magnitudes*, pp. 3-158) e H. J. Krämer, *Platonismus und hellenistiche Philosophie*, Berlim 1971, pp. 231-362. O texto essencial é constituído pela *Epístola a Heródoto*, 55-59 (em particular os parágrafos 58s.), na qual Epicuro procede mediante um raciocínio analógico, resumível da seguinte maneira: dado que há correspondência (analógica) entre os átomos e os corpos, e dado que nos corpos perceptíveis há um *mínimo* (uma percepção mínima), assim deve-se pensar, por analogia, também para os átomos. Eis o texto: "Quanto ao mínimo concebido pelos nossos sentidos, deve-se reter que ele não é igual ao que possui uma extensão percorrível [= a que admite passagem de uma parte a outra], nem de todo e absolutamente dessemelhante dele: há certa semelhança com os corpos extensos, mas não divisível em partes; por isso quando, por certa analogia tirada de tal semelhança, julgamos captar aqui e ali partes dele, isso significa que caiu sob os nossos sentidos outro mínimo igual ao primeiro. Portanto, nós tomamos

Esta é uma notável novidade trazida pelo fundador do Jardim à física dos antigos atomistas.

5. As características estruturais do vazio

O *vazio* possui características antitéticas às dos corpos. Ele é o espaço que acolhe os corpos e permite-lhes moverem-se, reunirem-se e separarem-se. É dito *vazio* justamente em contraposição aos corpos que são o *pleno* (o pleno de ser). Explica-se bem, ademais, que o vazio seja também chamado de *natureza intangível*, enquanto a característica mais típica dos corpos, para Epicuro, é a sua *tangibilidade* (o seu sensismo leva-o a privilegiar em larga medida o tato sobre os outros sentidos). E explica-se também a negação de que o vazio possua *capacidade de agir ou padecer*, enquanto estas são prerrogativas da corporeidade: o simples fato de permitir que os corpos passem através de si não é um padecer, porque não é uma afecção. Enfim, explica-se igualmente bem o caráter de *incorporeidade* atribuído ao vazio: se este fosse corpóreo, os corpos, como se disse, não poderiam penetrá-lo e mover-se nele:

> É preciso também considerar que nós falamos de incorpóreo, segundo a acepção mais geral do termo, quando queremos referir-nos ao que pode ser pensado como subsistente por si; mas na realidade *nada de incorpóreo pode*

---

em consideração os mínimos em sucessão contígua, começando pelo primeiro, e não sinteticamente num mesmo corpo, nem ligando-os entre si, como partes reciprocamente conexas, mas como *entidades que dão medida às grandezas com a sua específica propriedade, diferenciadamente segundo se trate de grandezas maiores ou menores. Segundo a mesma proporção deve-se reter que proceda também aquele mínimo que é o átomo*. É claro que este difere, pela sua pequenez, do que é percebido pelos sentidos, mas procede segundo a mesma relação analógica, porque por relação analógica às coisas sensíveis predicamos do átomo certa grandeza, simplesmente levando a sua pequenez a valores mínimos. Devemos, ademais, com base no método teórico que se adapta às coisas invisíveis, reter que as partes mínimas indivisíveis do átomo são também os elementos-limite do comprimento, que fornece a estes, aos maiores e aos menores, a unidade de medida. A semelhança que subsiste entre tais mínimos e os corpos extensos é suficiente para garantir que aconteça tudo o que até agora se disse. Não é, porém, possível que se forme um agregado de tais mínimos como se eles fossem dotados de movimento".

ser pensado como subsistente por si senão o vazio; o vazio, de fato, não pode nem agir nem padecer, a sua única função é permitir aos corpos a passagem através de si[25].

Por consequência, falar da existência de *seres incorpóreos* (como, por exemplo, as Ideias platônicas, a Inteligência divina ou as almas), para Epicuro, é um puro e simples absurdo. O ser é *todo homogêneo*, como vimos acima, isto é, corpóreo; incorpóreo não pode ser nenhum ente, mas só o vazio. O consciente repúdio da "segunda navegação" é, mais uma vez, claríssimo.

6. O movimento

Além das qualidades examinadas, que são, por assim dizer, *estáticas*, os átomos possuem uma ulterior qualidade de caráter *dinâmico*. De fato, os átomos *estão sempre em contínuo movimento*. Epicuro entende esse movimento originário dos átomos não como o mover-se em todas as direções de que falavam os antigos atomistas, mas como um *movimento de queda para baixo* no infinito espaço, devido, justamente, ao peso dos átomos, um movimento velocíssimo como o pensamento e igual para todos os átomos, pesados ou leves[26]. Tal correção da concepção do antigo atomismo resulta uma mistura muito infeliz, porque demonstra de maneira clara como o pensamento do infinito está irremediavelmente comprometido pelo sensismo, o qual não se liberta da empírica representação do em cima e do embaixo. Mas quais são exatamente as expressões dessa concepção híbrida? No-lo diz muito bem V. E. Alfieri, numa página que merece ser lida por inteiro: "Antes de tudo, [uma primeira expressão foi] a concepção geocêntrica de Aristóteles, na qual, exclusivamente, pode-se falar de um em cima e um embaixo absolutos; e Epicuro encontra-se inconscientemente escravo daquela visão do mundo, tanto mais consentânea ao modo de ver comum do que as ousadas concepções dos filósofos pré-socráticos e, particularmente, dos atomistas, e não se liberta daquela escravidão mesmo afirmando a multiplicidade dos mundos e

25. *Epístola a Heródoto*, 67.
26. Cf. *Epístola a Heródoto*, 61.

refutando a teoria dos corpos 'leves' tendentes para o alto. Ademais, diante da possível objeção de que no infinito é absurdo falar de um em cima e um embaixo absolutos, Epicuro apela para um argumento que considera validíssimo, ele que sempre invoca a sensação como a testemunha mais segura, o qual diz que a direção para cima é a linha ideal que se estende acima da nossa cabeça ao infinito, e a direção para baixo a que se estende debaixo dos nossos pés, infinitamente: concepção que não se pode chamar nem mesmo de geocêntrica, mas antropocêntrica. Sobre a velocidade dos átomos, como também sobre a própria existência dos átomos, Epicuro não podia se pronunciar com base na sensação: aqui ele era obrigado a remeter-se ao pensamento e, justamente, como... movimento tão veloz quanto o pensamento, ele definia o movimento livre dos átomos no vazio infinito"[27].

Recentemente foi afirmado que "o universo de Epicuro é um universo perpendicular"[28]; mas, mesmo tão engenhosamente qualificada, a concepção epicurista não perde o seu caráter aporético: justamente na qualificação de "perpendicular" dada ao cosmo aninham-se todas as contradições de que falamos.

Resta agora ver como, caindo num "universo perpendicular", os átomos podem se encontrar entre si e juntar-se para constituir os corpos compostos. Como é que os átomos não caem em linhas paralelas, ao infinito, sem nunca se tocar?

7. O "clínamen" ou "declinação" dos átomos

Para resolver a dificuldade, Epicuro introduziu a teoria da "declinação" (παρέγκλισις, *clinamen*) dos átomos, segundo a qual os átomos podem desviar a qualquer momento do tempo, em qualquer ponto do espaço, uma distância mínima da linha reta e, assim, encontrar outros átomos. Relata Cícero:

> [Epicuro], quando compreendeu que se todos os corpos fossem movidos da região superior, como foi dito, perpendicularmente, não seria possível o encontro de um átomo com outro [...], excogitou um artificioso expediente:

27. Alfieri, *Atomos Idea...*, p. 82.
28. De Witt, *Epicurus...*, p. 168.

afirmou que o átomo pode declinar um pouquinho, com um *deslocamento mínimo*; e assim torna-se possível que os átomos se encaixem, se unam, adiram um ao outro, do que se originam o universo e todas as suas partes, e tudo o que ele contém [...][29].

Em virtude do princípio da *declinação*, os átomos chocam-se reciprocamente e retrocedem e, consequentemente, origina-se também um movimento para cima, justamente pelo choque e pelo retrocesso decorrente da declinação. O "clínamen" *constitui, sem dúvida, a mais notável das inovações que Epicuro introduziu na física atomista*; mas trata-se de uma inovação que ele só pôde introduzir ao preço de gravíssimas aporias, as quais, além do mais, justamente enquanto tais, resultam extremamente eloquentes e reveladoras da nova maneira de filosofar do Jardim. Já destacamos a primeira razão da introdução do conceito de "declinação", e é de caráter puramente físico (só o movimento de queda não permitiria o encontro dos átomos e a formação das coisas), e, por importante que seja, certamente não deve ter sido a decisiva, justamente porque é uma razão física. Terá sido decisiva, ao contrário, uma ulterior razão de caráter moral. No sistema do antigo atomismo, tudo acontece *por necessidade*: a sorte e o destino são soberanos absolutos; mas num mundo onde predomina o destino, não há lugar para a liberdade humana e, portanto, não há lugar para uma vida moral tal como Epicuro a concebe, e, assim, não há lugar para a vida do sábio.

Eis o que escreve Epicuro, opondo-se à *necessidade* dominante no sistema dos antigos atomistas:

> Na verdade, teria sido melhor crer nos mitos sobre os Deuses do que tornar-se escravo do destino que os físicos pregam: o mito, com efeito, oferece uma esperança ante a possibilidade de aplacar os Deuses com honras, enquanto no destino há uma necessidade implacável[30].

Por isso não há dúvida de que o *clínamen* foi introduzido para abrir espaço, no universo atomisticamente concebido, à liberdade, à vida moral e à possibilidade de realização do ideal do sábio; a tal ponto interessava a Epicuro abrir um espaço ontológico para esses

---

29. Cícero, *De fin.*, I, 6, 18 (= Usener, fr. 281).
30. *Epístola a Meneceu*, 133s.

valores morais, que ele não se preocupou com as gravíssimas consequências que a introdução daquele conceito produzia na física e, talvez, nem mesmo se deu conta de que, como uma cunha maciça violentamente fincada, ele provocava tal fratura no sistema atomístico, a ponto de pulverizá-lo.

Dessa contradição já os antigos, em grande parte, deram-se conta. Escreve, com efeito, Cícero:

> Epicuro introduziu essa teoria porque temia que, admitindo que o átomo se mova sempre pela causa natural e necessária do seu peso, não nos restaria nenhuma liberdade, já que a nossa alma mover-se-ia do modo como o movimento dos átomos a coagiria a mover-se. Demócrito, o primeiro introdutor da noção de átomo, preferiu aceitar que tudo acontece por necessidade, em vez de tirar dos corpos indivisíveis o seu movimento natural[31].

E ainda:

> [Epicuro] afirma: "o átomo sofre desvio". Em primeiro lugar, por quê? Os átomos foram concebidos por Demócrito como dotados de outra força motora, que ele chamava de "força de choque"; para ti, Epicuro, o movimento depende exclusivamente da gravidade e do peso. Qual é, pois, a razão extraordinária na natureza que provoca o desvio do átomo? Será que eles mesmos tiram a sorte entre si sobre quais devam desviar-se e quais não? E por que desviam apenas um mínimo intervalo, e não dois ou três intervalos? Tudo isso é a expressão de uma veleidade e não uma posição doutrinal. Ele não diz, de fato, que o átomo se desloca do seu lugar e desvia porque movido do exterior; nem que naquele espaço vazio no qual se move o átomo existam causas que impeçam o movimento perpendicular de alto a baixo; nem que no próprio átomo tenha-se verificado uma mudança capaz de fazê-lo abandonar o movimento natural decorrente do seu peso. Portanto, mesmo não tendo adotado nenhuma causa capaz de dar lugar a esse desvio, Epicuro sustenta ter formulado uma teoria importante, enquanto na realidade faz uma afirmação que a razão universalmente despreza e recusa[32].

Já os estoicos, como relata Plutarco, objetavam, e com boa razão, que o *clínamen* supunha, em última análise, uma geração do não-ser, sendo sem causa:

---

31. Cícero, *De fato*, 10, 22s. (= Usener, fr. 281, p. 200, 14ss.).
32. Cícero, *De fato*, 20, 46 (= Usener, fr. 281, p. 200, 29ss.).

Os estoicos não concedem a Epicuro que o átomo decline nem sequer um mínimo, porque dizem que assim ele *introduz um movimento sem causa, gerando-se do não-ser*[33].

Ora, podemos acrescentar, isso é tanto mais grave pelo fato de o próprio Epicuro, reiteradamente, de maneira enérgica, apelar para o princípio de que "nada pode derivar do nada". Assim Epicuro, para introduzir o *clínamen*, contradiz o princípio eleático que, como vimos, está na base da sua física, e para proteger-se da Necessidade, do *Factum* e do Destino, lança o cosmo ao poder do *fortuito*; com efeito, o *clínamen*, que não está vinculado a qualquer lei ou regra, não é liberdade, porque são-lhe estranhas qualquer finalidade e inteligência e, portanto, é só uma *casualidade*: a liberdade não pode ser buscada e encontrada na esfera do físico e do material, mas só na superior esfera do espiritual. Ademais, como dizíamos, justamente essas aporias estão entre as coisas que melhor ajudam a compreender a complexidade do pensamento de Epicuro e a sua verdadeira estatura.

8. O universo e os mundos infinitos

No todo infinito (como já os antigos atomistas, e contra a concepção de Platão e de Aristóteles)[34], Epicuro sustenta a existência de infinitos mundos; alguns iguais ou análogos ao nosso, outros dessemelhantes. Escreve expressamente o filósofo:

> Mas também os mundos são infinitos, alguns semelhantes a este nosso, outros diferentes. Os átomos, com efeito, infinitos como antes se demonstrou, percorrem também as maiores distâncias; e os átomos que são capazes de formar um mundo não se esgotam na formação de um só, nem de um número limitado de mundos, quer se trate de mundos semelhantes ou dessemelhantes do nosso. Assim, nada se opõe a que existam infinitos mundos[35].

Deve-se também notar que todos esses infinitos mundos nascem e se dissolvem, alguns mais rapidamente, outros mais lentamente, na

---

33. Plutarco, *De animae procr.*, 6, 1015 c (= Usener, fr. 281, p. 201, 21ss.).

34. Cf. vol. IV, pp. 75ss., onde são documentadas as razões pelas quais Aristóteles considerava impossível a existência do infinito *em ato*.

35. *Epístola a Heródoto*, 45.

duração do tempo. Assim, não só os mundos são infinitos na infinidade do espaço, num dado momento do tempo, mas são também infinitos na infinita sucessão temporal. E apesar de existirem a todo instante mundos que nascem e mundos que perecem, Epicuro pode afirmar, como se disse antes, que o todo não muda. De fato, não só os elementos constitutivos do universo permanecem perenemente tais como são, mas também todas as suas possíveis combinações permanecem sempre atuadas, exatamente por causa da infinitude do universo, que dá lugar sempre à atuação de todas as possibilidades.

Eis como Epicuro concebe cada um dos mundos:

> Um mundo é uma parte circunscrita do céu, que compreende os astros, a terra e todos os fenômenos celestes separados do infinito, terminando num limite que pode ser de natureza rala ou espessa, cuja dissolução é também a dissolução de tudo o que nele está contido; ademais, em movimento ou parado, de forma redonda ou triangular, ou de qualquer tipo; nenhum dos dados da experiência se opõe a isso em nosso mundo, já que nele não podemos perceber o limite[36].

O nascimento dos novos mundos pode ter lugar, seja no espaço que separa um mundo do outro, chamado por Epicuro de intermundo, seja no interior de cada mundo, quando este esteja em vias de dissolução. O nascimento é determinado pelo afluxo de átomos tendo formas adequadas, provenientes de outros intermundos ou de outros mundos. Esses combinavam-se anteriormente entre si, em virtude dos movimentos que conhecemos; sucessivamente, esse composto de átomos cresce, por causa de grupos de átomos de formas adequadas que continuam a fluir, até completar-se; enfim, depois de ter alcançado o ponto culminante do crescimento e do equilíbrio, começa a perder átomos e, portanto, a decrescer, e, por último, dissolve-se, e os átomos dos quais era composto passam a gerar novos mundos[37].

Eis um testemunho antigo que descreve o modo como teria lugar, segundo Epicuro, a gênese do nosso mundo:

> O mundo, pois, constituiu-se em forma de figura curva do seguinte modo: dado que os corpos indivisíveis têm movimento imprevisível e casual, e movem-se continuamente e com a máxima velocidade, por isso muitos

36. *Epístola a Pitocles*, 88.
37. Cf. *Epístola a Pitocles*, 89.

deles, de figura e grandeza <e peso> as mais variadas, recolheram-se no mesmo lugar. Recolhidos, pois, todos juntos no mesmo lugar, alguns, os maiores e mais pesados, depositaram-se no ponto mais baixo; aqueles, ao contrário, que eram pequenos, redondos, lisos e escorregadios, eram expulsos pelo afluir de outros átomos e eram projetados para cima. Como depois cessasse a força repulsiva que os sustentava, e o choque não mais os impulsionasse para cima, mas também encontrassem impedimento para dirigirem-se para baixo, eram comprimidos para os lugares próprios a acolhê-los, isto é, os periféricos: e neles dispunha-se em volta a multidão de tais corpos que, enlaçados uns aos outros segundo uma linha curva, deram origem ao céu. Depois, os átomos que eram de várias espécies, como se disse, embora tendo a mesma natureza, impulsionados para o espaço superior, formaram a natureza dos astros. Além disso, a multidão dos átomos que subiam como evaporando, golpeava e comprimia o ar; o ar, por sua vez, transformado em vento pelo movimento que lhe era impresso e envolvendo os astros todos juntos, arrastava-os consigo e, por sua vez, imprimia-lhes no alto espaço o movimento rotatório que perdura até agora. Em seguida, dos átomos pousados embaixo teve origem a terra; dos que foram levantados ao alto espaço tiveram origem o céu, o fogo e o ar. Mas porque sobre a terra tinha-se ainda acumulado muita matéria, a qual se condensava pelos choques dos ventos e as exalações dos astros, tudo o que nela tinha configuração de partes pequenas foi ulteriormente comprimido e produziu a natureza líquida. Esta, sendo fluida, dirigiu-se para os lugares côncavos, próprios para acolhê-la, ou a água, depositada por si mesma, escavou os lugares que a contêm. As partes mais importantes do mundo, portanto, formaram-se do modo acima descrito[38].

No universo de Epicuro, a negação não só de toda finalidade, mas também de toda racionalidade é levada ao extremo, além do limite a que chegaram os próprios atomistas. De fato, as explicações teleológicas do cosmo surgiram posteriormente à escola de Abdera, sobretudo por obra e Platão e Aristóteles. E Epicuro quer desmentir justamente essas explicações, particularmente a platônica, do Demiurgo construtor do mundo. É claro, portanto, que dessa contraposição polêmica às novas posições fortemente teleológicas, a retomada do mecanicismo dos abderianos devia assumir um novo alcance. Mas, como já notamos e vê-se melhor agora, depois do que dissemos neste parágrafo, o mecanicismo epicurista, com a teoria da "declinação",

38. Ps. Plutarco, *Plac. philos.*, I, 4 (= Diels, *Doxographi graeci*, p. 289 = Usener, fr. 308).

tendo destruído a Necessidade que dominava no sistema dos abderianos, fica privado também do tipo de racionalidade ligado à Necessidade. Com efeito, é inegável que a Necessidade tenha a sua regra, a sua lógica e, nesse sentido, a sua razão (a lógica do não poder ser de outro modo). Mas, excluídos o Demiurgo que é Razão transcendente e a Necessidade com a sua razão imanente, não restam senão o Casual e o Fortuito, que são o irracional. E o cosmo epicurista fica inteiramente entregue a esse irracional. Epicuro, não Demócrito, é o filósofo que verdadeiramente "pôs o mundo por acaso".

Assim o cosmo deixa de ser a realização de um modelo inteligível no sensível, devido à bondade de um Demiurgo, ou aquela admirável ordem constituída pelo movimento causado pela perfeição de um Deus. A antítese entre a cosmologia epicurista e a do *Timeu* platônico ou a do *Tratado sobre o cosmo* aristotélico (ou a que se pode extrair dos exotéricos de Aristóteles) não poderia ser mais radical[39].

9. Os fenômenos celestes e suas múltiplas explicações

Na explicação da realidade, das causas do cosmo e dos mundos em geral, Epicuro é guiado constantemente pela preocupação de demonstrar que o todo não depende nem de um Deus ou de Deuses nem da Necessidade, mas unicamente dos princípios que acima examinamos, os únicos a libertar o homem de todos os temores e a abrir ao seu agir um espaço absoluto. A mesma preocupação guia Epicuro na explicação dos *fenômenos celestes particulares*. Mas, diante de tais fenômenos, o nosso filósofo muda repentinamente de metodologia, sustentando o curioso *princípio das múltiplas explicações possíveis*. Ora, esse princípio afirma que *os fenômenos físicos particulares* podem ter, cada um deles, causas diferentes e múltiplas. Uma vez excluído que aqueles fenômenos possam ser causados pelos Deuses ou pela fatal Necessidade, numerosas explicações podem ser sustentadas e aceitas como plausíveis ou satisfatórias.

Escreve expressamente Epicuro, na *Epístola a Pitocles*, dedicada exatamente a esse assunto:

39. Cf. Reale, *Aristotele, Tratatto sul cosmo...*, *passim*.

Antes de tudo, é preciso convencer-se de que no estudo dos fenômenos celestes, quer considerados na sua relação recíproca, quer independentemente uns dos outros, não há outro fim a alcançar senão a imperturbabilidade da alma e a segura confiança, assim como nas outras pesquisas; e não se deve forçar as coisas para conseguir o impossível, nem usar o mesmo método com relação a todos os objetos, quer se trate da pesquisa sobre os gêneros de vida, quer da pesquisa dirigida à solução dos problemas postos pela ciência da natureza como, por exemplo, "o todo consta de corpos e da natureza instável", ou "os elementos últimos da realidade natural são indivisíveis", ou outras proposições que, como estas, comportem uma solução de acordo com os objetos da experiência. *No que concerne aos fenômenos celestes, as coisas são diferentes: estes admitem várias explicações causais da sua origem e a possibilidade de várias determinações da sua essência, mas sempre de acordo com as sensações.* Quando se estuda a ciência da natureza, não se deve proceder por enunciados vãos e posições convencionais, mas do modo exigido pelos próprios objetos da experiência sensível. A nossa vida, de fato, não necessita de irracionalidade ou de vãs opiniões, mas da possibilidade de poder ser vivida sem perturbação. E obtemos uma paz sem sobressaltos se explicamos os fenômenos com o método das explicações múltiplas e de acordo com os objetos da experiência; deixando subsistir sobre eles, como convém, as opiniões prováveis. Quando, ao contrário, admite-se algo ou refuta-se algo do que está igualmente de acordo com os dados da experiência, é claro que em tal caso passa-se da ciência da natureza ao mito[40].

Em consequência, Epicuro apresenta todo um leque de possíveis explicações dos vários fenômenos relativos ao sol e à lua, aos cometas, às estrelas cadentes, às nuvens, aos relâmpagos, aos trovões, aos terremotos e a outros fenômenos desse tipo; explicações que, segundo ele, são todas igualmente possíveis e conformes aos fenômenos, isto é, metodologicamente plausíveis.

A contrastante atitude que Epicuro assume, de um lado, na explicação dos *fenômenos principais* da natureza e, de outro, na explicação dos *fenômenos particulares*, foi objeto de muitas críticas e de muita perplexidade, e nem sempre foram individuadas as suas razões de maneira correta.

Entretanto, deve-se notar que a explicação dos fenômenos físicos (particularmente dos fenômenos acima elencados) mediante uma

40. *Epístola a Pitocles,* 85-87.

multiplicidade de causas, já fora metodologicamente buscada por Teofrasto, como dissemos acima[41]. Os estratos árabe-siríacos da *Meteorologia* teofrastiana o confirmam de maneira patente[42]. Não há dúvida de que Epicuro, nesse ponto, é devedor de Teofrasto. Todavia, deve-se notar que no escolarca do Perípato, a explicação pluralista dos fenômenos físicos concorda, em grande parte, com a sua metafísica, porque, como vimos, ele procede com método análogo e não hesita até mesmo em levantar (embora depois não tenha a coragem de acolhê-la) a hipótese de uma alma cósmica, como possível alternativa à tese do Motor Imóvel, que explicaria igualmente bem o movimento universal. Em poucas palavras, Teofrasto, em sede ontológica, tem mais problemas do que certezas e, em geral, os seus interesses estão fora desse âmbito, e são quase totalmente projetados sobre as ciências (podemos dizer que ele é um metafísico ou un ontólogo somente *per accidens*)[43].

Ora, no caso de Epicuro, o discurso é nitidamente diferente. A sua ontologia é de um dogmatismo brilhante. As explicações últimas da realidade são únicas e tais que não admitem alternativa. A unicidade das causas supremas não parece deixar espaço à multiplicidade das causas dos fenômenos físicos. Com efeito, o nosso filósofo, para justificar o comportamento diferenciado dos fenômenos físicos, não pode apelar para razões plausíveis: não pode apelar para a *declinação*, que pode sempre mudar a causação dos fenômenos, nem para a *infinidade do cosmo*, que nas suas inumeráveis combinações pode produzir os mesmos fenômenos de diferentes modos, porque não se vê como estas razões devam valer *somente para alguns fenômenos e não para todos*. A verdade é que, para Epicuro, a explicação dos fenômenos particulares, ou seja, a física propriamente dita, não interessa absolutamente. Interessava-lhe somente ganhar através dela a tese negativa de que os fenômenos *não* são produzidos por naturezas inteligíveis, isto é, por seres divinos, assim como não são produzidos pela necessidade, enquanto era-lhe totalmente indiferente a positiva,

41. Cf. *supra*, pp. 121ss.

42. Sobre esses extratos ver as indicações que damos em Reale, *Aristotele, Trattato sul cosmo...*, pp. 113s., nota 95.

43. Cf. Reale, *Teofrasto...*, *passim*.

clara, objetiva e desinteressada explicação científica deles. O interesse científico em sentido moderno era totalmente estranho a Epicuro. Mas isso, mais do que um reparo crítico negativo, deve ser considerado como uma observação essencialmente estrutural: Epicuro compreendeu perfeitamente que o problema da vida — o único problema que verdadeiramente contava para ele — não pode ser resolvido pela explicação científica dos fenômenos particulares, isto é, por aquela explicação que hoje chamamos propriamente de "ciência"; a felicidade e a paz do espírito só podem vir de uma explicação última das coisas, isto é, da descoberta da verdade acerca dos primeiros e supremos princípios da realidade na sua totalidade, vale dizer, da ciência das causas primeiras e supremas, da ontologia. Mas ouçamos as precisas palavras, muito significativas, do filósofo a respeito disso, tiradas da *Epístola a Heródoto*:

Sobre os corpos celestes, não se deve crer que o seu movimento e as suas revoluções, o surgimento e o ocaso, e outros fenômenos desse tipo, aconteçam por obra de algum ser que assim dispõe ou tenha disposto, gozando, ao mesmo tempo, da mais plena felicidade na imortalidade, visto que as ocupações, as preocupações, as iras, as benevolências não são conciliáveis com a felicidade, mas verificam-se em condições de fraqueza, de temor, de carência daqueles que estão ao nosso redor. E tampouco deve-se crer que esses corpos não sejam mais do que a condensação do fogo capaz de possuir felicidade e realizar os seus movimentos por espontâneo ato de vontade. Mas em todas as expressões que se referem a tais noções é preciso conservar intacto o caráter venerando, e esforçar-se para que nelas nada contradiga tal caráter: essa contradição, de fato, traria para as nossas almas a máxima perturbação. Por isso deve-se pensar que o seu movimento regular é necessário, e realiza-se por causa do modo pelo qual tais aglomerados foram comprimidos inicialmente no todo na origem do mundo.

Deve-se reter, ademais, que é tarefa da ciência da natureza indagar as causas dos fatos fundamentais, e que nisso consiste a felicidade [no conhecimento dos fenômenos celestes], e em conhecer a natureza das realidades que se contemplam nos céus, e em aprender tudo o que é afim, em vista do conhecimento rigoroso de tudo isso. Nesse tipo de pesquisa, não é possível adotar o método das diferentes explicações nem admitir que as coisas possam também ser de outro modo; é preciso, antes, crer absolutamente que numa natureza feliz e imortal não há nada que possa provocar contraste ou perturbação; e que isso seja assim, pode-se captar com a razão. Ao contrário, o que concerne à pesquisa sobre o ocaso ou o surgimento dos astros, as revoluções, os eclipses e sobre todo fenômeno a eles afim, não tem qualquer relação com a felicidade: os que conhecem essas coisas, mas ignoram ao mesmo tempo a natureza dos seres e as causas fundamentais, estão sujeitos aos temores exatamente como se não soubessem nada, e talvez até mais, porque o estupor que lhes deriva do conhecimento de tais fenômenos é a causa de eles não saberem encontrar a solução e o princípio de ordenamento nas questões fundamentais. Por essa razão, se fixarmos mais de uma causa para as revoluções, para o surgimento ou ocaso, para os eclipses e para outras realidades análogas, não devemos crer que nesse ponto as nossas exigências não tenham alcançado a exatidão necessária à traquilidade e à felicidade. Por isso, examinando bem as maneiras em que podemos verificar tal fenômeno no âmbito da nossa experiência, devemos buscar a causa dos fenômenos celestes e de tudo o que ultrapassa os nossos sentidos; desprezando os que nada sabem, a propósito dos fenômenos que se verificam à distância, quais os que se verificam seguramente num único modo e quais podem também verificar-se de diferentes modos, e além disso ignoram os casos em que não é possível conservar a impassibilidade, <aqueles nos quais, ao contrário, é possível>. Assim, se retemos que um fenômeno pode verificar-se de certo modo [...], sabendo ao mesmo tempo que pode verificar-se de outros modos, conservaremos a tranquilidade da alma como se soubéssemos com certeza que ele se verifica daquela determinada maneira.

Sobre isso é preciso refletir sobretudo o seguinte: a máxima perturbação gera-se na alma dos homens quando eles retêm que certas realidades são perfeitas e felizes e, ao mesmo tempo, atribuem-lhes propriedades contrárias a isso, como vontade, ação, efetuações, e esperam ou suspeitam, seguindo o mito, alguma terrível pena para a eternidade, ou temem o fim da sensibilidade que se dá na morte, como se ela lhes tocasse diretamente, e sofrem tudo isso não por reflexão, mas por disposição irracional; de modo que, não sabendo determinar bem qual é o mal que os espera, sofrem uma perturbação igual ou até maior do que a que sofreriam se verdadeiramente tivessem sobre tudo isso uma opinião segura. A tranquilidade do espírito consiste, ao contrário, em libertar-se de tudo isso, e em ter na mente os princípios gerais e fundamentais. Para isso é preciso ater-se às sensações e às afecções que se verificam em nós, em geral às que são gerais, em particular às que são particulares, e ater-se à evidência de acordo com cada um dos nossos critérios de juízo. Se nos fixarmos em tudo isso, saberemos encontrar a causa da origem do temor e da perturbação e nos libertaremos dela, indagando as razões dos fenômenos celestes e de todos os outros que sempre se verificam, e que tanto temor trazem ao resto dos homens[44].

44. *Epístola a Pitocles*, 76-81.

Considerando bem, o sentido de tais afirmações tem alcance muito mais profundo do que comumente se reconhece. A distinção entre uma ciência que explica a totalidade do real, buscando e atribuindo-lhe as supremas causas, e só admite explicações unívocas e incontrovertidas, e uma ciência dos fenômenos particulares e das suas causas particulares, que admite explicações diferentes e até opostas, corresponde, parece-nos, à distinção entre uma ciência ou *filosofia primeira* e uma ciência ou *filosofia segunda*, ou seja, entre uma metafísica, ou melhor, uma *ontologia* e uma *física* propriamente dita; distinção que Epicuro, depois do explícito repúdio das aquisições da "segunda navegação" platônica, não tem mais como medir exatamente do ponto de vista teórico, mas que, *de fato*, é constrangido a reintroduzir pela força das coisas. Esta distinção é tanto mais interessante, justamente pela desvalorização, operada sem meios termos, do conhecimento dos fenômenos particulares, isto é, do tipo e do objeto do conhecimento que hoje é buscado pelas ciências. Epicuro compreendeu muito bem que nas decisões relativas às opções morais do homem *incide só o conhecimento da totalidade na qual o homem se põe ontologicamente, e compreendeu que determinante só pode ser, portanto, o conhecimento das causas dessa totalidade e nada mais.* Esta intuição pode ser muito indicativa para o homem de hoje, o qual, depois de decênios de indiscriminada exaltação da onipotência da ciência, começa a dar-se conta de que ela não resolveu os seus problemas de fundo, antes, sob muitos aspectos, agravou-os.

10. A alma, a sua materialidade e mortalidade

A alma, como todas as outras coisas, é um agregado de átomos. Agregado formado em parte de átomos *ígneos*, *aeriformes* e *ventosos*, os quais constituem a parte irracional e alógica da alma, e, em parte, de átomos "diferentes" dos outros, não tendo um nome específico, os quais constituem a sua parte racional[45].

Portanto, a alma, como todos os outros agregados, *não é eterna, mas mortal.* E essa é uma consequência necessária das premissas

45. Cf. *Epístola a Heródoto*, 63.

materialistas do sistema. De fato, vimos amplamente, no terceiro volume, que o conceito de imortalidade só pode ser estabelecido sobre o conceito do suprassensível, do espiritual, do imaterial e do incorpóreo. Mas, depois da perda das conquistas da "segunda navegação", Epicuro não pode mais nem sequer compreender o que quer dizer *incorpóreo* no sentido platônico e aristotélico. Eis as suas palavras:

Deliram, portanto, os que sustentam que a alma é um ser incorpóreo: se fosse, não poderia nem agir nem sofrer, no entanto, podemos captar claramente na alma esses dois acidentes[46].

Mas note-se como a verdade, forçosamente reprimida, consegue fazer-se valer nitidamente. Epicuro, na linha de Platão e de Aristóteles, corrige a psicologia dos antigos atomistas, distinguindo uma parte irracional da alma e uma racional. Mas é justamente através dessa distinção que se reafirma a verdade negada. Epicuro, com efeito, sabe classificar muito bem os átomos que constituem a parte irracional da alma, afirmando que eles são *ventosos* e *ígneos* (ou seja, são os átomos mais sutis e móveis que existem); *mas não sabe qualificar os átomos que constituem a parte racional da alma*. Escreve, de fato:

Depois disso, devemos considerar, referindo-nos sempre às sensações e às afecções, que a alma é um corpo sutil, espalhado por todo o composto, muito semelhante ao sopro, e tendo em si certa medida de calor, portanto, por um lado semelhante a um e, por outro, semelhante ao outro; e *existe nela uma parte que, pela sua extrema sutileza, diferencia-se também desses elementos*, e por isso encontra-se numa particular relação com o resto do organismo. Prova disso são as capacidades da alma e suas afecções, os movimentos e os pensamentos, e todas as faculdades sem as quais deixa de viver[47].

Aqui é evidente a sub-reptícia introdução, mais ou menos camuflada, de uma *diferença qualitativa*, não justificada nos quadros do atomismo. Já Plutarco notava:

A parte com a qual a alma julga, recorda, ama, odeia, em geral, a parte do pensamento e da razão, dizem [os epicuristas], de fato, que é composta de uma substância sem nome. E nós sabemos que essa substância sem nome não é senão uma confissão de vergonhosa ignorância de quem não sabe como chamar o que não consegue compreender[48].

46. *Epístola a Heródoto*, 67.
47. *Epístola a Heródoto*, 63.
48. Plutarco, *Contra Colotes*, 20, 1118 d (= Usener, fr. 314, p. 218, 13ss.).

Mas o caráter aporético da psicologia epicurista mostra-se ainda mais gritante à luz dessas considerações ulteriores. A admissão da existência de átomos, que diferem muito em sutileza dos átomos já sutis como são os aeriformes e ígneos, para explicar o psiquismo propriamente dito, pareceria implicar logicamente a admissão da *originalidade* do psiquismo como prerrogativa desses átomos especiais. Ao invés, Epicuro insiste em dizer que a alma é alma e possui suas típicas funções psíquicas, particularmente a sensibilidade, somente se e enquanto está num corpo. Morto o corpo, os átomos que constituíam a alma dispersam-se e desaparece toda sensibilidade, sentimento, pensamento e consciência. Mas a unidade da alma, que é unidade da consciência e, portanto, da pessoa, não é uma unidade que resulta da agregação e da soma de partes, já que é original e não composta. Mas é justamente isso que Epicuro não sabe explicar. Para Epicuro, vale exatamente aquilo que V. E. Alfieri nota a propósito dos antigos atomistas: "[...] os atomistas não conseguem explicar nem o que há de unitário e sintético no fato de consciência, nem a unidade do indivíduo como pessoa. O seu pluralismo parte do uno e procede, como vimos, da lógica multiplicação do uno; mas esse uno, que é o átomo, é o limite inferior do ser, não a concretude, riqueza e individualidade do ser. Com a individualidade abstrata, quantitativa, de tipo matemático, mesmo projetada no mundo físico, não se chega a explicar a individualidade real, de qualquer modo em que esta deva ser posteriormente concebida; com a fisicidade e o mecanismo não se explica a espiritualidade porque, de qualquer modo que se queira conceber aquilo que, em sentido não genérico, designamos como espiritualidade, a imaterialidade do seu ser e do seu agir não se deixa reduzir a simples manifestação mecânica da matéria. É verdade que os atomistas, admitindo como original (pelo menos no cosmo já formado) o caráter ígneo dos átomos da alma [e, para Epicuro, mais ainda, admitindo também átomos especialíssimos que constituem a parte racional da alma]..., podiam crer que explicavam suficientemente a especificidade da alma diante dos outros corpos. Mas a sua substância alma continuava sendo sempre uma multiplicidade de átomos justapostos e, por isso, uma multiplicidade fluida: ela não constituía uma verdadeira unidade e, portanto, continuava sendo inexplicável que o homem, ou o ser animado em geral, possa ser um centro de consciência. Em tanta superabundância de individualidades, que eram individualidades elementares, ficava sem explicação a individualidade superior; e sobretudo aquele centro individual que nós designamos com o termo Eu"[49]. Mas depois de Sócrates, Platão e Aristóteles, a falta de explicação em Epicuro, diferentemente dos atomistas, significa a perda do sentido de algumas conquistas de inestimável valor.

11. Os simulacros e o conhecimento

A sensação e, em geral, os processos cognitivos são explicados por Epicuro segundo os modos deduzidos sempre do atomismo (os quais, como vimos, eram em parte comuns também a Empédocles). De todas as coisas emanam "imagens" ou "simulacros" (εἴδωλα) que lhes reproduzem os traços e, penetrando em nós, produzem não só as sensações, mas também o pensamento. Eis como Epicuro caracteriza esses *eídola*:

> Existem imagens com a mesma configuração dos corpos sólidos, mas que, pela sua leveza, são muito diferentes das coisas manifestas aos sentidos. Não é, de fato, impossível que, no ambiente que nos circunda, formem-se semelhantes emanações, e condições aptas à formação de objetos côncavos ou planos, ou formem-se fluxos que conservem a mesma disposição e a mesma estrutura dos corpos sólidos dos quais provêm: tais imagens são as que nós chamamos simulacros[50].

Esses fluxos, por causa da sua sutileza, expandem-se em todas as direções com um movimento veloz como o pensamento[51] e, penetrando em nós, fazem-nos sentir e também pensar. As percepções sensíveis, como já sabemos, são verdadeiras justamente na medida em que são apreensões diretas dos simulacros que procedem das coisas e oferecem a realidade delas[52].

De modo análogo, Epicuro explica as representações fantásticas, as representações dos sonhos e dos delírios. De fato, ele diz que os simulacros podem manter-se por muito tempo, conservando a disposição e a ordem que os átomos tinham na coisa da qual provêm,

49. Alfieri, *Atomos Idea...*, p. 150.
50. *Epístola a Heródoto*, 46.
51. Cf. *Epístola a Heródoto*, 48.
52. Cf. *Epístola a Heródoto*, 49-50.

mas podem também se decompor, deformando-se ou recompondo-se, combinando-se também com simulacros de outras coisas. E são justamente esses simulacros isolados, deformados, decompostos ou desconexos, que provocam as representações dos sonhos, dos delírios, das fantasias. Em qualquer caso, portanto, as nossas representações são geradas pelos simulacros; não são algo derivado do nosso interior, mas algo que nos chega sempre objetivamente do exterior.

Também o pensamento é explicado com base na ação dos simulacros, mas de um modo muito menos claro. Em particular, Epicuro não sabe dar razão do que o pensamento tem de propriamente ativo e do que ele tem de autônomo com relação à sensação. Todavia, Epicuro admite que, junto com o movimento psíquico produzido na alma pelas percepções, se produz também outro movimento psíquico especial, junto com a percepção, *mas que se pode, de certo modo, distinguir dela.* É justamente desse movimento psíquico, distinto da percepção, que nasce a opinião e, por consequência, como já sabemos, também a possibilidade de erro[53]. Mas essa admissão não é aprofundada, assim como não é aprofundado o problema da consciência e da autoconsciência. Com efeito, para esses problemas, com a sua doutrina dos simulacros, Epicuro não tem respostas plausíveis.

E assim, por razões análogas, Epicuro não tem condições de explicar, em sede teórica, o que são a vontade e a liberdade, que constituem o pressuposto central da sua ética. Como já notamos, sem o conceito do espiritual não podem ser exatamente definidos os conceitos de vontade e de liberdade. Pode-se, no máximo, invocar o princípio da "declinação" dos átomos; mas ao transpor esse princípio para a alma, entendida no modo acima visto, não se compreende o que ele pode positivamente significar.

12. A concepção dos Deuses e do divino

Nesse universo constituído exclusivamente de átomos, vazio, movimento de queda e "declinação", nessa visão fisicista, que dissolve

53. Epicuro, *Epístola a Heródoto*, 51. Eis o texto exato: "Nem o erro poderia verificar-se *se nós não concebêssemos* outro movimento em nós, junto <com a faculdade imaginativa> e, *contudo, distinto em certo modo desta*".

todas as coisas em elementares componentes materiais e nega categoricamente o espiritual, não poderia haver espaço para a Divindade e para seres divinos. Ademais, Epicuro propõe-se, justamente, como um dos objetivos essenciais, libertar os homens do temor dos Deuses. Portanto, esperaríamos ou ouvir Epicuro negar o Divino ou ouvir falar dele, no máximo, como um atributo dos átomos indestrutíveis e eternos; noutros termos, esperaríamos, no máximo, afirmações do mesmo teor das que encontramos nos antigos físicos, que faziam coincidir o Divino com o Princípio ou os Princípios naturais de todas as coisas.

No entanto não é assim, e a posição que o nosso filósofo assume mostra-se totalmente surpreendente.

Epicuro nega secamente, não a existência do Divino e dos Deuses, mas a existência do Divino e dos Deuses tal como era comumente entendida, e contra tais representações ele se faz paladino de uma nova e revolucionária concepção, subvertendo não só o modo de imaginar do vulgo e dos poetas, mas também o modo de pensar dos filósofos. De fato, como veremos, a teologia epicurista é excêntrica com relação a toda a teologia grega, mesmo mantendo alguns traços próprios do pensamento helênico.

a) Comecemos pela polêmica contra os Deuses da religião popular. Eis um dos textos mais explícitos de Epicuro:

> Antes de tudo, deves pensar que a divindade seja um ser vivo imortal e feliz, como é sugerido pela noção comum do divino, e não lhe deves atribuir nada estranho à imortalidade e que discorde da felicidade; ao contrário, pensa dela tudo o que pode servir para preservar a felicidade junto com a imortalidade. Os deuses existem: temos deles conhecimento evidente. Mas não existem da maneira como os concebe o vulgo; e isso tira todo fundamento real da forma com a qual são comumente concebidos. Ímpio não é quem renega os deuses do vulgo, mas quem aplica as opiniões do vulgo aos deuses. De fato, os juízos do vulgo sobre os deuses não são prenoções, mas suposições falsas; e com base em tais suposições costuma-se atribuir aos deuses os maiores danos e os maiores benefícios[54].

Deixando para depois a explicação das afirmações particulares, queremos, em primeiro lugar, explicitar os pressupostos implicados nessa monolítica tomada de posição contra os Deuses da fé popular.

54. *Epístola a Meneceu*, 123s.

Desde os tempos de Homero, e mesmo antes, era firme convicção do grego que a boa ou a má sorte, o sucesso ou o fracasso dos homens dependiam fundamentalmente dos Deuses, do seu favor ou da sua aversão. Por todo o período em que a *polis* esteve no auge, o grego acreditou em Deuses que a protegiam e, laboriosamente, regiam os seus destinos: eram Deuses aos quais se devia rezar, suplicar, aplacar, implorar, segundo as circunstâncias, porque eram considerados perenemente capazes de favorecer ou arruinar, e considerados como as causas primeiras e os autores das grandes desventuras, assim como das grandes venturas públicas. Depois da crise da *polis* e da consequente crise dos Deuses da *polis*, se o grego deixou de crer numa intervenção dos Deuses na sorte da Cidade, continuou, todavia, a crer na intervenção dos Deuses na sorte do indivíduo.

Se, por um lado, a era helenística, de fato, apresenta manifestações de ceticismo e de descrença, por outro, apresenta "retornos ao antigo pietismo"[55] e acentua os traços supersticiosos dessas crenças. Ora, é claro que quem está convencido da caprichosa intervenção dos Deuses será levado a interpretar todas as desventuras como punições divinas das próprias culpas e dos próprios deméritos, afligindo-se e atormentando-se profundamente com isso, e, assim, será infeliz. Além disso, se ainda acreditar na imortalidade da alma, não cessará de temer a punição dos Deuses também depois da morte.

Ora, segundo Epicuro, é exatamente esse o erro no qual incorre a representação vulgar dos Deuses: *acreditar que eles se ocupem e se preocupem com os homens e com os seus afazeres públicos ou privados*. Para Epicuro, é verdade exatamente o contrário; ele afirma, de fato:

> [...] que todo ser que pertence à espécie divina é tal que não provoca em nós qualquer perturbação, e é privado de tudo o que incute temor [...][56].

Relata também Cícero:

> A divindade, de fato, não age, não está implicada em ocupações desse tipo, não se prodiga em qualquer obra, goza da sua sabedoria e da sua virtude,

---

55. Cf. Bignone, *L'Aristotele perduto...*, I, p. 284.

56. Filodemo, *De pietate*, fr. 104, p. 122 Gomperz (= Usener, fr. 33 = Arrighetti^2, fr. 17, 3).

e sabe com absoluta certeza que será sempre imersa nos prazeres ao mesmo tempo excelsos e eternos[57].

b) E em que estão erradas as representações filosóficas da Divindade? Compreenderemos melhor o pensamento de Epicuro se tivermos bem presente que as representações filosóficas visadas por ele são as do último Platão e as divulgadas pela produção exotérica de Aristóteles. Trata-se, portanto, da concepção do Deus Demiurgo plasmador do cosmo, a concepção que via nos seres celestes seres divinos dotados de vida e inteligência, a concepção que provocou o nascimento de uma religião filosófica, na qual se refugiavam os doutos: a religião do Deus cósmico. Pois bem, o erro dessa representação do divino é o mesmo da religião vulgar, um erro que, para Epicuro, é agravado ulteriormente. De fato, ambas atribuem aos Deuses os cuidados e as preocupações derivadas da construção e do governo do mundo, e, ademais, não sendo Deuses caprichosos como os da fé popular, mas Deuses que governam o mundo com regras e leis constantes, resultam, consequentemente, fautores da tão execrada Necessidade. Portanto, nem os Deuses são causa do cosmo e dos corpos celestes, nem são identificáveis com esses corpos celestes, como lemos na passagem da *Epístola a Heródoto*, acima citada[58].

Mas, por que motivo, então, Epicuro admite os Deuses, e sobre que bases, se não se apoia nem na fé popular, nem nos argumentos dos físicos, nem nos argumentos legados pela "segunda navegação" platônica?

Eis as suas argumentações:

[1] Temos um conhecimento *evidente* (ἐναργὴς γνῶσις) dos Deuses, e a evidência, como sabemos pela lógica, é sempre irrefutável[59].

[2] Esse conhecimento evidente é possuído não só por alguns, mas por todos os homens de todos os tempos e de todos os povos, mesmo pelos mais incultos[60].

[3] Esse conhecimento é, exatamente, uma "prolepse" ou "premonição", e, como tal, é produzido por precisos *eídola* ou simula-

57. Cícero, *De nat. deor.*, I, 19, 51 (= Usener, fr. 352, p. 235, 17s.).

58. *Epístola a Heródoto*, 76s. (ver *supra*, pp. 189ss.).

59. *Epístola a Meneceu*, 123.

60. Cf. *Epístola a Meneceu*, 123; cf. também Cícero, *De nat. deor.*, I, 16, 43 (= Usener, fr. 352).

cros, que, por sua vez, só podem provir de respectivos objetos, mesmo que estes estejam fora do alcance dos nossos sentidos. Relata Cícero:

Só Epicuro compreendeu que antes de tudo os Deuses devem existir, justamente porque a própria natureza imprimiu a sua noção na alma de todos os homens. E qual estirpe ou raça humana jamais existiu que não tenha, mesmo sem o conhecimento verdadeiro e próprio, pelo menos a premonição do divino? aquela premonição que Epicuro chama πρόληψις [...][61].

[4] A realidade, na sua infinidade, é governada por uma lei de equilíbrio ou de compensação (ἰσονομία), que pressupõe a existência de seres divinos. Relata Cícero:

Grandíssima é a essência do infinito e altamente digna da maior e mais diligente atenção; e é preciso compreender bem que tal é a sua natureza, que todas as coisas se correspondem exatamente, as iguais às iguais. Epicuro chamava isso de ἰσονομία, isto é, reta distribuição. Dessa razão decorre que, sendo tal a multidão dos homens, equivalente deve ser, e não menor, a dos Deuses imortais; e se as suas forças dissolventes são inumeráveis, infinitas devem ser igualmente as preservadoras[62].

[5] Enfim, Epicuro devia apelar para uma espécie de argumento *ex gradibus*. Relata-nos, com efeito, Cícero, que Epicuro afirmava a existência dos Deuses porque considerava necessária a existência de uma natureza excelsa, *à qual nada seria superior*:

Placet enim illi [*scil.*: Epicuro] *esse deos, quia necesse sit praestantem esse aliquam naturam, qua nihil sit melius*[63].

Mas se essas razões, num primeiro momento, resultam claras, logo se ofuscam quando perguntamos sobre a natureza desses Deuses de Epicuro. E, nesse ponto, o nosso filósofo não cessa de nos surpreender. Os Deuses têm figuras análogas às dos homens, porque a figura humana é a mais bela existente na natureza. Mas, eis o que, segundo Cícero, ele acrescentava:

Todavia essa [= dos Deuses] conformação não é corpo, mas *quase corpo*, não é sangue, mas *quase sangue* [...][64].

---

61. *Ibidem*.
62. Cícero, *De nat. deor.*, I, 19, 50 (= Usener, fr. 352, p. 235, 10ss.).
63. Cícero, *De nat. deor.*, II, 17, 46 (= Usener, fr. 358, p. 240, 21ss.).
64. Cícero, *De nat. deor.*, I, 18, 49 (= Usener, fr. 352, p. 234, 1s.); cf. também *De nat. deor.*, I, 25, 71 (= Usener, p. 234, 6ss.).

Não é necessário dizer que, aqui, o "quase" arruína o raciocínio filosófico e põe irremediavelmente às claras a insuficiência do materialismo atomístico. Como todas as outras coisas, os Deuses devem ser constituídos de átomos; mas todo composto atômico é suscetível de dissolução, enquanto os Deuses são imortais. Ora, afirmar que o composto atômico que constitui os Deuses, diferentemente do que constitui todas as outras coisas, não se dissolve porque as suas perdas (sofridas com o contínuo fluxo dos átomos que formam os simulacros) são continuamente repostas, não é senão deslocar o problema. De fato, não há como explicar a razão do estatuto privilegiado desses compostos. E, então, a Epicuro não resta senão aquele aporético "quase corpo", que, na realidade, revela inexoravelmente a estrutural incapacidade do atomismo de explicar os Deuses. Porém, há mais. Num fragmento lemos:

> Na obra *Sobre os Deuses* [Epicuro] diz que não há dúvida de que o ser que possui uma natureza perfeita deve ser perceptível com o intelecto e não deve ser de modo algum concebido como sensível[65].

Daqui se conclui claramente que, assim como a propósito dos átomos que constituem a alma racional, também nesse caso, sub-repticiamente, Epicuro introduz o inteligível. Com efeito, a afirmação lida só tem sentido se concebemos intelecto e sentido como tendo uma natureza diferente, isto é, de maneira não materialista e não sensista, dado que, para o sensismo, o intelecto não pode ser algo superior, mas apenas um sentido enfraquecido e extenuado, e o que ele colhe não pode nunca ser algo metassensorial e metaempírico.

Mais do que nunca fica evidente o que tentamos demonstrar no curso desta obra: do ponto no qual aportou a "segunda navegação" platônica não se pode retroceder, se se quer fazer um discurso racional sobre Deus; o que significa que, sem a categoria do espiritual, Deus não pode ser representado, a não ser incorrendo nas mais grosseiras contradições.

E tudo o mais que Epicuro diz dos Deuses confirma claramente o que afirmamos. Os Deuses são numerosíssimos: são pelo menos

---

65. Filodemo, *De pietate*, fr. 117, p. 133 Gomperz (= Usener, fr. 34 = Arrighetti[2], fr. 17, 4). Cf. também Cícero, *De nat. deor.*, I, 19, 49 (= Usener, fr. 352, p. 234, 3ss.); cf. também *De nat. deor.*, II, 37, 105 (= Usener, p. 234, 26ss.).

tantos quantos são os homens; também estão divididos em seres masculinos e femininos, habitam nos intermundos, conversam e falam uma língua semelhante à grega (que é a língua dos sábios), e transcorrem a eternidade na alegria da sua sabedoria e da sua companhia, sem perturbações e preocupações de qualquer espécie, numa esfera em si totalmente fechada às questões dos mundos e dos homens e, em geral, de todas as coisas que nascem e morrem[66].

Como dizíamos, a concepção dos Deuses de Epicuro é excêntrica com relação a todo o pensamento do helenismo. A fé popular admitiu os Deuses para explicar a vida e as questões humanas, enquanto os filósofos admitiram a Divindade para explicar o cosmo e a realidade; e Epicuro rejeita justamente essas duas motivações que constituíam os eixos centrais da crença nos Deuses e no Divino. Mas, ao mesmo tempo, mantém alguns traços particularmente helênicos do pensamento teológico antigo: justamente os traços mais aporéticos. Da fé popular ele retém o antropomorfismo, reportando-se a Xenofonte; da concepção filosófica de Aristóteles, mantém a convicção da impassibilidade de Deus, que oportunamente discutimos amplamente[67] e que é fonte de insuperáveis dificuldades.

Dize-me que Deus tens e dir-te-ei quem és, dizia Goethe. Mas o princípio é também reversível: dize-me quem és e dir-te-ei que Deus tens. Epicuro não é um metafísico, nem um físico no sentido antigo; justamente por isso ele não relaciona o seu Deus com a sua ontologia e a sua física, as quais desempenham no seu sistema o papel funcional de suporte para a ética. E como o seu interesse de fundo é de caráter ético, assim também a concepção do seu Deus: o seu Deus, em última análise, é o ideal da sua ética objetivado e hipostasiado. Aqueles Deuses que vivem uma vida eterna sem preocupações e perturbações, e gozam de sábias conversações em plena amizade são, de fato, a projeção do ideal do Jardim, a imagem ampliada que reproduz perfeitamente os modos e os traços segundo os quais a escola epicurista ensinava aos homens a vida feliz, o que examinaremos no próximo capítulo.

E quando Epicuro proclamava que os Deuses devem ser honrados, mesmo que não nos tenham gerado nem se preocupem conosco,

---

66. Cf. Usener, frs. 352-366.
67. Cf. vol. II, pp. 335ss.

simplesmente pela sua majestade, superioridade e excelência[68], longe de pecar por conformismo ou hipocrisia, como alguns antigos pensaram, dizia algo do qual estava profundamente convencido. A honra aos Deuses significava, em última análise, honrar o ideal de vida que, do Jardim, ele pregava aos homens e que constituía a marca da sua própria existência[69].

68. Cf. Sêneca, *De benef.*, IV, 19 (= Usener, fr. 364, p. 243, 4 ss.).

69. Para um aprofundamento da teologia epicurista ver: A. J. Festugière, *Épicure et ses Dieux*, Paris 1946 (1968[2]; trad. ital. Brescia 1952).

IV. A ÉTICA EPICURISTA

1. O prazer como fundamento da ética

Vimos que a física de Epicuro transborda nitidamente os limites estabelecidos pela lógica. De modo análogo, e talvez ainda mais — e também isso notamos —, a sua ética transborda os quadros fixados pela sua física. Naturalmente, não queremos negar a existência de largos traços nos quais a ética do nosso filósofo concorda com a sua lógica e a sua física; todavia, isso não impede que justamente algumas das notas mais características dessa ética, sobretudo a têmpera espiritual que a marca por inteiro, ultrapassem de muito o âmbito do sensismo e do atomismo. Isso explica muito bem que essa ética tenha sido objeto de interpretações opostas. Na antiguidade, quis-se ver nela um vulgar e até repugnante hedonismo; em tempos recentes, ao contrário, acreditou-se poder até mesmo negar que seja lícito falar de hedonismo epicurista.

Tentemos, pois, reconstruir o pensamento do filósofo.

A filosofia moral, a partir de Sócrates, como vimos, fixou perfeitamente o estatuto da ética. Esta deve estabelecer a essência do homem, a sua *aretḗ* peculiar, o seu bem específico e, portanto, o seu modo de viver para alcançar esse bem que o torna feliz. De Sócrates a Aristóteles, concordemente, a especulação moral estabeleceu que o *bem moral* do homem não é outro senão a atualização da sua essência, o realizar-se e fazer-se plenamente o que ele é, e que a felicidade se alcança sempre e somente por essa via da completa realização da própria essência.

Também Epicuro condivide essa formal concepção da ética, então irreversivelmente adquirida, mas separa-se nitidamente da linha socrático-platônico-aristotélica na determinação da essência do homem, isto é, na determinação do próprio fundamento da ética. E sobre este ponto ele é totalmente coerente com os princípios da sua lógica e da sua física. Como a natureza em geral é constituída por átomos materiais e agregados de átomos, assim também a específica natureza do homem é constituída por agregados de átomos: o agregado de átomos da alma e o agregado de átomos do corpo; ambos materiais. Se material é a essência do homem, material será necessariamente também o seu bem específico, aquele bem que, atuado e realizado, torna feliz. Qual seja esse bem, a natureza considerada na sua imediateza no-lo diz sem meios termos, mediante os sentimentos fundamentais do *prazer* e da *dor* (assim como sem meios termos nos diz o que é verdade mediante a sensação). Os seres vivos, desde o nascimento, instintivamente buscam os prazeres e instintivamente fogem das dores.

Relata Cícero:

> Desde o nascimento, todo ser vivo tende ao prazer, goza deste como o sumo bem, foge da dor como do mal supremo e afasta-o de si o máximo possível; e realiza tudo isso sem ter ainda sofrido qualquer corrupção, seguindo o critério da natureza ainda inocente e íntegra. Epicuro por isso nega que seja necessário raciocinar e argumentar para provar por que o prazer deve ser escolhido e a dor, recusada: pensa, de fato, que isso é objeto de sensação imediata, como o fato de o fogo ser quente, a neve, branca, o mel, doce, coisas que não devem ser provadas com específicos raciocínios, bastando simplesmente enunciar [...]. Dado que, desaparecendo a faculdade de sentir, não resta nada ao homem, é preciso julgar com base na própria natureza o que é contrário ou de acordo com a natureza: e o que pode captar ou julgar o que se deve escolher ou rejeitar senão o prazer ou a dor? [...][1].

Portanto, princípio e fim do agir humano deve ser o prazer, porque esse é o verdadeiro bem natural: é aquilo que, quando possuído, torna feliz.

Eis algumas explícitas afirmações do nosso filósofo. Na *Epístola a Meneceu* lemos:

> Por isso dizemos que o prazer é princípio e fim do viver feliz. De fato, o consideramos como um bem primeiro e conatural a nós, e a partir dele nos movemos a assumir qualquer posição de escolha ou de recusa, assim como a ele nos referimos ao julgar todo bem com base no critério das afecções[2].

E da obra intitulada *Do fim* foram conservados os seguintes fragmentos, altamente eloquentes:

---

1. Cícero, *De fin.*, I, 9, 30 (= Usener, fr. 397, p. 264, 9ss.).
2. Epicuro, *Epístola a Meneceu*, 128s.

Quanto a mim, não posso imaginar o bem se suprimimos as delícias do gosto, as do amor, as do ouvido, e os movimentos de prazer que derivam da visão das belas formas[3].

Não sei o que entender por bem se prescindimos dos prazeres que sentimos com o gosto, dos <que provêm dos prazeres eróticos>, dos que provêm ao ouvido pelos cânticos, dos movimentos agradáveis que temos à vista das belas formas, e de todos os outros que podemos verificar num ser humano por meio de qualquer sentido. Não se pode dizer, na realidade, que a alegria do pensamento deva ser considerada o único bem. Pois o pensamento rejubila-se justamente pela esperança de possuir todos aqueles prazeres que acima enumerei, e fugir, com tal posse, da dor[4].

E ainda:

Frequentemente perguntei aos que tinham fama de sábios o que podiam continuar contando entre os bens, uma vez eliminados aqueles prazeres, se não se quer dizer banalidades; e não me foi dado saber. Se quiserem encher-se de virtude e sabedoria, nada mais deverão fazer senão indicar a via pela qual são alcançados os prazeres dos quais falei[5].

E os doxógrafos fazem largamente eco a essas palavras[6].

Note-se como a perspectiva epicurista se esclarece perfeitamente através da relação com Sócrates, Platão e Aristóteles. Estes puseram a essência do homem na alma, por isso identificaram o bem humano com os bens da alma e do espírito, e, por consequência, negaram claramente que o prazer do corpo pudesse ser um bem[7]. O próprio Aristóteles, que reavaliou os prazeres de modo considerável, não fez deles valores, mas considerou-os como algo que acompanha a atualização dos valores, um coroamento e um aperfeiçoamento da atividade do homem, portanto, não os considerou como bens, mas como epifenômenos dos bens[8]. Ao contrário, para Epicuro, o *prazer* enquanto prazer é o *valor*, o *bem*, o *fim* e, portanto, a sua posição é inequivocamente hedonista. Assim, a posição de fundo dos cirenaicos é fortemente revalorizada, embora com reformas essenciais.

---

3. Ateneu, *Deipnosoph.*, XII, p. 546 e (= Usener, fr. 67).
4. Cícero, *Tusc. disput.*, III, 18, 41 (= Usener, fr. 67, p. 120, 18ss.).
5. Cícero, *Tusc. disput.*, III, 18, 42 (= Usener, fr. 69).
6. Cf. Usener, frs. 396ss.
7. Cf. vol. II, pp. 113ss.; vol. III, pp. 203ss.
8. Cf. vol. IV, pp. 118ss.

2. Reforma do hedonismo cirenaico

Evocamos os cirenaicos, e convém referir-se exatamente a eles, porque constituem um preciso termo de comparação para compreender Epicuro e os epicuristas, os quais sentiram a necessidade de diferenciar o seu hedonismo do cirenaico em dois pontos de notável importância.

Em primeiro lugar, os cirenaicos identificavam o prazer com o movimento, um suave movimento, e identificavam a dor com um movimento violento, enquanto negavam nitidamente que o intermediário estado de quietude, isto é, a ausência de dor, pudesse ser um prazer, assemelhando-o mais, no seu modo de ver, ao estado do sono, isto é, a um estado de insensibilidade. Epicuro, ao contrário, não só admite esse tipo de prazer, mas, como veremos, dá-lhe uma grandíssima importância. Eis como, com grande clareza, Diógenes Laércio explica essa diferença:

> Diferencia-se dos cirenaicos no que concerne ao prazer; aqueles, de fato, não reconhecem o prazer imóvel, mas só o prazer em movimento; ele, ao contrário, admite os dois, tanto na alma como no corpo[9].

Antes, não só admite os dois, mas afirma o prazer catastemático como o supremo e mais genuíno prazer, porque corresponde ao estado de ausência de dor e de perturbação, enquanto o outro traz sempre, junto com o movimento, também perturbação. A distinção é, pois, fundamental, porque implica, como veremos, uma nítida subordinação do segundo tipo de prazeres ao primeiro, na busca da felicidade. Cícero explica com muita clareza esse conceito:

> Explicarei agora o que é o prazer em si [...]. Nós não buscamos o prazer que move o nosso instinto natural com um sentido de delícia e que é percebido pelos nossos sentidos como agradável, mas consideramos máximo prazer aquele cuja percepção consiste na supressão da dor. De fato, dado que ao nos libertar da dor gozamos da própria libertação e da sensação de ausência de qualquer incômodo, e dado que todo gozo não é senão o prazer, assim como tudo o que nos ofende de algum modo é dor, com razão qualquer supressão da dor pode ser chamada prazer. Assim como quando a fome e a sede são removidas pelo alimento ou a bebida, a supressão do sofrimento traz

---

9. Diógenes Laércio, X, 136. Sobre a posição dos cirenaicos, cf. vol. II, pp. 178ss.

consequentemente o prazer, assim também em qualquer coisa a remoção da dor traz como imediata consequência o prazer. Por essa razão Epicuro refutou a tese de que possa haver um estado intermediário entre prazer e dor: ele afirmava que o que para alguns parece um estado intermediário, enquanto simples ausência de dor, era não só o prazer, mas prazer supremo. Qualquer um que perceba, de fato, a sua afecção do momento, encontra-se necessariamente num estado de prazer ou de dor; e Epicuro afirma que na privação da dor tem o seu cume o prazer, de modo que pode haver variação e diferenciação dos prazeres, mas não crescimento e intensificação deles [...][10].

A ausência da dor, vale dizer, o prazer catastemático, é, pois o limite supremo que alcança o prazer, além do qual não se pode estender ulteriormente, porque na ausência de dor o prazer alcançou a sua completeza e perfeição[11].

Mas, com relação aos cirenaicos, Epicuro diferencia-se também por um segundo aspecto assaz importante. Eles, de fato, consideravam os prazeres físicos superiores aos prazeres da alma, e as dores corporais mais graves que as dores da alma; tanto é verdade — argumentavam eles — que os culpáveis são punidos com tormentos corporais. Ao que Epicuro sagazmente objeta:

O corpo sofre só pelo mal atual, enquanto a alma sofre pelo mal presente, passado e futuro[12].

Com efeito, é um inegável dado de fato que a carne só goza do que é presente, enquanto a alma, com a recordação, goza do prazer passado e pode também antecipar com a expectativa o prazer futuro. Por esse motivo, para Epicuro, os prazeres da alma são superiores aos do corpo. Também esse ponto fundamental do hedonismo epicurista

---

10. Cícero, *De fin.*, I, 11, 37 (= Usener, fr. 397, p. 266, 1ss.).

11. A posição de Epicuro diante dos cirenaicos explica-se ainda melhor, tendo presente o seu modo "eleático" de raciocinar, que exclui o "intermédio", como bem observou Pesce: "Para Epicuro [...] os estados emotivos são dois: o prazer e a dor; se um corresponde ao pleno e o outro ao vazio, um ao ser e o outro ao não-ser, *tertium non datur*, o pretenso terceiro estado do nem prazer nem dor não pode subsistir, resultando interiormente contraditório. E, de fato, se o não-prazer equivale à dor e a não-dor ao prazer, o *nem* prazer *nem* dor se converteria no *e* dor *e* prazer" (*Saggio su Epicuro*, p. 81).

12. Diógenes Laércio, X, 137 (= Usener, fr. 452); cf. Cícero, *Tusc. disput.*, V, 34, 95 (= Usener, fr. 439).

é explicado muito bem por um testemunho ciceroniano, que convém ler por inteiro:

> Dizemos, de fato, que os prazeres e as dores da alma nascem dos do corpo [...]. Embora o prazer da alma nos dê alegria, e o sofrimento, dor, todavia ambos atingem o corpo e devem ser atribuídos a causas físicas; mas não por essa razão deve-se dizer que os prazeres e as dores da alma não são muito maiores que os do corpo; de fato, fisicamente podemos sentir só o que é presente e atual, enquanto com a alma sentimos também as dores do passado e do futuro. No caso de sofrermos de igual dor na alma e no corpo, uma grande intensificação da dor pode dar-nos a impressão de que um mal eterno e sem limites pesa ameaçadoramente sobre nós; a mesma coisa pode ser aplicada também ao prazer, que é tanto maior quanto mais livres somos de tais temores. Em suma, é claro que o máximo prazer ou o máximo sofrimento da alma, com relação à felicidade ou à infelicidade da vida, têm maior peso do que um sofrimento ou um prazer de igual duração e intensidade que residam no corpo. Ademais, ele não afirma que, eliminado o prazer, segue-se imediatamente o sofrimento, a não ser que no lugar do prazer entre a dor; ao contrário, afirma que há gozo imediato quando saímos da dor, mesmo que nenhum prazer venha mover os nossos sentidos. Daí poder-se compreender quão grande prazer existe em não provar da dor[13].

Deve-se notar que também esta segunda correção do cirenaísmo é de essencial importância para compreender a novidade da posição de Epicuro. De fato, considerando-a bem, ela se mostra como a positiva justificação da primeira distinção: o prazer na quietude *só pode ser prazer positivo se se refere à dimensão psicológica do homem*, caso contrário seria verdade, como diziam os cirenaicos, que ele é um estado análogo ao do sono, isto é, insensibilidade e, portanto, não-prazer. E porque o alcance dessa distinção foi muitas vezes subvalorizada ou supervalorizada, é oportuno que individuemos os pressupostos sobre os quais se apoia e as consequências que comporta.

Perguntamo-nos em primeiro lugar: pode Epicuro coerentemente distinguir um prazer *do corpo* de um prazer *da alma*? O seu materialismo atomístico e o seu sensismo permitem tal distinção? Vimos, na exposição da física, que o homem não é um agregado atômico simples, mas complexo, no sentido de que é constituído pelo agregado atômico da alma, incluído no agregado atômico do corpo. E porque

13. Cícero, *De fin.*, I, 17, 55s. (= Usener, fr. 397, p. 271, 10ss.).

as características do agregado alma são diferentes das características do agregado corpo, assim uma distinção entre os prazeres relativos ao primeiro e os relativos ao segundo pareceria correta. De resto, Epicuro era um indagador muito atento à realidade do homem para não se dar conta de que muito mais do que a oscilação dos sentidos e o seu momentâneo gozo, para a felicidade do homem *contam as ressonâncias interiores e os movimentos do psiquismo que a elas se acompanham.* Todavia, a tal distinção ele dá tanta importância e sobre ela apoia consequências tão notáveis, a ponto de ameaçar os seus fundamentos ontológicos. Com efeito, de um lado, o hedonismo (e, portanto, o materialismo atomístico que lhe serve de fundamento) parece reiterado e garantido pela afirmação de que os prazeres e dores da alma *são originados do corpo e ao corpo referidos*[14]; de outro, ao contrário, isso é gravemente abalado pela afirmação de que *os prazeres e as dores da alma são muito maiores que os do corpo*[15]. A coerência materialista e sensista exigiria que os prazeres da alma fossem prazeres sensíveis enlanguescidos e extenuados em vez de prazeres ampliados. No entanto, a coerência é rompida por Epicuro, não só com a superioridade dos prazeres da alma sobre os da carne, no sentido *quantitativo*, mas até mesmo no sentido *qualitativo*. De fato, dos testemunhos lidos resulta claramente que são a *consciência,* o *saber concomitante* e a *racionalidade* que tornam superiores os prazeres da alma. Reaparece assim, com toda a sua tensão, a aporia que já observamos na psicologia epicurista: assim como os átomos, que constituem a parte racional da alma, eram considerados privilegiados a ponto de não serem qualificáveis com um nome preciso, à diferença de todos os outros, e, sub-repticiamente, era introduzida uma diferença *qualitativa* contra o estatuto dos átomos que só admite diferenças quantitativas, assim também o prazer próprio dessa parte da alma põe-se como privilegiado a ponto de se tornar, no limite, *qualitativamente diferente do prazer corpóreo.*

Assim Epicuro só pode reformar o hedonismo cirenaico, nos dois pontos acima ilustrados, contradizendo o seu materialismo atomístico. *a*) Se o sumo bem não é o prazer em movimento, *mas o prazer*

14. Ver a passagem de Cícero, acima citada.
15. Ver ainda a passagem de Cícero, acima citada.

na quietude, então Epicuro deve renunciar a sustentar, como sustenta, que os seres da natureza ainda não corrompidos, como os animais e as crianças, constituem o critério infalível do que é bem e do que é mal, do que se deve fazer e do que se deve evitar: *de fato, estes não buscam de modo algum o prazer catastemático, ao contrário, justamente o prazer cinético*. Na verdade, já Cícero notava:

> Todavia, Epicuro não tirou esse argumento fundamentalmente das crianças e dos animais, considerados por ele como o espelho da natureza, nem chegou a dizer que sob a guia da natureza eles buscam o prazer que consiste na ausência de dor. Esse estado de ausência de dor, de fato, não pode impulsionar o desejo da alma, não tem nenhuma força motora sobre ele [...]. Ao contrário, tem força propulsora aquele estado de prazer capaz de agradar aos sentidos; é a isso que Epicuro recorre sempre para provar que o prazer é desejado por natureza, porque é o prazer em movimento que atrai a si as crianças e os animais, não o estável, que consiste na ausência de dor[16].

É claro então que, contrariamente ao que diz, Epicuro remete-se *não à original natureza do animal e da criança, nos quais prevalece justamente a animalidade, mas à particular natureza do homem, que se diferencia de todas as outras*. *b*) Se não o prazer da carne, mas *o da alma* é superior, de modo qualitativo e não só quantitativo, então seria preciso concluir que na natureza particular que é o homem há uma componente que se diferencia da mera componente carnal e física, ao menos na medida correspondente à diferença dos dois tipos de prazeres sobre os quais estamos raciocinando.

Como se vê, é impossível reduzir o homem a uma única dimensão: de qualquer parte que tente corrigir a concepção integralista e simplista própria do hedonismo cirenaico, prestando ouvidos às mais íntimas e profundas instâncias da natureza humana, Epicuro encontra diante de si, implacável, a instância do espírito.

3. A hierarquia dos prazeres e a sabedoria

A posição assumida por Epicuro com relação ao prazer, da qual falamos no parágrafo inicial, implica que o prazer não pode ser nun-

16. Cícero, *De fin.*, II, 10, 33 (= Usener, fr. 398, p. 274, 11ss.).

ca, necessariamente, um mal, dado que mal só é a dor. Com efeito, ele reafirma esse ponto com extrema clareza:

> Nenhum prazer é por si mesmo um mal: mas os meios para se dar certos prazeres trazem muito mais tormentos que prazeres[17].

E ainda:

> Se as coisas que dão lugar aos prazeres próprios dos dissolutos fossem também capazes de libertar-nos dos temores da alma acerca dos fenômenos celestes, da morte, da dor, e nos ensinassem qual é o limite dos desejos, não teríamos nada a reprovar-lhes: eles estariam, de fato, repletos de todo prazer e não teriam nunca de sofrer fisicamente ou de afligir-se, no que consiste, exatamente, o mal[18].

Portanto, o prazer, para Epicuro, *não* é o prazer dos dissolutos, e ele rejeita expressamente, na *Epístola a Meneceu*, os grosseiros mal-entendidos dos quais, desde então, a sua doutrina foi vítima:

> Quando, pois, dizemos que o prazer é um bem, não aludimos de modo algum aos prazeres dos dissolutos, que consistem no excesso no comer e no beber, como creem alguns que ignoram o nosso ensinamento ou o interpretam mal; mas aludimos à ausência de dor no corpo, à ausência de perturbação na alma. Não, portanto, as libações e as festas ininterruptas, nem o gozo das donzelas e mulheres nem o comer peixe e tudo mais que uma rica mesa pode oferecer, é fonte de vida feliz; mas o sóbrio raciocinar que perscruta a fundo as causas de todo ato de escolha e de recusa, e que afasta as falsas opiniões, pelas quais grande perturbação toma conta da alma[19].

Substancialmente, nessas afirmações, reencontramos as distinções das quais falamos no precedente parágrafo: o não sofrimento do corpo (a *aponía*) é *prazer catastemático*, estável, em quietude, enquanto a não perturbação da alma é o *prazer da alma* ligado àquele. Esses prazeres, e só esses, garantem o viver feliz.

Mas, das passagens acima citadas, outra conclusão se impõe: a função de direção na vida moral não é exercida pelo prazer como tal, mas pela *razão, pelo raciocínio, pelo cálculo aplicado aos prazeres*, para estabelecer os que só produzem prazer, os que comportam dores e, portanto, os que são úteis e os que são danosos:

17. *Máximas capitais*, 8.
18. *Máximas capitais*, 10.
19. *Epístola a Meneceu*, 131s.

É preciso julgar a cada vez, com base no cálculo e na consideração das vantagens e desvantagens; pois às vezes um bem vem a ser para nós um mal e um mal, ao contrário, um bem[20].

Ora, de que dependem o cálculo das utilidades, o juízo que dissipa os erros e a justa avaliação dos prazeres? Epicuro não tem dúvidas: dependem da *phrónesis*, da *sabedoria*:

Princípio de tudo isso e sumo bem é a sabedoria. Por isso a sabedoria mostra-se ainda mais apreciável do que a filosofia, pois dela provêm todas as outras virtudes, enquanto nos ensina que não é possível viver prazerosamente senão vivendo sabiamente e bem e de maneira justa, <e, ao contrário, que não é possível viver sabiamente e bem e de maneira justa> senão também vivendo prazerosamente. As virtudes são, de fato, conaturais à vida feliz e esta é inseparável da virtude[21].

Assim, a *sabedoria* é proclamada a *virtude suprema*, e é invertida a hierarquia de Aristóteles, que punha no ápice a sapiência ou *sophía* (e, portanto, a ciência pura), que é pura contemplação, e não a sabedoria, que é, ao contrário, estruturalmente ligada à vida prática do homem. Mas é uma inversão que constitui, como já dissemos, um dos traços mais típicos das novas correntes do pensamento helenístico, que fizeram, justamente, da vida o problema filosófico por excelência.

Mas voltemos à sabedoria e vejamos quais são as suas concretas sugestões sobre a avaliação dos desejos e dos prazeres, e sobre o juízo de escolha dos mesmos.

Antes de tudo, é preciso distinguir três grandes classes de prazeres:

[1] prazeres *naturais* e *necessários*

[2] prazeres *naturais,* mas *não necessários*

[3] prazeres *não naturais* e *não necessários*[22].

Assim como é nítida a distinção entre esses prazeres, igualmente nítido e infalível é o critério de escolha entre eles:

20. *Epístola a Meneceu*, 130.

21. *Epístola a Meneceu*, 132 [Reale discorda da tradução de Isnardi Parente do termo *phrónesis*, ao qual corresponde melhor o termo italiano *saggezza* (sabedoria) e não *prudenza* (prudência), preferido por Isnardi Parente, a qual, ademais, em nota, declara-o equivalente a *saggezza pratica* (sabedoria prática) — N. do T.].

22. Cf. *Máximas capitais*, 29.

Um seguro conhecimento desses [prazeres] refere todo ato de escolha ou de recusa ao fim da saúde do corpo e da tranquilidade da alma, uma vez que este é o fim da vida feliz; é em vista disso que realizamos nossas ações, com o escopo de suprimir sofrimentos e perturbações. Uma vez alcançado isso, dissolver-se-á qualquer tempestade da alma, não tendo o ser vivo outra exigência a satisfazer nem outra coisa que possa tornar completo o bem da alma e do corpo. Temos, de fato, necessidade do prazer quando, pela sua falta, sofremos; <mas quando não sofremos mais>, também desaparece a necessidade do prazer[23].

Dito de outro modo: devemos escolher sempre e só prazeres catastemáticos ou estáveis (que se reduzem à ausência de dor) e prazeres da alma (que se reduzem à falta de perturbação no espírito).

4. O ascetismo epicurista e a autarquia

Portanto, se é assim, devemos contentar-nos com satisfazer sempre o primeiro tipo de desejos e de prazeres; devemos limitar-nos diante dos segundos; não devemos nunca ceder aos terceiros:

Sobre a natureza não se deve exercer violência, mas obra de persuasão; e a persuadiremos satisfazendo os desejos necessários, os naturais que não trazem dano, rejeitando fortemente os danosos[24].

E aqui Epicuro manifesta uma tomada de posição quase ascética diante da variada multiplicidade dos prazeres. De fato, entre os prazeres do primeiro grupo, isto é, os naturais e necessários, ele põe unicamente os prazeres estritamente ligados à conservação da vida do indivíduo, os únicos que verdadeiramente trazem benefício, enquanto tiram a dor do corpo como, por exemplo, o comer quando se tem fome, o beber quando se tem sede, o repousar quando se está cansado, e semelhantes. Ele exclui desse grupo o desejo e o prazer do amor:

O amplexo nunca traz benefício, devemos contentar-nos com que não prejudique[25].

---

23. *Epístola a Meneceu*, 128.
24. *Sentenças Vaticanas*, 21; cf. Cícero, *Tusc. disput.*, V, 33, 93 (= Usener, fr. 456).
25. Diógenes Laércio, X, 118 (= Usener, fr. 62).

Entre os prazeres do segundo grupo, ele põe todos os desejos e prazeres que constituem, por assim dizer, as variações supérfluas dos prazeres naturais: comer bem, beber bebidas refinadas, vestir-se de modo elegante, e assim por diante.

Enfim, entre os prazeres do terceiro grupo, não naturais e não necessários, Epicuro punha os prazeres "vãos", oriundos das vãs opiniões dos homens, como todos os prazeres ligados ao desejo de riqueza, poder, honras e semelhantes.

Ora, os desejos e os prazeres do primeiro grupo são os únicos que devem sempre ser satisfeitos porque, por natureza, têm um *preciso limite*, que consiste na eliminação da dor: alcançada a eliminação da dor, o prazer não cresce ulteriormente[26]. Os desejos e os prazeres do segundo grupo já não têm aquele limite, porque não tiram a dor corporal, mas apenas variam o prazer, e podem provocar um notável dano. Os prazeres do terceiro grupo não tiram a dor corporal e, ademais, sempre trazem perturbação da alma. Por isso Epicuro pode escrever:

> Exulta o meu corpo de delícia vivendo a pão e água, e cuspo sobre os prazeres do luxo, não tanto por eles mesmos, quanto pelos incômodos que se lhes seguem[27].

Mais que da ação das coisas sobre nós, essa alegria deriva da limitação que impomos às solicitações e aos efeitos das coisas sobre nós. E, por consequência, é uma alegria que está à disposição de todos, desde que se queira seguir a natureza:

> Os bens da natureza são facilmente encontráveis porque a natureza contenta-se com pouco[28].

> A natureza [...] fez as coisas necessárias fáceis e encontráveis e, não necessárias, as que são difíceis de encontrar[29].

> A riqueza segundo a natureza está toda compreendida em pão, água e um pequeno conforto para o corpo; a riqueza supérflua dá à alma uma ilimitada prova dos desejos[30].

---

26. Cf. Epicuro, *Máximas capitais*, 3 e 18 (cf. sobre o limite do prazer, Usener, frs. 454ss.).
27. Estobeu, *Anthol.*, III, 17, 33, p. 501 Hense (= Usener, fr. 181).
28. Cícero, *De fin.*, II, 28, 91 (= Usener, fr. 468).
29. Estobeu, *Anthol.*, III, 17, 22, p. 495 Hense (= Usener, fr. 469).
30. *Gnomologium Byzantinum*, p. 197, n. 189 Wachsmuth (= Usener, fr. 471).

Limitemos, pois, os nossos desejos, reduzamo-los àquele primeiro núcleo essencial, e teremos riqueza e felicidade copiosa, porque, para nos dar aqueles prazeres, *bastamos a nós mesmos*, e nesse *bastar-se-a-si-mesmo* (autarquia) estão as maiores riquezas e a felicidade. Eis alguns eloquentes fragmentos:

Para quem não basta o pouco, nada basta[31].

Nada basta àquele para quem não basta o suficiente[32].

Enquanto Eurípedes escreveu: "aos sábios basta o suficiente", Epicuro, ao contrário, escreveu: "a autarquia é a maior riqueza"[33].

Os filósofos afirmam que nada é tão necessário quanto o saber reconhecer bem o que não é necessário, e considero que a maior entre todas as riquezas é a autarquia, e que nada é tão nobre quanto o não ter necessidade de nada[34].

5. Absolutez do prazer

Quem quer que ponha no prazer o bem supremo e a felicidade é, fatalmente, atormentado por três coisas: 1) a pressão do tempo que devora e leva consigo o prazer, 2) a ameaça da dor que pode sempre chegar, 3) a emboscada da morte. Epicuro, portanto, tentou elevar em torno do prazer barreiras que o protegessem de tais insídias, e, à diferença dos outros hedonistas, obteve relativo sucesso, justamente graças à sua concepção da total superioridade do prazer "catastemático" sobre o prazer em movimento. De fato, esse último tipo de prazer está estruturalmente implicado no fluir do tempo, liga-se incessantemente aos males e é posto em xeque pela morte.

Vejamos como Epicuro considera o prazer catastemático, pregado como bem supremo, protegido de todas aquelas adversidades.

31. Eliano, *Varia hist.*, IV, 13 (= Usener, fr. 473).
32. *Sentenças Vaticanas*, 68.
33. Clemente de Alexandria, *Strom.*, VI, 2 (= Usener, fr. 476).
34. Porfírio, *Ad Marcellam*, 28, p. 292, 16ss. Nauck^2 (= Usener, fr. 476).

Diz nas *Máximas capitais:*

Um tempo ilimitado contém a mesma quantidade de prazer que um limitado, quando os confins dos prazeres são avaliados com cálculo correto[35].

Possuem igual prazer não só quanto à *qualidade* (e não há dificuldade em pensar que, diante da peculiaridade qualitativa de um prazer, um Deus eterno, como é concebido por Epicuro, e um homem mortal, gozem e se alegrem do mesmo modo, justamente porque a duração finita ou infinita *não muda a qualidade*), mas também quanto à *quantidade*: e este é um dos pontos mais audazes da doutrina de Epicuro, que devemos compreender. Epicuro nega, em substância, que uma *existência infinita* possa tornar maior o prazer, não só em qualidade, mas *também em quantidade*: a duração no tempo não incrementa de modo algum o prazer[36]. Como é possível? Basta, diz a máxima que lemos, compreender a fundo qual é o "limite" do prazer. E o limite do prazer, como já sabemos, *é a ausência de dor, a aponía.* Noutros termos: *o prazer aumenta até que a necessidade se apague e a dor desapareça, e aqui o prazer toca o seu limite extremo, além do qual não pode mais crescer.* É a própria natureza do prazer catastemático que impõe tais conclusões: se ele consiste na ausência de dor (*aponía*), é claro que nenhum acréscimo e nenhum incremento são pensáveis no momento em que não se experimenta mais dor. Portanto, o prazer (catastemático), quando existe e enquanto existe, é pleno e total, tem valor absoluto, sendo, portanto, infinito[37].

E, na máxima que lemos a seguir, Epicuro esclarece:

A carne não admite limites no prazer, e o tempo que serve para lhe dar tal prazer é, também ele, sem limite. Mas o pensamento que aprendeu a raciocinar sobre o fim e o limite do que é pertinente à carne, e que suprimiu o temor da eternidade, torna possível a nós uma vida perfeita, pela qual não sentimos mais a exigência de um tempo infinito: ele não tem aversão ao prazer nem, quando as circunstâncias nos levam ao momento de sair desta vida, pode dizer que se vai tendo abandonado algo do que a torna ótima[38].

---

35. *Máximas capitais*, 19.

36. Cf. Arrighetti, *Epicuro*, *Opere*, 2ª ed., pp. 550ss.

37. Particularmente claras e exatas são as análises que dessa doutrina faz Bignone no seu *Epicuro*, pp. 26-32.

38. *Máximas capitais*, 20.

A carne percebe como ilimitados os limites do prazer, porque, quando ele está presente, há total satisfação, à qual não falta nada, há satisfação não ulteriormente incrementável, isto é, absoluta e, por isso, a sua plenitude é ilimitada em todo instante. A razão, intervindo com o juízo, dá-se conta de que o limite do prazer, como vimos, é a *aponía* ou ausência de dor; toma consciência de que o prazer não cresce além desse limite e consolida os prazeres eliminando das almas tudo o que possa perturbá-las, como o medo da morte, o temor dos Deuses ou o desejo de eternidade, tornando assim perfeita a felicidade[39].

Nesse sentido, Epicuro pode dizer que o gozo, *no tempo*, é absoluto, não menos que *no infinito*.

6. Relatividade da dor

E como pode esse valor absoluto do prazer, proclamado por Epicuro, não ser irremediavelmente comprometido pelas dores, das quais ninguém, justamente enquanto mortal, jamais está protegido? Diz o nosso filósofo numa das suas máximas capitais:

> Não dura ininterruptamente a dor da carne; o seu cume dura um tempo brevíssimo; e o que deste ultrapassa o prazer não se prolonga por muitos dias na nossa carne. As longas enfermidades trazem, posteriormente, à carne mais prazer do que dor[40].

E o mesmo conceito é repetido também noutra máxima:

> Toda dor é facilmente desprezável: o que traz intenso sofrimento tem também breve duração, e o que dura por muito tempo na carne traz pequeno sofrimento[41].

Analogamente lemos na *Epístola a Meneceu*:

> O máximo dos bens é facilmente alcançável e fácil de se conseguir, mas o máximo dos males tem breve duração ou leve intensidade[42].

Em suma: se é leve, o mal físico é sempre suportável e não é nunca tal, a ponto de ofuscar a alegria da alma; se é agudo, passa

---

39. Cf. Bignone, *Epicuro,* pp. 30s.
40. *Máximas capitais*, 4.
41. *Sentenças Vaticanas*, 4.
42. *Epístola a Meneceu*, 133.

logo; e, se é agudíssimo, conduz logo à morte, a qual, em todo caso, como veremos, é um estado de absoluta insensibilidade.

E os males da alma? Sobre estes não há necessidade de se deter, porque não são senão aqueles produzidos pelas falazes opiniões e pelos erros da mente. E contra eles toda a filosofia de Epicuro apresenta-se como o mais eficaz remédio e o mais seguro antídoto.

7. A morte nada é para o homem

E a morte? A morte é um mal só para quem nutre falsas opiniões sobre ela. Dado que o homem é um composto alma e um composto corpo, a morte não é mais que a dissolução desses compostos. E, nessa dissolução, os átomos dissipam-se por toda parte, a consciência e a sensibilidade cessam totalmente, e assim, sobram do homem apenas restos que se dissolvem, ou seja, nada. Portanto, a morte não é amedrontadora em si, porque quando ela chega nós não sentimos mais nada, nem pelo seu "depois", porque, justamente, de nós nada resta, dissolvendo-se totalmente a nossa alma assim como o nosso corpo; nem, enfim, ela tira algo da vida que vivemos, porque, como vimos, a absoluta perfeição do prazer não necessita do eterno. Eis a página na qual Epicuro expõe essa ordem de pensamentos de modo exemplar:

> Habitua-te a pensar que a morte não é nada para nós, porque todo bem e todo mal residem na faculdade de sentir, da qual a morte é, justamente, privação. Por isso o reto conhecimento de que a morte não é nada para nós torna alegre a própria condição mortal da nossa vida, não prolongando indefinidamente o tempo, mas suprimindo o desejo de imortalidade. Nada há de temível no viver para quem se tenha verdadeiramente convencido de que nada de temível há em não mais viver. E assim também é estulto quem afirma temer a morte, não porque lhe trará dor ao chegar, mas porque traz dor o fato de saber que chegará: o que não faz sofrer quando chega, é vão que nos traga dor na espera. *O mais terrível dos males, portanto, a morte, não é nada para nós, uma vez que, quando somos, a morte não é, e quando ela chega nós não somos mais.* Ela não tem nenhum significado nem para os vivos nem para os mortos, porque para uns não é nada, e, quanto aos outros, eles não são mais. Porém, o vulgo ora foge da morte como o maior dos males, ora, ao contrário <busca-a> como fim <dos males> da vida. <O sábio, ao invés, não pede para viver> nem teme não viver: não é contrário à vida,

mas também não considera que a morte seja um mal. Assim como do alimento ele não deseja o mais abundante, mas o mais agradável, do tempo ele procura gozar não o mais longo, mas o mais doce. Quem exorta o jovem a bem viver, o velho a bem morrer, é um estulto; e não só pelo que a vida tem de prazeroso, mas também porque um só é o exercício de bem viver e de bem morrer. Porém, muito pior faz quem diz: belo seria não ter nascido ou, "apenas nascido, imediatamente atravessar as portas do Hades". Se está persuadido do que diz, por que não sai da vida? Isso está em seu poder, se essa é a sua firme convicção. Mas se brinca, é estulto ao fazê-lo com o que não convém[43].

Até mesmo na construção desse raciocínio, como foi justamente notado, o fundamento é "o mesmo *esquema eleático* que nega que possa haver algo *intermédio* entre o viver e o morrer, entre o ter consciência e o não ter consciência, e concebe, portanto, a morte não em termos de duração, como um processo, mas como o instante no qual o viver cessa para dar lugar à morte"[44]. Mas o que assusta os homens é, exatamente, a *passagem* (o intermédio) que Epicuro nega.

8. A virtude epicurista e o intelectualismo socrático

Tendo presente quanto dissemos, não é de admirar que Epicuro identifique a virtude com o prazer ou, em todo caso, considere a virtude só em função do prazer e como instrumento para garanti-lo.

Na obra *Do fim* Epicuro escreve:

O decoro, a virtude e todas as coisas desse gênero são apreciáveis se são de modo a proporcionar o prazer; se não são, deixemo-las de lado[45].

E numa carta a Anaxarco:

Convido aos prazeres contínuos, não às virtudes estultas e vãs, e as que trazem perturbação pela espera dos seus resultados[46].

Epicuro chega mesmo a dizer:

Cuspo sobre o belo moral e sobre quem estultamente o admira quando este não proporcione prazer[47].

---

43. *Epístola a Meneceu*, 124ss.
44. Pesce, *Saggio su Epicuro*, p. 61.
45. Ateneu, *Deipnosoph.*, XII, 546 e (= Usener, fr. 67).
46. Plutarco, *Contra Colotes*, 17, 1117 a (= Usener, fr. 116).
47. Ateneu, *Deipnosoph.*, XII, 547 a (= Usener, fr. 512).

Embora os antigos tenham-se escandalizado muito com tais afirmações, elas são, no sistema epicurista, totalmente necessárias e, considerando bem, não constituem sequer uma radical ruptura com a concepção grega da *areté*. Para dar-se conta disso é preciso ter bem presente a peculiar teoria epicurista do prazer, a declaração de superioridade absoluta do prazer catastemático, e a ascética eliminação operada por Epicuro de toda uma série de prazeres declarados, uns, necessários, outros, até mesmo vãos e ilusórios. E é preciso ter presente a notável importância que o nosso filósofo dá à *phrónesis*, à sabedoria, na avaliação dos prazeres, em vista da escolha ou da eliminação dos mesmos. A *phrónesis* está essencialmente no fundamento da vida feliz, como já vimos numa passagem da *Epístola a Meneceu*[48].

E numa das *Máximas capitais*, reafirma-se:

> Não é possível viver de maneira feliz sem viver sabiamente, bem e justamente, <nem viver sabiamente e bem e justamente> sem também viver de maneira feliz. A quem falte o que deriva da possibilidade de viver sabiamente, bem, justamente, falta também a possibilidade de uma vida feliz[49].

Em suma, as virtudes têm sentido e valor porque são, e à medida que são, instrumentos de felicidade:

> Todas essas são coisas [= as virtudes] que exercitamos com a finalidade de viver sem afã nem temor, e de libertar, enquanto possível, o nosso corpo dos incômodos[50].

A virtude é técnica de viver prazerosamente e de maneira feliz[51]. E, se é assim, a virtude ou *areté* humana permanece, mesmo no contexto dessa nova visão do homem e da vida — assim como o foi para todos os gregos —, a qualidade que distingue o homem de qualquer outro ser, ou melhor, a atuação plena e o aperfeiçoamento daquela qualidade, pois é exclusiva do homem a capacidade de viver uma vida feliz. E, além do mais, no seu fundamento, a *areté* se mantém, como o grego afirmara a partir de Sócrates, fundamental-

48. *Epístola a Meneceu*, 132.
49. *Máximas capitais*, 5.
50. Cícero, *De fin.*, I, 15, 49 (= Usener, fr. 397, p. 269, 8ss.).
51. Cf. toda a passagem de Cícero citada por Usener, como fr. 397, pp. 264-273.

mente ligada ao *conhecimento*, uma vez que o conhecimento, e só ele, também para Epicuro, é o que nos ensina a justa avaliação e o cálculo razoável dos prazeres. A posição de Epicuro foi paradoxalmente prevista e formulada pelo Sócrates do *Protágoras* platônico[52], pelo menos em certa medida, com a finalidade de demonstrar dialeticamente que, mesmo aceitando os pressupostos do hedonismo, continua sendo verdade que a virtude é ciência, porque o hedonista não pode confiar-se indiscriminadamente ao prazer, mas deve fundar-se num sábio cálculo da conveniência dos prazeres, e esse cálculo é, justamente, a ciência. Também na ética de Epicuro, portanto, a veia do intelectualismo socrático está presente e operante, porque o primado, mais do que ao prazer enquanto afecção alógica, é dado ao *lógos* que o racionaliza, e a virtude e o bem moral continuam sendo a sabedoria, ou seja, a ciência prática e laboriosa do prazer. E, uma vez adquirida, essa sabedoria torna-se eticamente determinante:

> Todos os danos provêm aos homens do ódio ou da inveja ou do desprezo, coisas às quais o sábio se faz superior *por meio do raciocínio*. Mas quem uma vez se tornou sábio, *não poderá mais assumir disposição contrária à sabedoria* e nem fingir quanto a assumi-la[53].

Como Sócrates, também Epicuro, por consequência, deve afirmar que o vício é fundamentalmente falta daquela ciência e, portanto, ignorância:

> Ninguém escolhe o mal vendo claramente que é tal; mas prende-se a ele se, enganosamente, considera-o um bem com relação a um mal maior[54].

9. A desvalorização do Estado e da vida política e a exaltação do "viver escondido"

Qualquer forma de hedonismo e de utilitarismo é sempre também uma forma de individualismo egoísta, e tal é a posição de Epicuro.

52. Platão, *Protágoras*, 351c ss.; cf. Reale, *Platone*, *Protagora*, Brescia 1969, pp. 166ss. e pp. XLVss.
53. Diógenes Laércio, X, 117 (cf. Usener, fr. 222a).
54. *Sentenças Vaticanas*, 16.

Antes, em Epicuro, o individualismo é particularmente acentuado, mais do que pelas premissas teóricas do seu sistema, por dois outros fatores de notável importância: a experiência da ruína da Cidade-Estado e das tradicionais instituições políticas, que ele viveu no momento mais dramático, e a consequente convicção do caráter falacioso da interpretação teorética que Platão deu do homem como estruturalmente cidadão da Cidade-Estado, interpretação vigorosamente reafirmada também por Aristóteles, que via no homem um animal político (note-se: *político* e não simplesmente social) na dimensão da Cidade-Estado.

Ora, justamente a falência histórica da Cidade-Estado e das instituições ligadas a ela comportava *eo ipso* a perda de credibilidade das reconstruções teoréticas de Platão e de Aristóteles, fazendo com que elas aparecessem, doravante, como indébita idealização de um dado histórico contingente. E, uma vez que as formas políticas sucessivas à Cidade-Estado, ou seja, o império de Alexandre e as monarquias helenísticas com as suas instituições, mostraram-se igualmente instáveis e transitórias, Epicuro acreditou encontrar em tudo isso a prova da validez das conclusões individualistas que os princípios da sua física e da sua ética logicamente impunham.

É-nos referido por Lactâncio:

> Epicuro diz [...] que não há nenhuma sociedade entre os homens: cada um pensa só em si mesmo[55].

E outro testemunho põe estas palavras na boca de Epicuro:

> Não vos enganeis, homens, não vos deixeis enganar, não caiais em erro. Não existe qualquer sociedade natural dos seres racionais uns para com os outros, acreditai-me: os que afirmam o contrário vos enganam com falsos raciocínios[56].

Portanto, a vida política é, pelas razões assinaladas, substancialmente *inatural*. Ela comporta, por consequência, continuamente dores e perturbações; compromete a *aponía* e a *ataraxía*, e, assim, compromete o que de mais precioso o homem pode ter, vale dizer, a felicidade. De fato, os prazeres que muitos se propõem a partir da vida

55. Lactâncio, *Div. Instit.*, III, 17, 42 (= Usener, fr. 523; cf. ademais Usener, fr. 525).
56. Epicteto, *Diatribes*, II, 20, 6 (= Usener, fr. 523, p. 318, 30ss.).

política são puras ilusões: da vida política os homens esperam poder, fama e riqueza, que são, como sabemos, desejos e prazeres nem naturais nem necessários, e, portanto, vãs e enganadoras miragens. Compreende-se bem, portanto, o convite de Epicuro:

> Libertemo-nos definitivamente do cárcere das ocupações cotidianas e da política[57].

A vida pública não enriquece o homem, mas o desvia e dissipa. Por isso o epicurista se afastará e viverá separado das multidões:

> Se a segurança diante dos outros homens deriva, até certo ponto, de bem fundada situação de poder e riqueza, a segurança mais pura provém da vida serena e do afastamento da multidão[58].

> Retira-te em ti mesmo, sobretudo quando és coagido a estar no meio da multidão[59].

"Vive escondido" (λάθε βιώσας): é assim que soa o mandamento epicurista![60] Só nesse ato de retirar-se em si mesmo e permanecer em si pode-se encontrar a tranquilidade, a paz da alma, a ataraxia. E, para Epicuro, a ataraxia é o bem supremo:

> A coroa da ataraxia é incomparavelmente superior à coroa dos grandes impérios[61].

Com base nessas premissas, é claro que Epicuro devia dar uma interpretação do direito, da lei e da justiça em nítida antítese, seja com a opinião clássica dos gregos, seja com as teses filosóficas de Platão e de Aristóteles. Direito, lei e justiça têm sentido e valor unicamente quando estão, e à medida que estão, ligados ao *útil*: é a utilidade e somente ela o seu fundamento objetivo.

Eis algumas máximas particularmente eloquentes:

> O justo segundo a natureza é a expressão da utilidade que consiste em não provocar nem receber reciprocamente dano[62].

---

57. *Sentenças Vaticanas*, 58.
58. *Máximas capitais*, 14. Cf. também Usener, frs. 570 e 571.
59. Sêneca, *Epist.*, 25, 6 (= Usener, fr. 209).
60. Cf. Plutarco, *De latenter vivendo*, 3, 1128 f. s. (= Usener, fr. 551); cf. também os outros testemunhos recolhidos por Usener, sempre sob o número 551, pp. 326s.
61. Plutarco, *Adv. Col.*, 31, 1125 c (= Usener, fr. 556, p. 328, 26ss.).
62. *Máximas capitais*, 31.

Para todos os seres vivos que não tiveram a capacidade de estabelecer pactos recíprocos em vista de não provocar nem receber dano, não existe nem o justo nem o injusto; e igualmente deve-se dizer dos povos que não puderam ou não quiseram estabelecer pactos em vista de não provocar e não sofrer dano[63].

Em sentido geral, o justo é igual para todos, enquanto é um acordo de utilidade recíproca na vida social; mas segundo as particularidades dos lugares e das condições, resulta que o justo não é o mesmo para todos[64].

Entre as coisas que a lei prescreve como justas, a que é comprovada como útil pela necessidade das relações sociais recíprocas deve ser considerada como tendo o requisito do justo, seja esta para todos ou não; mas se estabelece uma lei que não resulte coerente para a utilidade nas relações recíprocas, esta não possui a natureza do justo. Se, depois, o que era justo segundo a justiça vem a decair, mesmo tendo por certo tempo correspondido às pré-noções do justo, isso não quer dizer que não o fosse durante aquele tempo, se não queremos nos perturbar com vãs tagarelices, mas considerar substancialmente os fatos[65].

É claro, portanto, que a justiça deixa de ser um valor *absoluto*, como queria Platão, reduzindo-se à relação de utilidade:

A justiça não existe por si, mas só nas relações recíprocas e naqueles lugares em que se tenha estabelecido um pacto para não provocar nem sofrer dano[66].

Portanto, de tal premissa brota a seguinte consequência:

A injustiça não é por si um mal, mas consiste no temor que surge da suspeita de não poder fugir àqueles que foram postos para puni-lo[67].

Assim o Estado, de realidade moral dotada de validez absoluta, torna-se instituição relativa, nascida do simples contrato em vista do útil; em vez de fonte e coroamento dos supremos valores morais, torna-se simples meio de tutela dos valores vitais, condição necessária, sim,

---

63. *Máximas capitais*, 32.
64. *Máximas capitais*, 36.
65. *Máximas capitais*, 37.
66. *Máximas capitais*, 33.
67. *Máximas capitais*, 34.

para a vida moral, mas de modo algum suficiente. A justiça torna-se um valor relativo, a injustiça, um mal prevalentemente extrínseco, derivado da possibilidade de punição. A subversão do mundo ideal platônico não poderia ser mais radical e a ruptura com o sentimento classicamente grego da vida não poderia ser mais nítida: o homem deixou de ser homem-cidadão e tornou-se puro homem-indivíduo.

10. A amizade

A Academia de Platão nasceu para criar homens políticos, homens públicos, que deviam redimensionar-se a si mesmos para redimensionar o Estado, dado que era considerado princípio fundamental e indiscutível que o homem não pode ser verdadeiramente bom se o Estado não é bom, assim como o Estado não pode ser bom se não é bom o homem. O Jardim de Epicuro nasceu, ao contrário, *para criar homens que tomassem plenamente consciência de ser indivíduos, e que aprendessem a compreender que toda salvação não pode vir senão deles mesmos*. Entre tais indivíduos, a única ligação admitida como verdadeiramente eletiva é a *amizade*, como uma livre ligação que, ao mesmo tempo, une os que sentem, pensam e vivem de modo idêntico. Na amizade nada é imposto de fora e de modo não natural e, portanto, nada viola a intimidade do indivíduo; o epicurista vê no amigo quase um outro si mesmo[68].

Também a Academia cultivou a amizade, mas de modo muito diferente: a amizade devia ser o meio que mais facilmente ajudasse a reconstruir o Estado, que era o fim último. Epicuro transforma-a de meio em fim; ou, se se prefere, dado que a própria amizade não foge de todo à lei da utilidade, transforma-a em meio para realizar o indivíduo e unicamente o indivíduo.

Dissemos que a amizade não foge à lei da utilidade: com efeito, nada, no contexto da ética epicurista, tem sentido senão em função do prazer e do útil. Todavia, Epicuro quis reconhecer à amizade algum privilégio, escrevendo:

---

68. Sobre a amizade epicurista ver o belo capítulo que lhe dedica Festugière, *Épicure et ses Dieux*, pp. 36-70.

Toda amizade é *desejável por si*, mesmo que tenha tido seu início na utilidade[69].

Não sabe exercitar a amizade quem busca sempre em toda ocasião o útil, mas tampouco quem não sabe nunca unir a amizade à utilidade: um com pretexto do afeto mercadeia a troca, mas o outro afasta de si toda boa esperança para o futuro[70].

Assim a amizade provém do *útil*, mas, quando desenvolvida, torna-se um bem em si, porque dá prazer. Explica bem Diógenes Laércio:

A amizade nasce em vista da utilidade, ela deve, de fato, ter início de alguma coisa, assim como lançam-se na terra as sementes, mas depois afirma-se através da comunhão de vida entre aqueles que alcançaram a plenitude do prazer[71].

Em suma: primeiro busca-se a amizade para conseguir determinadas vantagens alheias a ela, depois, uma vez nascida, torna-se ela mesma fonte de prazer e, por isso, fim. Portanto, Epicuro, pode afirmar o seguinte:

De todas as coisas que a sabedoria oferece para a vida feliz, o maior bem é adquirido pela amizade[72].

O homem honesto cultiva sobretudo a sabedoria e a amizade; e desses, um é bem mortal, o outro, imortal[73].

E pode, até mesmo, escrever:

A amizade percorre a terra, anunciando a todos nós que devemos despertar para nos dar alegria uns aos outros[74].

Ela é, de fato, o coroamento e o selo da felicidade do sábio[75].

---

69. *Sentenças Vaticanas*, 23.
70. *Sentenças Vaticanas*, 39.
71. Diógenes Laércio, X, 120 b (= Usener, fr. 540).
72. *Máximas capitais*, 27.
73. *Sentenças Vaticanas*, 78.
74. *Sentenças Vaticanas*, 52.
75. Na *Sentença Vaticana* n. 78, acima citada, a amizade é até mesmo qualificada como um *bem imortal*. Compreende-se, pois, que Epicuro não hesite em afirmar que o sábio "saberá, se for o caso, até morrer por um amigo" (Diógenes Laércio, X, 121).

Essas afirmações de princípio foram acompanhadas, no Jardim, da prática da amizade, pela qual ele se tornou famosíssimo. E ao Jardim acorreram não só homens provenientes da nobreza e das camadas sociais mais elevadas, como na Academia, mas homens de diferente estração social; acorreram também mulheres, e foram admitidas até mesmo algumas cortesãs, em busca da paz da alma, como já dissemos.

O discurso de Epicuro rompia assim os antigos obstáculos e barreiras tradicionais da sociedade grega. Entretanto, não destruía todas as barreiras entre os homens. Restavam ainda as barreiras das diferenças naturais: de fato, o sábio epicurista não pode se tornar amigo de todos, mas só de quem lhe é semelhante.

Ademais, para Epicuro, existem homens que não só não são sábios, mas não podem, estruturalmente, nem sequer se tornar tais, seja por constituição, seja por raça:

> O sábio não pode nascer de qualquer constituição física nem de qualquer povo[76].

Também a filosofia de Epicuro não constitui uma mensagem universal para todos os homens sem discriminação.

11. O quádruplo remédio e o ideal do sábio

Epicuro, como vimos, forneceu aos homens um quádruplo remédio: mostrou 1) que são vãos os temores dos Deuses e do além, 2) que é absurdo o medo da morte, pois ela é nada, 3) que o prazer, quando é buscado corretamente, está à disposição de todos, 4) enfim, que o mal ou é de breve duração ou é facilmente suportável.

O homem que saiba aplicar esse quádruplo remédio adquire a paz de espírito e a felicidade, que nada nem ninguém pode corromper. Tendo-se tornado, assim, totalmente senhor de si, o sábio nada mais pode temer, nem sequer os mais atrozes males e nem mesmo as torturas:

> O sábio será feliz mesmo entre os tormentos[77].

---

76. Diógenes Laércio, X, 117 (= Usener, fr. 226).

77. Diógenes Laércio, X, 118 (= Usener, fr. 601). Cf. também as passagens de Cícero e de Lactâncio que Usener apresenta no número 601, pp. 338s.

Relata Sêneca:

Também Epicuro diz que o sábio, se é queimado dentro do touro de Fálaris, gritará: "É doce isso, e não me atinge absolutamente"[78].

[Epicuro] diz até mesmo que "é doce arder entre as chamas"[79].

É evidente que esse é um modo paradoxal de dizer que o sábio é absolutamente imperturbável: e disso o próprio Epicuro deu demonstração, quando, entre os espasmos do mal que o levava à morte, escrevendo a um amigo o último adeus, proclamava a vida doce e feliz.

E assim Epicuro, fortalecido pela sua ataraxia, pode dizer que o sábio rivaliza em felicidade até com os Deuses: excluindo-se a eternidade, Zeus não possui nada mais do que o sábio[80].

Aos homens do seu tempo, então privados de tudo o que aos antigos gregos tinha tornado segura a vida, atormentados pelo medo e pela angústia de viver, Epicuro indicava um novíssimo caminho para reencontrar a felicidade, e propunha uma palavra que era como um desafio à sorte e à fatalidade, porque mostrava que a felicidade pode vir de dentro de nós, independentemente do modo em que estejam as coisas fora de nós, porque o verdadeiro bem, na medida em que vivemos e enquanto vivemos, está sempre e só em nós: *o verdadeiro bem é a vida*, e para manter a vida basta pouquíssimo, e esse pouquíssimo está à disposição de todo homem; tudo o mais é vaidade.

No fundo, pode-se dizer que a vida é, para Epicuro, o verdadeiro Absoluto; a devoção e a gratidão que ele mostra para com a vida, sempre e sem exceção, têm um caráter indubitavelmente religioso e até místico. Recentemente Domenico Pesce chamou a atenção para esse ponto: "Está aqui o profundíssimo sentido religioso da doutrina de Epicuro, que impressiona pela singularidade de um ascetismo que não é a pávida e egoísta fuga diante da vida do cínico, nem a elevação à pura teoria do platônico, mas a descoberta, tanto mais surpreendente porque alcançada fora de toda tradição religiosa constituída (embora, talvez, algum indício pode ser observado no antigo paganismo), de que o nível

78. Sêneca, *Epist.*, 66, 18 (= Usener, fr. 601, p. 338, 35ss.).

79. *Ibidem* (= Usener, p. 339, 4).

80. Cf. Eliano, *Var. hist.*, IV, 13 (= Usener, fr. 602); cf. também as passagens de Clemente, Juliano e Cícero, citadas por Usener sempre no número 602, pp. 339s.

do elementar coincide com o do essencial, onde, excluído o vão e o supérfluo, toca-se o ser. A via da simplificação revela-se, como para todo místico, também para Epicuro, não uma perda, mas uma conquista"[81].

Epicuro põe-se como uma das vozes mais autênticas da sua época, o seu pensamento e a sua vida tornam-se paradigma; o sucesso que ele recolheu no arco de cinco séculos é prova disso. Compreendeu muito bem esse ponto Bignone, numa página exemplar, com a qual queremos concluir: "O mundo alexandrino é a verdadeira pátria do epicurismo. Nunca como então os homens foram tão ávidos do delicado equilíbrio espiritual que é a *eudaimonia grega*; nunca como então o homem pôs a sua orgulhosa superioridade em proclamar-se feliz; nunca a vida humana buscou tão avidamente o seu tipo de perfeição, que obedece aos cânones de harmonia tão perfeita quando as que regeram a estatuária de Praxíteles e de Lisipo. Todo filósofo deve oferecer o seu modelo da suprema perfeição humana, deve atestá-lo na sua vida, e concluí-lo numa morte harmoniosamente serena. Diante da última dor, da partida suprema, deve saber proclamar como Arria, entregando ao esposo a arma com a qual se golpeou: *Paete, non dolet*. Esse audaz desafio ao destino, esse heroico desmentido à lei da natureza, será a sua glória. E enquanto a era grega clássica consagrava o tipo ideal do filósofo que morre pela justiça, na figura de Sócrates conversando com os discípulos na sua cela, longe dos prantos das mulheres, na expectativa do maravilhoso mistério da alma renascente; a era alexandrina reencontra-o em Epicuro que, nas suas últimas palavras, afirma, vitorioso, diante da morte, a fé na felicidade: 'Chegava para mim [escreve Epicuro numa carta a um amigo com a qual se despedia da vida] o dia supremo e verdadeiramente feliz da minha vida, quando essas coisas te escrevia. Tão agudos eram os meus males [...] que não podiam ir além na sua violência. No entanto, a todos eles adequava-se sempre a alegria da alma ao recordar as nossas doutrinas e a verdade por nós descoberta'. Essas duas mortes, tão diferentes e, contudo, tão gregas, marcam o limite de duas eras, e representam para o homem antigo o selo de dois tipos humanos e de duas formas espirituais, com verdadeira fé e devoção: a *imitatio Socratis*, e a *imitatio Epicuri*"[82].

81. Pesce, *Saggio su Epicuro*, p. 98.
82. Bignone, *Epicuro*, pp. 40s.

V. SEGUIDORES E SUCESSORES DE EPICURO

O epicurismo não teve uma *história* comparável à de outras Escolas da era helenística, no sentido de que não teve uma verdadeira *evolução de pensamento*, não teve desenvolvimentos doutrinários ou conceituais dignos de relevo. Epicuro não só propôs a própria doutrina, mas, de certo modo, a impôs como disciplina firmíssima[1].

Portanto, no Jardim, não se acenderam discussões e não explodiram conflitos de ideias. Os seguidores de Epicuro limitaram-se a repetir e a explicar o seu discurso ou, no máximo, a aprofundá-lo e completar-lhe certos aspectos. As polêmicas com as escolas adversárias, em linha de máxima, não levaram a acomodações ecléticas nem à admissão de princípios ou corolários alheios.

Os pontos centrais do pensamento de Epicuro tornaram-se dogmas a ser aprendidos e defendidos, quase como verdades de religião. E assim explica-se por que, enquanto houve várias fases no Pórtico (um antigo, um médio e um novo), várias fases no ceticismo (um ceticismo pirroniano, um ceticismo acadêmico e um neopirroniano), como amplamente veremos, não houve, ao contrário, senão um ciclo único e doutrinalmente unitário na história do Jardim. Dos fundamentos de Epicuro ao poema de Lucrécio e às inscrições de Diógenes de Enoanda, isto é, do final do século IV a.C. ao século II d.C., permaneceu fundamentalmente imutável o espírito vivificador dos escritos dos epicuristas, imutável a fé, e idênticas as articulações teóricas.

---

1. Escreve justamente Boyancé (*Lucrèce et l'épicurisme*, Paris 1963; ed. italiana de A. Grilli, Brescia 1970): "Entre as escolas da antiguidade, nenhuma há que tenha sido dominada pelo pensamento de um só homem como a de Epicuro. Depois dele ninguém tem verdadeiramente significado. Não é como no estoicismo, no qual depois de Zenão aparece Cleanto, depois de Cleanto, Crísipo e assim por diante. Os dirigentes do Jardim são apenas epígonos cujos nomes ficaram e deviam ficar obscuros. Sêneca, que bem conhecia essa característica da escola rival, definiu-a com uma frase incisiva e tipicamente romana: 'Tudo o que disse Metrodoro, tudo o que disse Hermarco, foi dito sob a guia e os auspícios de um só' (*Epist.*, 34, 4). É a mesma expressão com a qual define a teoria imperial do supremo comando militar: tudo o que fazem os generais, todas as vitórias que conseguem desenvolvem-se 'sob a guia e os auspícios' do príncipe, único *imperator* e único ao qual compete o triunfo. Para todas as vitórias espirituais do epicurismo, sempre, em todos os tempos, não houve e não haverá senão um único triunfador. Mas justamente aos filósofos, seja dito sem ironia, é difícil pedir tal abnegação: em ninguém mais do que neles encontra-se a soberba convicção de serem mestres de si mesmos e de fazerem começar a partir de si, das próprias intuições, das próprias descobertas o pensamento do gênero humano. Entre os epicuristas só um homem teve essa audaz soberba, e teve-a em máximo grau: depois dele, ninguém (p. 45).

Discípulos de Epicuro, antes ainda da fundação do Jardim em Atenas, foram Metrodoro e Polieno de Lâmpsaco[2]. Metrodoro distinguiu-se sobretudo como polemista, como decorre dos títulos de suas obras. Dele escreveu Diógenes Laércio:

> [Metrodoro] desde o dia em que conheceu [Epicuro] não se separou dele senão uma única vez, por um período de seis meses, para ir à sua pátria, mas logo em seguida voltou a ele. Foi um homem excelente sob todos os aspectos, como atesta o próprio Epicuro nos poemas às suas obras e no livro III do *Timocrates* [...]. Era impassível diante das dores e da morte, como afirma Epicuro no livro I do seu *Metrodoro*[3].

Metrodoro e Polieno morreram antes de Epicuro[4]. Sucessor de Epicuro na direção do Jardim foi Hermarco de Mitilene, que escreveu contra Platão e contra Aristóteles[5]. Distinguiram-se naquele período também Leonteu de Lâmpsaco, Colotes e Idomeneu[6].

Os sucessivos dirigentes do Jardim, dos quais sabemos muito pouco, foram, em ordem: Polístrato, Hipóclides, Dionísio, Basilides, Protarco de Bargilia, Apolodoro, chamado "o Tirano do Jardim" (o qual, segundo dizem, escreveu mais de quatrocentos livros), Zenão de Sídon, Fedro e Patron (Zenão e Fedro foram pessoalmente conhecidos e ouvidos por Cícero)[7].

Na segunda metade do Século I a.C., o Jardim de Atenas já estava morto (depois de Patron não se tem mais notícia de outros dirigentes da escola, e sabe-se que o terreno no qual estava o Jardim fora vendido)[8], mas o discurso epicurista já tinha então se difundido por todas as partes, tanto no Oriente como no Ocidente.

Mas foi no Ocidente, e precisamente em Roma, que o epicurismo encontrou a sua segunda pátria, sobretudo por mérito do poeta Lucrécio, que soube cantá-lo com a mais elevada e comovida poesia.

---

2. Cf. Diógenes Laércio, X, 23s.
3. Diógenes Laércio, X, 22s.
4. Cf. Diógenes Laércio, X, 19 e 23.
5. Isso resulta claramente do título das obras apresentadas por Diógenes Laércio, X, 25.
6. Cf. Diógenes Laércio, X, 25.
7. Sobre cada um desses filósofos são ainda úteis as indicações biográficas e cronológicas compiladas por Zeller, *Die Philosophie der Griechen*, III, 1, pp. 378ss.; aí se encontrará a indicação de todos os nomes de epicuristas dos quais chegaram-nos notícias.
8. Cf. Cícero, *Ad. fam.*, XIII, 1. Cícero, escrevendo a C. Mêmio, pedia-lhe que poupasse o Jardim de Epicuro, cuja área Mêmio adquirira do Areópago. O que significa que o Jardim não hospedava mais a escola epicurista, a qual, portanto, provavelmente já estava morta em Atenas.

Esta herma bifronte representa, à direita, Metrodoro; à esquerda, Epicuro. Está em Roma, nos Museus Capitolinos.

SEGUNDA SEÇÃO

A DIFUSÃO DO EPICURISMO EM ROMA E LUCRÉCIO

"hunc igitur terrorem animi tenebrasque necessest
non radii solis neque lucida tela diei
discutiant, sed naturae species ratioque."

"... Nem valem
os raios do sol para afastar as trevas
e esse terror do espírito, mas só
o estudo do verdadeiro, só a luz
da razão."

Lucrécio, *De rerum natura*, II, 59-61

DI TITO LUCREZIO CARO

DELLA NATURA DELLE COSE

LIBRI SEI.

TRADOTTI

DA ALESSANDRO MARCHETTI

LETTORE DI FILOSOFIA E MATTEMATICHE

NELL'UNIVERSITA' DI PISA

ET

ACCADEMICO DELLA CRUSCA.

PRIMA EDIZIONE.

LONDRA.

Per GIOVANNI PICKARD MDCCXVII.

Frontispício de uma célebre tradução italiana do poema de Lucrécio, de A. Marchetti, publicada em Londres no século XVIII, de valor histórico.

I. AS PRIMEIRAS TENTATIVAS DE INTRODUZIR O EPICURISMO EM ROMA E O CÍRCULO DE FILODEMO

1. A tentativa de Alceu e Filisco e o seu fracasso

Uma tentativa, truncada logo nos inícios, de introduzir o discurso epicurista em Roma, foi feita por dois seguidores do Jardim (não conhecidos senão por essa tentativa), chamados Alceu e Filisco, os quais foram imediatamente expulsos de Roma[1].

Isso aconteceu sob o consulado de Lúcio Póstumo. Ora, houve um consulado de um tal L. Póstumo em 173 a.C. e outro em 154. Por consequência, os estudiosos estão divididos entre as duas datas. Em 156/155 esteve em Roma a conhecida embaixada dos três filósofos gregos mais famosos daquele tempo: Carnéades, Critolau e Diógenes (o primeiro deles dirigente da Academia, o segundo, do Perípato e o terceiro, do Pórtico), os quais, aproveitando das circunstâncias, deram lições públicas e tentaram fazer propaganda das suas doutrinas, e por isso foram expulsos, sobretudo por vontade de Catão. Ora, é possível — pensam alguns — que, justamente, por esse motivo, dado que o dirigente do Jardim não fora convidado a Roma com os outros três escolarcas, dois epicuristas tenham querido tentar por conta própria aquela experiência. Outros estudiosos tendem para a data anterior, considerando improvável que alguém ousasse, logo depois da expulsão dos três célebres escolarcas, fazer nova tentativa de introduzir em Roma a filosofia[2]. Em todo caso, a data tem uma importância relativa.

O motivo aduzido para expulsar Alceu e Filisco de Roma foi a licenciosidade dos costumes pregada por eles (enquanto exortavam os jovens ao prazer[3]) e, portanto, foi uma razão de caráter moral, ou religioso-moral.

---

1. Cf. Ateneu, *Deipnosoph.*, XII, 68, 547 a; Eliano, *Var. hist.*, IX, 12. (Em Ateneu lê-se Alcio, em Eliano, Alceu).

2. Cf. sobre o problema: Boyancé, *Lucrezio e l'epicureismo*, p. 17 e nota 3.

3. Cf. *supra*, nota 1.

2. A tentativa de Amafínio

Mais feliz foi a tentativa de Amafínio, que por primeiro compôs um tratado filosófico em latim, sustentando ideias epicuristas.

Escreve Cícero:

Obras representativas dessa filosofia, em latim, pode-se dizer que não existem; ou, no máximo, são muito poucas. Isso se deve à dificuldade da matéria e ao fato de que os nossos conacionais estavam tomados por problemas bem diferentes, e consideravam, ademais, que aquelas não seriam coisas que agradassem a gente sem instrução como eram eles. Enquanto eles calavam, apareceu Gaio Amafínio: quando surgiram os seus livros, a gente ficou impressionada, e concedeu notável favor à doutrina da qual ele era representante, pela facilidade com que se a compreendia, pela atração exercida pelos sedutores enganos do prazer, e também porque, uma vez que não lhe era oferecido nada melhor, tomava aquilo que havia. À obra de Amafínio seguiram-se, em grande número, os escritos de muitos outros partidários do mesmo sistema, que invadiram toda a Itália. Ora, essa é a melhor prova de que as suas teorias não são profundas, uma vez que são compreendidas com tanta facilidade e encontram crédito junto a pessoas que não entendem nada. Para eles, ao contrário, isso é o dado infalível que confirma a bondade do seu sistema[4].

E sempre com referência a Amafínio, Cícero escreve ainda:

Digo isso [refere-se ao propósito estabelecido por ele de introduzir a filosofia em Roma, seguindo rigor lógico, bom gosto e elegância] porque ouvi que existem livros [de filosofia] em latim, e como: seriam livros escritos por aqueles que se fazem chamar filósofos. Quanto a mim — será porque jamais os li —, não é que despreze esses livros; mas quando os seus próprios autores admitem abertamente não saber escrever nem com clareza nem com ordem nem com gosto nem com elegância, renuncio sem rancor a uma leitura tão pouco atraente. Ademais, as teorias da sua escola já são conhecidas de todos os que têm um mínimo de cultura. Assim, visto que eles nem se preocupam com o modo de escrever, não vejo porque os outros devam lê-los: que eles se leiam entre si, com os que pensam daquele modo. Platão e os outros socráticos, com os filósofos que se ligam à sua escola, são lidos por todos, mesmo pelos que não pensam como eles ou não são simpatizantes do seu sistema; quanto a Epicuro e Metrodoro, pode-se dizer, leem-nos apenas os seus seguidores. Assim também para os livros desses escritores latinos: são

4. Cícero, *Tusc. disput.*, IV, 3, 6-7.

lidos somente pelos que consideram verdadeiro o que eles dizem. Nós, ao contrário, somos do parecer de que qualquer coisa que se escreva deve-se escrever para o público culto, e, se não conseguimos nos manter no plano adequado, não devemos, contudo, esquecer disso[5].

Portanto, os livros de filosofia epicurista de Amafínio e dos seus seguidores tinham um caráter *fundamentalmente divulgativo,* isto é, eram dirigidos prioritariamente a um público não cultivado e, provavelmente, limitavam-se à ética ou, pelo menos, concentravam-se sobretudo no aspecto prático do epicurismo. Certamente não deviam discorrer sobre complexas questões do atomismo, caso contrário não teria sentido o que diz Cícero. Portanto, o movimento de Amafínio deve ter tido caráter *essencialmente popular.*

A situação cronológica desse movimento, infelizmente, é incerta: alguns falam do fim do século II a.C.; outros, ao invés, do início do I século a.C.; enfim há alguns que situam o movimento nos anos imediatamente anteriores à época mencionada por Cícero (46/45 a.C.)[6].

3. O círculo de Filodemo

Na Itália, no I século a.C., constituiu-se outro círculo de epicuristas, de caráter nitidamente aristocrático, que encontrou sua sede numa vila de Herculano, de propriedade de Calpúrnio Pisão, conhecido e influente homem político (era sogro de César e foi cônsul em 58 a.C.), e grande mecenas. O homem que converteu Calpúrnio Pisão ao epicurismo nasceu em Gadara, na Síria, e chamava-se Filodemo. Vindo de Atenas a Roma, depois da morte do mestre Zenão de Sídon, contraiu amizade com Calpúrnio Pisão, o qual pôs à sua disposição, como se disse, uma vila em Herculano, que se tornou sede de um cenáculo epicurista frequentado pela alta sociedade romana[7].

As escavações realizadas em Herculano levaram à identificação da vila e ao encontro dos restos de uma biblioteca constituída por

---

5. Cícero, *Tusc. disput.*, II, 3, 7-8.

6. Cf. sobre o problema, H. Howe, *Amafinius, Lucretius and Cicero*, in *American Journal of Philosphy*, 72 (1951), pp. 57-62.

7. Filodemo é contemporâneo de Cícero (nasceu provavelmente em torno ao fim do século II e morreu entre 40 e 30 a.C.).

escritos de epicuristas, particularmente de escritos do próprio Filodemo[8].

Contrariamente ao epicurismo de Amafínio, o de Filodemo manteve a língua grega e afrontou problemas técnicos em alto nível.

No renascimento de estudos epicuristas, em curso desde alguns decênios, a figura de Filodemo está adquirindo cada vez mais uma fisionomia precisa. Uma contribuição de Filodemo, ao menos em parte, original, deve ter consistido no aprofundamento das operações lógicas que sustentam o raciocínio humano, iniciado já pelo mestre Zenão, e, em particular, no aprofundamento do procedimento indutivo fundado sobre a analogia. Filodemo indagou sobre o problema dos Deuses, da religião e da morte. Ocupou-se difusamente de problemas de arte e de retórica, assim como de economia[9].

Mas a contribuição de maior alcance ao epicurismo devia vir do canto do poeta Tito Lucrécio Caro, de puro sangue latino, e, independentemente, tanto do movimento popular desencadeado por Amafínio como do círculo douto de Filodemo e de Calpúrnio Pisão. De Lucrécio falaremos à parte porque, ambora não apresente novidades filosóficas dignas de relevo com relação a Epicuro, constitui, todavia, um *unicum* na história da filosofia de todos os tempos.

---

8. Sobre o assunto ver: D. Comparetti, *La villa dei Pisoni in Ercolano e la sua biblioteca*, Nápoles 1879.

9. Pormenorizadas indicações sobre Filodemo podem ser encontradas no vol V, no verbete a ele correspondente.

II. LUCRÉCIO E O DISCURSO EPICURISTA EM FORMA DE POESIA

1. Juízos inadequados sobre Lucrécio

São bem conhecidas as posições dos antigos intérpretes de Lucrécio[1], que sublinhavam a nítida disparidade entre a altura e a sublimidade da sua poesia e a pobreza, frieza e, por fim, a impiedade da doutrina epicurista cantada por ela. São conhecidas as tentativas de mostrar como Lucrécio poeta acaba por ir além de Epicuro e, até mesmo, contra Epicuro. Enfim, são conhecidas as tentativas de mostrar um "Antilucrécio" em Lucrécio, naquela difusa melancolia e na densa tristeza que atravessam o poema: tristeza e melancolia que são consideradas nitidamente antiepicuristas e, portanto, contrárias também às intenções epicuristas de Lucrécio.

Ora, todas essas opiniões nascem, fundamentalmente, de uma efetiva incompreensão de Epicuro. Com efeito, o fundador do Jardim começou a ser compreendido em profundidade apenas no nosso sécu-

---

1. Lucrécio nasceu no início do século I a.C. e morreu em torno à metade do mesmo século. (Ver a discussão das fontes das quais procedem esses dados em Boyancé, *Lucrezio e l'epicureismo*, pp. 26ss.) Da sua vida se conhece pouquíssimo. De S. Jerônimo aprendemos que Lucrécio enlouqueceu por ter bebido um filtro amoroso, e que compôs o seu poema nos intervalos de lucidez que a loucura lhe concedia. Embora a notícia seja por muitos considerada pura fábula, não são poucos os estudiosos que aí veem pelo menos uma verdade parcial, não só porque tais filtros eram efetivamente usados em Roma, e não só por uma certa desordem do poema, mas também por certo furor poético que em não poucas passagens cria uma atmosfera exaltada, e também por aquela ânsia que invade todos os Cânticos. Também por S. Jerônimo sabemos que Lucrécio suicidou-se aos 44 anos. E ainda por Jerônimo sabemos que Cícero "emendavit" o poema lucreciano, expressão que a recente crítica interpreta como "publicou" (cf. Boyancé, pp. 33ss.). Com efeito, Cícero, numa carta do ano 54, diz que o *De rerum natura* é obra cheia de criatividade e de talento artístico. Todavia, ele não considerou Lucrécio como um pensador e não o nomeou nunca nos seus tratados filosóficos. Lucrécio foi, nos tempos modernos, muito mais estudado e amado do que o próprio Epicuro, justamente por sua elevadíssima poesia. Todos os estudiosos concordam em considerar o *De rerum natura* como o maior poema filosófico de todos os tempos. Ocupar-nos-emos do significado do Lucrécio filósofo.

lo. Entende-se, portanto, que a incompreensão de Epicuro comporte, fatalmente, a incompreensão do epicurismo lucreciano e de Lucrécio.

Assim como a Bignone coube o mérito de ter relido em nova chave o pensamento de Epicuro, coube também ao próprio Bignone o mérito de ter sabido destruir o enraizado preconceito que levava a ver em Lucrécio uma antítese de fundo com relação a Epicuro[2].

2. O pessimismo inicial e a vitória da razão em Lucrécio e em Epicuro

A antítese mais notável, repetidamente apresentada pela crítica, entre Lucrécio e Epicuro, foi vista nos célebres versos do quinto canto que parecem embebidos de profundo pessimismo, enquanto ilustram o mal e a dor, os quais, inexoravelmente, penetram o mundo inteiro: a natureza não parece feita para o homem e este não parece feito para aquela.

Eis os famosos versos:

> Mesmo que eu ignorasse quais são os elementos das coisas, ousaria, no entanto, e só pelo estudo das leis celestes, afirmar e mostrar, até por outras coisas ainda, que *de nenhum modo a natureza foi preparada para nós* por vontade dos deuses: *tão grandes são os seus defeitos*!
>
> Primeiro, de toda a terra coberta pelo imenso ímpeto do céu possuem os montes e os bosques da terra uma ávida parte; ocupam outra as rochas e os brejos desertos e outra ainda o mar que largamente separa os litorais, e as terras. Depois, perto de duas partes, roubam-nas aos mortais o fervente ardor e a incessante queda da neve.
>
> Quanto ao que sobra de terra cultivada, a natureza por sua própria força a esconderia sob as silvas, se a energia humana não resistisse e se por causa da vida a não tivesse habituado a gemer sob o forte enxadão e não tivesse rasgado a terra pesando sobre o arado. Se nós não revolvêssemos com a relha as fecundas glebas, se não preparássemos o solo para o que tem de nascer, nada poderia por si mesmo subir no límpido ar; e todavia muitas vezes o que foi obtido com grande trabalho, quando já tudo se cobre de folhas e floresce pela terra, ou o abrasa o sol etéreo com o calor demasiado ou o destroem as

2. Cf. E. Bignone, *Storia della letteratura latina*, vol. II, Florença 1945, pp. 180ss.

súbitas chuvas e a fria geada, e o arrebatam os flagelos do vento em violento turbilhão.

Por que razão, além disso, alimenta e multiplica a natureza, em mar e terra, a raça terrível das feras inimigas do gênero humano? Por que razão trazem doenças as estações do ano? *Por que razão vagueia a morte prematura?*

Depois, a criança, que, tal o marinheiro arremessado pelas ondas terríveis, jaz nu sobre o solo, sem falar, sem nenhum auxílio para a vida, logo que a natureza a lança num esforço, do ventre da mãe às praias da luz, enche o lugar de queixosos vagidos, como é natural para quem tem ainda de passar tantos males durante a vida.

Mas crescem os variados animais, os de rebanho e as feras, sem que sejam necessários guizos nem as palavras balbuciadas e suaves da ama criadora; não têm de procurar vestuários diferentes segundo a época do céu, nem necessidade de armas e de altas muralhas para proteger as suas coisas: a terra e a natureza criadora a todos dão de tudo, e largamente[3].

Ora, Bignone demonstrou que, longe de cair numa forma de heresia, nesses versos, Lucrécio repete conceitos sustentados exatamente por Epicuro, numa obra polêmica dirigida a refutar o diálogo aristotélico, intitulada *Sobre a filosofia*[4]. Ao otimismo teleológico aristotélico, Epicuro contrapunha uma visão nitidamente pessimista e fortemente disteleológica, na qual falava de "imperícia" e "incapacidade" da natureza e, portanto, de falta total de finalidade[5], e aduzia argumentos análogos aos utilizados por Lucrécio. Mas, para ulterior confirmação, eis aqui um trecho de um fragmento epicurista muito significativo no seu pessimismo de fundo, que parece ir até mesmo além daquele da passagem lucreciana citada:

Epicuro via que as adversidades golpeavam sempre os bons: pobreza, trabalhos, exílio, perda dos parentes queridos; via que os maus são sempre felizes, tornam-se sempre mais poderosos, recebem encargos e honras; via que a morte fere sem levar em conta a conduta dos homens, sem ordem nem distinção de idade, que alguns chegam à velhice, outros são raptados à vida

3. *De rerum natura*, V, 195-234. A tradução que em seguida apresentamos, salvo indicação contrária, é de Agostinho da Silva (Coleção Os Pensadores, vol. V, São Paulo, Editora Abril, 1973) [N. do T.].

4. E. Bignone, *Storia della letteratura latina*, vol. II, pp. 183ss.

5. Cf. Galeno, *De usu partium*, VII, 14, vol. III, p. 571s. Kühn (= Usener, fr, 381, p. 255).

enquanto crianças, outros morrem adultos, outros na primeira floração da adolescência apagam-se pela morte prematura; via que nas guerras são, antes, os melhores a serem vencidos e a perecerem. Mas, sobretudo, comovia-o que os homens na verdade piedosos são afligidos pelos maiores males, enquanto os que são totalmente descuidados dos deuses e não lhes prestam o devido obséquio sofrem males menores ou não sofrem nenhum mal [...][6].

Portanto, como Lucrécio, *Epicuro não negava absolutamente os males do mundo, pelo contrário, reconhecia-os e sublinhava-os.* Ele queria, porém, curá-los, queria diminuí-los e superá-los com a sua filosofia. E, justamente, observa Bignone: "[...] quanto mais a sorte dos homens deixados a si é dolorosa, tanto maior é o orgulho do triunfo da filosofia que, segundo Epicuro, conquista a felicidade para eles. A obra-prima da natureza não é, pois, para Epicuro, o mundo, como para o Aristóteles do *De philosophia*, contra o qual polemizava, mas o homem, a quem a natureza, mesmo entre os males que o investem, deixou a possibilidade de triunfar pela sabedoria, de modo que 'nada impede [que] se viva uma vida digna dos deuses'"[7], como o próprio Lucrécio reafirma[8].

Portanto, idêntica é a marca espiritual que caracteriza o pensamento do fundador do Jardim e o do poeta romano que o cantou. E a mesma angústia que invade todo o poema lucreciano está na base do filosofar de Epicuro: são, justamente, os obscuros males da alma dos quais fala Lucrécio, que Epicuro queria afugentar com a sua palavra e recompor em superior ataraxia. Certamente Epicuro deve ter experimentado dentro de si todas as angústias que quis curar: o medo dos Deuses (ele, tão convencido da existência de seres divinos, a ponto de admiti-los sem quaisquer razões físicas, éticas ou escatológicas), o medo dos males (ele, tão sofredor no físico e tão sensível no espírito) e o medo da morte (ele, que compreendeu tão bem que ela é sentida como o mais horrendo dos males para os homens). E, como vimos, a ataraxia, a felicidade epicurista, não é inércia, não é imobilidade nem acídia[9], tampouco imediato dom da

6. Lactâncio, *Div. Instit.*, III, 17, 8 (= Usener, fr. 370).

7. E. Bignone, *Storia della letteratura latina*, vol. II, p. 185.

8. O verso de Lucrécio está no cântico III, 322.

9. Cf. E. Bignone, *Storia della letteratura latina*, vol. II, p. 186: cf. também *L'Aristotele perduto*, vol. II, pp. 573ss.

natureza: ela é, ao contrário, conquista suada e sofrida, através do *lógos*, que culmina na suprema virtude da *phrónesis*. A ataraxia epicurista é, a seu modo, triunfo da razão do homem sobre o irracional que o circunda.

Também Lucrécio, reiterando exatamente a posição do Mestre, escreve:

> Ora, se isso é um remédio ridículo[10], o que é verdade é que os terrores dos homens e os cuidados pertinazes não temem o som das armas nem os terríveis arremessos, e audaciosamente se metem entre reis poderosos, não receando os fulgores do ouro nem o brilhante esplendor de um vestuário de púrpura; *por que razão se há de duvidar de que só a inteligência o possa fazer,* quando toda a nossa vida se passa labutando entre trevas?
>
> Exatamente como trêmulos meninos que tudo receiam nas obscuras trevas, assim nós tememos à luz do dia o que em nada é mais de recear do que as fantasias que atemorizam os meninos no escuro. *E a este terror do espírito e a estas trevas não afastam nem os raios do Sol, nem os luminosos dardos do dia: só o fazem o estudo da natureza e suas leis*[11].

A diferença entre Epicuro e Lucrécio está no fato de que o primeiro, *mesmo do ponto de vista existencial*, conseguiu dominar com a razão as suas inquietações e angústias, enquanto Lucrécio não o conseguiu; mas disso falaremos adiante.

3. A verdade que mitiga a dor e dá a paz

Mas é preciso destacar outro ponto, justamente com referência à reconstrução racional do real o ao sentido da "física" reproposto pelo *De rerum natura*.

Sempre na linha da antiga e mal posta questão da originalidade de Lucrécio, tentou-se, recentemente, invertendo a rota tradicionalmente seguida pela crítica, situar na *ciência* e no *rigor dedutivo* do *De rerum natura* a originalidade do poeta romano[12].

---

10. O remédio ridículo é aquele ilustrado nos versos que precedem, e consiste em abandonar-se a todas as ilusões dos homens: poder, riqueza e semelhantes.

11. *De rerum natura,* II, 47-61 (Tradução ligeiramente modificada).

12. A. D. Winspear, *Lucretius and Scientific Thought*, Montreal 1963; trad. italiana de F. Cardelli com o título: *Che cosa ha "veramente" detto Lucrezio*, Roma 1968.

Escreve Winspear: "A originalidade de Lucrécio poderia ser analisada em dois níveis diferentes. Primeiro: um talento para a exposição que o leva a tomar de um de seus predecessores motivo prosaico, embelezando-o, posteriormente, com metáfora, imaginação e paixão. Segundo: *uma força intelectual que o leva a ver muito mais claramente do que qualquer pensador antigo as implicações da posição filosófica que sustenta.* Lucrécio aderiu a uma concepção antiteológica do universo, *evolucionista* e antiteleológica, ficou preso a essa perspectiva e a expôs *muito mais firme e eloquentemente do que qualquer outro pensador antigo.* Ele aplicou essa concepção do mundo à evolução das plantas, dos animais e do homem, e *propôs uma teoria de evolução biológica e social que supera enormemente qualquer outra teoria proposta na antiguidade clássica.* E é talvez isso que explica a extraordinária modernidade do pensamento de Lucrécio"[13].

Entram, na interpretação de Winspear, fatores de origem positivista e também marxista, que, na realidade, são totalmente estranhos às intenções lucrecianas. Em primeiro lugar, entra o pressuposto de que a "ciência" (entendendo por "ciência" justamente a moderna ciência da natureza), seja o supremo parâmetro para a verdade; em segundo lugar, entra o pressuposto de que o evolucionismo darwiniano seja a leitura mais científica da natureza e, enfim, que o atomismo seja a mais perfeita das tentativas feitas pelos antigos para compreender o mundo.

Todos esses pressupostos, na realidade, contribuem não para revelar, mas para velar o sentido do discurso lucreciano. A "ciência" de Lucrécio é tentativa de captar a *totalidade*, as *causas supremas de toda a realidade*, os *fundamentos últimos do ser* e, por isso, não é de modo algum ciência no sentido moderno do termo, mas é metafísica, ou, em todo caso, ontologia (recorde-se o sentido da grega *physis*, que amplamente esclarecemos no curso dessa obra, e da qual a latina *natura* é o exato correspondente). O evolucionismo do poema lucreciano, sobre o qual o estudioso insiste muito[14], tem — e consequentemente — um sentido teórico totalmente diferente do evolucionismo darwiniano e, portanto, as tangências que Winspear destaca são aci-

13. Winspear, *Che cosa...*, p. 10.
14. Winspear, *Che cosa...*, pp. 7-26.

dentais e não tocam a substância da duas doutrinas. Enfim, também o atomismo lucreciano, que Winspear exalta, não é o atomismo da nova ciência. O atomismo antigo (e o lucreciano não só não é exceção, mas constitui uma das mais belas confirmações) é uma ontologia nascida para superar os eleatas e fundada sobre categorias eleáticas, particularmente, melissianas. Antes, entre as físicas antigas, o atomismo é a mais fortemente aporética, em particular na versão epicurista-lucreciana, por causa da assunção do *clínamen*, do qual falamos abundantemente acima. Sem contar, depois, que afirmações do tipo das de Winspear não se sustentam, senão por outro motivo, pelo simples fato de que a maior organicidade e coerência do atomismo lucreciano, com relação ao dos antigos atomistas, poderia ser uma pura ilusão prospectiva, devida ao simples fato de que desses últimos não dispomos de textos amplos e orgânicos, mas apenas de fragmentos.

Evocamos essa posição de Winspear porque nos permite, justamente revelando os seus equívocos, esclarecer um ponto essencial. É verdade que no poema lucreciano fala-se muito mais de física do que de ética, mas a extensão com a qual são discutidas as doutrinas físicas não deve esconder a sua qualidade, isto é, a sua natureza e o seu objetivo. As doutrinas físicas não são absolutamente fins em si, mas representam o "verdadeiro" que deve afugentar os horrores e as angústias humanas, o "lume" que deve iluminar as trevas das mentes, a força que deve dispersar os fantasmas.

Em suma, a física lucreciana não tem outro objetivo, como as físicas de todas as escolas helenísticas, senão o de demonstrar que existem as dimensões ontológicas nas quais pode ter lugar uma vida feliz.

O verdadeiro da "ciência" que canta Lucrécio é só o verdadeiro que sabe curar os males dos homens ou, pelo menos, mitigá-los.

4. Os princípios da verdade epicurista e o canto de Lucrécio

A novidade que Lucrécio traz à verdade e aos princípios da verdade epicurista deve, pois, ser buscada na sua poesia. A respeito disso escreve Boyancé: "Para conquistar o homem, até para libertá-lo de suas paixões, é preciso antes de tudo comovê-lo. Para libertar os homens, Lucrécio compreendeu que não se tratava de obter, nos momentos de fria reflexão, a sua adesão a algumas verdades de ordem intelectual, mas era preciso tornar essas verdades, como diria Pascal, compreensíveis ao coração"[15].

E, com efeito, uma leitura do *De rerum natura* nessa chave é a mais fecunda. Se pusermos em sinopse as passagens de Epicuro e as correspondentes passagens do poema lucreciano, notaremos que a diferença é quase sempre a seguinte: o filósofo fala com a linguagem do *lógos*, o poeta acrescenta a esse *lógos* os tons persuasivos do sentimento, tinge o *lógos* com a intuição fantástica, sustenta o conceito com a imagem. Em suma: a novidade é a magia da arte que se acrescenta à filosofia, transfigurando-a e fazendo-a penetrar no coração, além da mente.

Nesta *História da filosofia antiga* não podemos nos ocupar da arte de Lucrécio[16], mas só do seu significado do âmbito da história do Jardim. Portanto, limitar-nos-emos a algumas exemplificações, escolhidas entre as mais significativas, sobretudo do ponto de vista filosófico.

Basta ver como, depois do prólogo, o primeiro cântico reafirma do modo mais sugestivo os princípios eleáticos, adotados pelos atomistas, de que *nada nasce do nada* e *nada se dissolve no nada*, os princípios do *vazio* e dos *corpos*. Princípios em si mesmos aridíssimos, e que no canto lucreciano revestem-se de inusitadas ressonâncias carregadas de espírito patético.

Mas vejamos como é reproposta a epicurista negação da metafísica "segunda navegação" platônica, isto é, a negação da existência de um ser incorpóreo imaterial suprassensível:

> Além disso, nada existe que possas dizer separado, afastado de qualquer outro corpo ou do vazio, como se fosse uma terceira parte da natureza: efetivamente, tudo o que existe deve ser alguma coisa em si próprio; se for sensível ao tato, por menor e mais tênue que seja, irá aumentar, desde que exista, com aumento grande ou pequeno, o número e conjunto total dos corpos; se o tato não der por ela, se não puder impedir que alguma coisa o atravesse por qualquer parte, então será aquilo a que chamamos vazio. De-

15. Boyancé, *Lucrezio e l'epicureismo*, pp. 12ss.

16. Recomendamos ao leitor o citado volume de Boyancé, que ao nosso ver é dos mais válidos; nas pp. 341ss. o leitor encontrará também uma riquíssima bibliografia.

pois, tudo o que existir por si, ou terá ação própria, ou deverá aproveitar-se de outros corpos ativos, ou ser de modo que nele possam existir e fazer-se coisas; nada, porém, pode dar espaço se não for vazio e vago; portanto, além dos corpos e do vazio, não fica, no número das coisas, nada que caia em qualquer momento na denúncia dos nossos sentidos ou que possa ser percebido pelo raciocínio do espírito[17].

E eis como é reproposto o infinito, com acentos melissianos: o infinito que o grego jamais conseguiu compreender a fundo, e que, quando admitiu, o fez somente no sentido material e quantitativo:

> Tudo o que existe é ilimitado, qualquer que seja a direção; do contrário, deveria ter um fim. Ora, não pode haver fim algum a nada, sem que haja, para além, qualquer coisa que o limite, de modo que exista um ponto para além do qual é impossível aos sentidos segui-lo. Ora, tem-se de reconhecer que para lá do conjunto das coisas nada existe; não tem extremidade; carece, pois, de fim e de limite. E não importa a região em que se possa estar: qualquer que seja o lugar em que se esteja, sempre se deixa o todo imenso alargar-se por igual e por toda parte.
>
> Depois, se se aceitar que todo o espaço é finito e se alguém chegar correndo aos últimos bordes e daí lançar um volátil dardo, achas que, arremessando com toda força, se dirigirá aonde foi atirado, voando ao longe, ou te parece que alguma coisa o poderá impedir ou deter? Tens de escolher um lado ou outro; ora, qualquer deles te impede a fuga e te obriga a conceder que não há limite.
>
> Efetivamente, quer haja um obstáculo que o impeça de atingir o ponto aonde foi arremessado, aí parando, quer prossiga a carreira, o que é certo é que não partiu do extremo limite: continuarei sempre com a mesma razão e, qualquer que seja o lugar onde coloques os limites extremos, perguntarei o que sucede por fim ao dardo. O que vai acontecer é que nenhum limite poderá estabelecer-se: fugas numerosas prolongarão sempre o espaço livre.
>
> Além disso, se todo o espaço universal estivesse cerrado de todos os lados e fosse limitado, já há muito a massa de matéria, arrastada pelo peso, se teria reunido no fundo, e nada se poderia passar sob a abóbada do céu, nem haveria mesmo céu, nem a claridade do Sol: de fato, toda a matéria acumulada por sedimentação no decorrer da eternidade jazeria inerte. Mas não existe descanso algum para os corpos elementares, porque não há fundo nenhum a que possam confluir e em que possam estabelecer-se. Tudo anda sempre em contínuo movimento e por todos os lados; e do infinito se precipitam, sem cessar, os elementos da matéria.

---

17. *De rerum natura*, I, 430-448.

Finalmente, pelo que se passa à nossa vista, cada objeto parece limitar outro objeto: o ar limita as colinas, os montes limitam o ar, e a terra o mar, e, por seu turno, o mar termina todas terras; mas na verdade, nada há, para além do todo, que lhes sirva de limite.

É tal a natureza do espaço e a extensão da imensidade, que os fulgentes raios a não poderiam percorrer mesmo que prolongassem o seu voo por toda a eternidade, e nem pelo caminho feito poderiam ter reduzido a distância que faltasse; efetivamente, por todo lado se abre às coisas, e em toda direção, um espaço sem limites.

A natureza intervém para que o Universo não se possa fixar limites a si próprio: com o espaço vazio limita os corpos, e ao vazio com os corpos o limita; assim os alternando, torna o todo infinito: mesmo, porém, que um dos dois não limitasse o outro, naturalmente se estenderia por si mesmo sem encontrar limite[18].

E, eis esta outra passagem na qual ressoam acentos que evocam os leopardianos* esvaecimentos no infinito:

O espírito, realmente, procura pensar, visto haver um espaço infinito fora dos limites do mundo, que há então para além, lá onde a mente quereria investigar, lá onde o espírito se levanta num voo livre e espontâneo.

Em primeiro lugar, não há para nós em parte alguma, nem de ambos os lados, nem em cima, nem embaixo, nenhuma espécie de limite; assim o demonstrarei, assim o proclama a natureza por si própria a grandes brados, assim claro sai da natureza do vácuo: não é, portanto, verossímil, seja como for, que, abrindo-se por todos os lados o espaço sem barreiras, voando de mil maneiras, animadas de movimento eterno, partículas em número incontável, no total infinito, só tivesse sido criado este mundo e este céu e que todos os outros elementos, os de fora, permanecessem inativos, tanto mais que tudo se faz naturalmente: foi por eles próprios, espontaneamente, batendo ao acaso, que os elementos, depois de se terem unido de mil modos, mas em vão e inutilmente, formaram por fim as bases de que sairiam os princípios das grandes coisas, da terra, do mar, do céu, das espécies de seres vivos. É força, por conseguinte, confessares que existem outros agrupamentos de matéria semelhantes a este nosso, o qual o éter estreita em ávido abraço.

Depois, quando há, preparadas, grandes quantidades de matéria, quando está pronto o lugar, e não há para demora nem objeto, nem causa, é evidente que tudo tem de se arranjar e tomar forma. Ora, se há tão grande quantidade de elementos que não bastaria para os enumerar a vida inteira dos seres vivos,

---

18. *De rerum natura*, I, 958-1013.

* Referente ao poeta Giacomo Leopardi (1798-1837). (N. do T.)

e subsistem a mesma força e a mesma natureza que podem, em todos os lugares, reuni-los do mesmo modo por que foram reunidos neste mundo, é força confessares que há noutros pontos outras terras e várias raças de homens e várias gerações de bichos bravos.

Acresce a isto que nada há no Universo que seja único, que nasça isolado e só e isolado cresça: tudo pertence a qualquer geração e muitas são as da mesma espécie. Repara primeiro nos animais: verás que foi gerada assim a raça dos que erram pelos montes e a prole dos homens e, por fim, os mudos bichos escamosos e as diferentes espécies dos que voam.

Por isso se tem de aceitar que, de igual maneira, não são únicos nem a Terra nem o Sol nem a Lua nem o mar nem tudo o mais que existe: pelo contrário, são em quantidade inumerável; de fato, têm um termo de existência marcado tão fixamente e compõem-se de elementos tão naturais como todas as espécies de coisas que por cá aparecem com toda abundância[19].

Deixando de lado a ilustração dos modos como Lucrécio repropõe a teoria dos *átomos*, dos seus *movimentos*, da *geração* e da *vida* sobre a terra, e dos *fenômenos celestes*, assim como a teoria do *conhecimento* e dos *simulacros*, que nos levaria demasiado além dos limites que a natureza desta obra impõe, queremos ilustrar ainda alguns pontos particularmente significativos.

Lucrécio, como Epicuro, distingue duas partes da alma, a irracional e a racional, e chama à primeira *alma* e à segunda *ânimo* ou *espírito*. E, como Epicuro, repropõe a aporética afirmação de que o ânimo ou espírito é feito de um elemento privilegiado que não tem nome. Depois de ter dito que no ânimo existem vento, ar e calor, escreve:

Já, portanto, se descobriu a tríplice natureza do espírito; mas ainda não bastam elas todas para criar a sensibilidade: o espírito não aceita que qualquer delas possa criar os movimentos sensitivos e tudo o que no espírito se revolve. É preciso, então, juntar-lhes uma quarta substância. Carece ela de qualquer nome: nada existe de mais móvel ou de mais tênue do que ela, nem formada de elementos mais pequenos e mais lisos; é ela que primeiro reparte pelos membros os movimentos sensitivos[20].

Também aqui, como em Epicuro, é o *material* que, negado, vinga-se, reaparecendo como substância "sem nome". E, como em Epicuro, ele é declarado mortal, de modo até mesmo obsessivo:

19. *De rerum natura*, II, 1044-1089.
20. *De rerum natura*, III, 237-245.

Assim como não é fácil arrancar o perfume aos grãos do incenso sem que pereça a sua substância, assim também não é fácil extrair de todo corpo a substância do espírito e da alma sem que tudo se dissolva, de tal modo se implicaram os seus princípios desde a primeira origem e aparecem dotados de uma vida consorte. Parece que nenhum deles pode existir sem a força do outro [...][21].

[...] quando falar de alma e ensinar que ela é mortal, que também me refiro ao espírito, visto que são um só todo, uma coisa conjunta[22].

E eis uma das argumentações mais patéticas:

Além disto, sentimos que o espírito nasce juntamente com o corpo e cresce com ele e envelhece ao mesmo tempo. Assim como o menino é débil e pela fraqueza do corpo lhe é incerto o andar, assim o acompanha um pensamento sem consistência. Depois, quando a idade cresce com robustas forças, é também maior a inteligência e aumenta a força do espírito. Em seguida, quando o corpo é abalado pela força do tempo e declinam os órgãos pelo embotamento das forças, o engenho claudica, delira ao mesmo tempo. É, portanto, também admissível que toda a substância da alma se dissipa como o fumo nas aladas auras do ar, visto que a vemos nascer com o corpo, crescer ao mesmo tempo e, como disse, arruinar-se, cansada, pela idade[23].

E ainda:

Assim como o olho, arrancado das suas raízes, separado do resto do corpo, não pode por si só distinguir coisa alguma, assim também parece que a alma e o espírito nada podem por si [...][24].

E, enfim:

Mas como se vê que há no nosso corpo lugar determinado e disposto onde a alma e o espírito podem crescer à parte, tanto mais devemos negar que possam gerar-se e perdurar fora do conjunto do corpo. Por isso, quando o corpo morre tem de se confessar que perece a alma dispersa pelo corpo todo. Juntar o mortal ao eterno e julgar que podem ter sensibilidade conjunta e utilizar-se mutuamente é não ter senso algum. Que se há de imaginar de mais diferente, separado, discordante, do que alguma coisa de mortal

21. *De rerum natura*, III, 327-333.
22. *De rerum natura*, III, 422-424.
23. *De rerum natura*, III, 445-458.
24. *De rerum natura*, III, 563-565.

ligada ao que é imortal e eterno e suportando com ele as mesmas terríveis tempestades?[25]

É esta a nítida antítese da visão platônica e aristotélica, reproposta na exata medida em que a formulara Epicuro.

Por último, escutemos como é reafirmada a doutrina da morte:

> A morte, portanto, nada é para nós e em nada nos toca, visto ser mortal a substância do espírito. E, como não sentimos dor alguma quanto ao tempo passado, quando os cartagineses acorreram de todos os lados para o combate, quando o Universo, sacudido pelo tumulto trépido da guerra, tremeu de horror sob as altas abóbadas do céu e em todos os homens havia dúvida ansiosa sobre a qual dos dois caberia o domínio da terra e do mar, assim também, quando não existirmos, quando houver a separação do corpo e do espírito, cuja união forma a nossa individualidade, também a nós, que não existiremos, não nos poderá acontecer seja o que for nem impressionar-nos a sensibilidade, mesmo que a terra se misture com o mar e o mar com o céu[26].

E até mesmo no caso em que o tempo reunisse no futuro ou tivesse reunido no passado, nas infinitas possibilidades de combinações, a combinação de átomos que agora nos constitui, isso não poderia de modo algum mudar o que se disse. De fato, entre essa combinação de átomos que nós somos e a outra que se poderia formar ou que pôde já no passado ter-se formado, faltaria o laço essencial da continuidade de sensação e consciência e, portanto, a interrupção da morte torna as mesmas combinações mecânicas totalmente diferentes uma com relação à outra[27]. Por isso, conclui Lucrécio:

> [...] entre um tempo e outro sobreveio uma pausa de vida e todos os movimentos separados de todos os sentidos, erraram vagueando por aqui e por além.
>
> É preciso, de fato, se por acaso tem de haver alguma coisa de mísero e de triste, que haja nesse mesmo tempo aquele a quem tem de acontecer; como, porém, a morte o suprime, como impede de existir aquele a quem poderia ser armado tal conjunto de males, ficamos a saber que nada há de temível na morte, que não pode ser infeliz quem não existe, e que não interessa nada que já tenha nascido nalguma época, visto que a morte imortal lhe roubou a vida mortal[28].

---

25. *De rerum natura*, III, 794-805.
26. *De rerum natura*, III, 830-842.
27. Cf. *De rerum natura*, III, 843ss.
28. *De rerum natura*, III, 860-869.

5. A piedade pela dor no canto lucreciano

Existe uma diferença que a poesia lucreciana comporta, e é a piedade pelo mal e pela dor que golpeiam todas as coisas, e a consequente ampliação do sentido de melancolia, que já existia em Epicuro, porém mais contido, mais neutralizado e, antes, amiúde superado pela razão.

É uma piedade pela dor cósmica: uma piedade que vai da amarga consideração sobre a sorte das "muralhas do mundo" que, expugnadas, cairão um dia em pedaços[29], à compaixão pela humilde vaca que em vão busca o seu novilho sacrificado, enquanto o seu inútil mugido se perde entre os bosques[30]. Mas, é sobretudo piedade pelo homem e, particularmente, pelo homem não sábio, o qual, privado da verdade revelada por Epicuro, arrasta uma vida absurda e inútil no afã e no tédio, para depois perder-se no nada.

Eis uma das passagens mais tocantes:

> Se os homens pudessem, assim como parecem sentir no fundo do espírito uma carga que os fatiga com o seu peso, conhecer quais são as causas que a geram e por que razão tão grande fardo de desgraça se lhes mantém no peito, não levariam a vida que levam agora, na maior parte, sem saber o que querem e procurando sempre mudar de lugar como se pudessem, assim, verse livres da carga.
>
> Muitas vezes, aquele que sai de grandes paços, porque se aborreceu de estar em casa, a eles volta de súbito, por nada haver fora que sinta ser melhor; corre precipitado para a sua casa de campo, incitando os garranos, como se fosse levar socorro a um incêndio em casa; mas, logo que passa o limiar, boceja, ou, pesado, deita-se a dormir e procura o esquecimento; ou então, a toda pressa, dirige-se à cidade para tornar a vê-la.
>
> Deste modo, cada um foge a si próprio, mas como se vê não lhe é possível escapar-se, e fica preso à força e odeia, porque, estando doente, não compreende a causa da enfermidade. Mas, se bem a vissem, todos, abandonando as outras coisas, procurariam conhecer primeiro a natureza, porque a origem de tudo vem da eternidade, não de uma só hora: e é na eternidade que os mortais terão de passar todo o tempo que lhes resta após a morte.
>
> E, então, por que temer tanto os perigos e dúvidas? Que enorme e maléfico desejo de viver nos subjuga? Há para os mortais um fim de vida

---

29. Cf. *De rerum natura*, II, 1144.
30. Cf. *De rerum natura*, II, 355ss.

certo e próximo; ninguém pode evitar aparecer diante da morte. Depois, sempre estamos e insistimos no mesmo, e não é por vivermos que nos surge qualquer novo prazer. Só enquanto está longe o que desejamos nos parece exceder o resto; depois, logo que o alcançamos, desejamos outra coisa; a mesma sede de vida nos mantém sempre anelantes.

Também ficamos em dúvida quanto à sorte que nos trará o futuro, que nos dará o acaso ou quanto ao fim que se aproxima. Não é por prolongarmos a vida que diminuímos num mínimo que seja o tempo da morte; não podemos tirar nada que nos faça escapar do aniquilamento. Podes, portanto, durante o tempo da vida, enterrar quantas gerações queiras; nem por isso a morte ficará menos eterna: não existe menos aquele que hoje vê o termo da vida do que outro que já morreu há muitos meses, há muitos anos[31].

O verdadeiro inferno e os verdadeiros condenados, segundo Lucrécio, estão aqui sobre a terra: os verdadeiros condenados são os que ignoram a palavra da sabedoria. Lucrécio tem imensa compaixão por eles.

Tântalo sofre os tormentos do maço suspenso sobre a cabeça aqui na terra, e é o que teme aos Deuses. Tício sofre a mutilação dos pássaros que o dilaceram, aqui sobre a terra, e é o que fomenta paixões e angústias que o atormentam e devoram. E assim Sísifo é o que se cansa todos os dias em contínuas fadigas para obter o poder, e sempre volta desiludido e derrotado[32]. Os flagelos do Tártaro e as Fúrias que punem os mais tristes delitos estão todos aqui na terra:

> É na vida, porém, que existe o grande medo de castigo por causa de grandes malefícios e que há expiação para o crime; há prisão e o horrível lançamento do alto do rochedo e a flagelação, os verdugos, o tronco, o pez, as lâminas e as tochas; mesmo que tudo isto esteja ausente, há o espírito consciente do que fez e que, temeroso, se aplica o aguilhão e se abrasa às chicotadas, sem ver entretanto que termo possa haver para os seus males ou qual seja o fim dos castigos, antes temendo que ainda mais se agravem com a morte. É aqui, na realidade, que a vida dos tolos se torna um Aqueronte[33].

E, ao contrário, Lucrécio está convencido de que, como o estulto tem aqui o seu inferno, o sábio tem aqui o seu paraíso, e escreve todo o poema para demonstrar isso. Mas, justamente a sinceridade do seu

---

31. *De rerum natura*, III, 1053-1094.
32. Cf. *De rerum natura*, III, 978ss.
33. *De rerum natura*, III, 1014-1023.

canto e a sensibilidade à dor dos outros apontam os limites do paraíso, ainda melhor e ainda mais do que o fez a reflexão de Epicuro.

É um paraíso que não anula a dor nem a morte e, portanto, é um paraíso que não satisfaz.

De resto, Lucrécio, deixando-se levar pelo sentimento, escreve:

> Que mal haveria para nós em não ter sido criados?[34]

É uma pergunta à qual o epicurismo não sabe e não pode responder. A vida *só poderia ser dita boa se o ser fosse identificado com o positivo e com o bem, e se o telos dirigisse as coisas*, mas não se o ser nasce dos átomos, do vazio, do movimento e da cega declinação, totalmente estranhos ao bem e ao fim.

6. Sentido da vida e da morte

Epicuro, no próprio dia da sua morte, como já dissemos, mesmo entre os espasmos do mal, proclamava-se feliz, e, voltando-se para o passado, dizia ser bela a vida, afirmando a sua vitória sobre a morte[35].

Metrodoro, por sua vez, reiterava:

> Precedi-te, ó Fortuna, de toda insídia me preveni: e não a ti, não a outra vaga me renderei: mas quando seja necessário partir daqui, escarrando a vida e os que a ela estultamente se agarram, com bela peã partiremos, proclamando que vivemos bem[36].

Aqui o escarrar a vida significa escarrar a absurda pretensão de viver a qualquer custo, de viver eternamente, e, portanto, significa escarrar a morte.

Idêntico conceito desenvolve Lucrécio, ampliando-o:

> Que tens tu, ó mortal, que te abandonar de tal modo a dores tão excessivas e amargas? Por que choras e te lamentas sobre a morte? Efetivamente, se a vida anterior te foi agradável e se todos os prazeres não foram como acumulados num vaso furado e não correram e se perderam inutilmente, por que razão não hás de, tolo, retirar-te da vida como um conviva farto e aceitar

34. *De rerum natura*, V, 174.
35. Epicuro, fr. 138 Usener.
36. *Sentenças Vaticanas*, 47.

com equanimidade um repouso seguro? Mas se tudo aquilo de que gozaste se perdeu em vão e a vida te pesa, por que buscas aumentá-la mais, para que tudo de novo tenha um mau fim e desapareça sem proveito? Não seria melhor pôr fim à vida e ao tormento? Não posso imaginar e inventar agora coisa alguma que te agrade: tudo é sempre o mesmo[37].

Noutros termos: quem soube viver bem, quando chega a hora da morte, não tem lamentos, e parte como o hóspede que se saciou no banquete. Quem não soube viver bem, é inútil que continue a viver, porque continuaria a viver mal. Em ambos os casos, a morte não é um mal.

Dizia Bignone, a propósito de Epicuro, que a negação de que a morte seja um mal era um desafio ao destino e uma heroica mentira: a heroica mentira que, justamente, tornou grande a Epicuro[38].

Em Lucrécio, a mentira heroica faz sentir toda a sua dramática contraditoriedade, justamente através da poesia. Com efeito, surge espontaneamente a pergunta: por que o conviva deve, inexoravelmente, deixar o banquete, sem qualquer apelo, quando lhe é imposto, e declarar-se hóspede saciado, mesmo quando o banquete está apenas no início, ou ainda não terminou?

Deixando de lado a metáfora, Lucrécio explica que a morte é uma lei inelutável.

Mas não sabe dizer, como não o sabe Epicuro, *por que tal lei não é absurda.*

E, justamente, com a força da sua poesia, Lucrécio canta o inesquecível desejo que o homem tem do eterno, e canta, exatamente contra as argumentações que apresenta, que não há modo de dar sentido a uma vida que seja apenas uma breve estação feita para o nada.

São os limites e as aporias da mensagem epicurista, que a verdade da poesia faz emergir do sistema lógico. Mas, justamente por isso, Lucrécio não trai Epicuro, mas torna-o mais tocante e mais verdadeiro.

Mas também é justo reconhecer que nenhuma filosofia, e não só a epicurista, jamais soube responder, no nível do puro *lógos*, aos problemas da morte e do mal, porque morte e mal são o irracional, que a razão — sozinha — pode, no máximo, esconder, calar ou negar, mas não penetrar e explicar.

---

37. *De rerum natura*, III, 932-945.
38. E. Bignone, *Epicuro*, p. 41.

Em Epicuro, assim como em Lucrécio, o mal é velado e a morte negada; daí o dilema: enquanto existes, não existe a morte e, quando existe a morte, não existes mais, nega justamente o momento trágico da morte, que não é o nada do não ser mais, mas o momento da vida que cessa, é o negativo que tolhe o positivo, é o momento do ser que vai ao não ser, e é exatamente diante desse aniquilamento do ser que a razão permanece tragicamente muda.

CIDADES DA FILOSOFIA HELENÍSTICA

Calce
Lâmpsac
Lárissa
Assos
Ereso
Pitane
Tebas
Éretria
Megara
Teos
Élide
Atenas
Samos
Mileto
Fliunte
Cnido
Megalópolis
ILHA DE RODE
Cirene

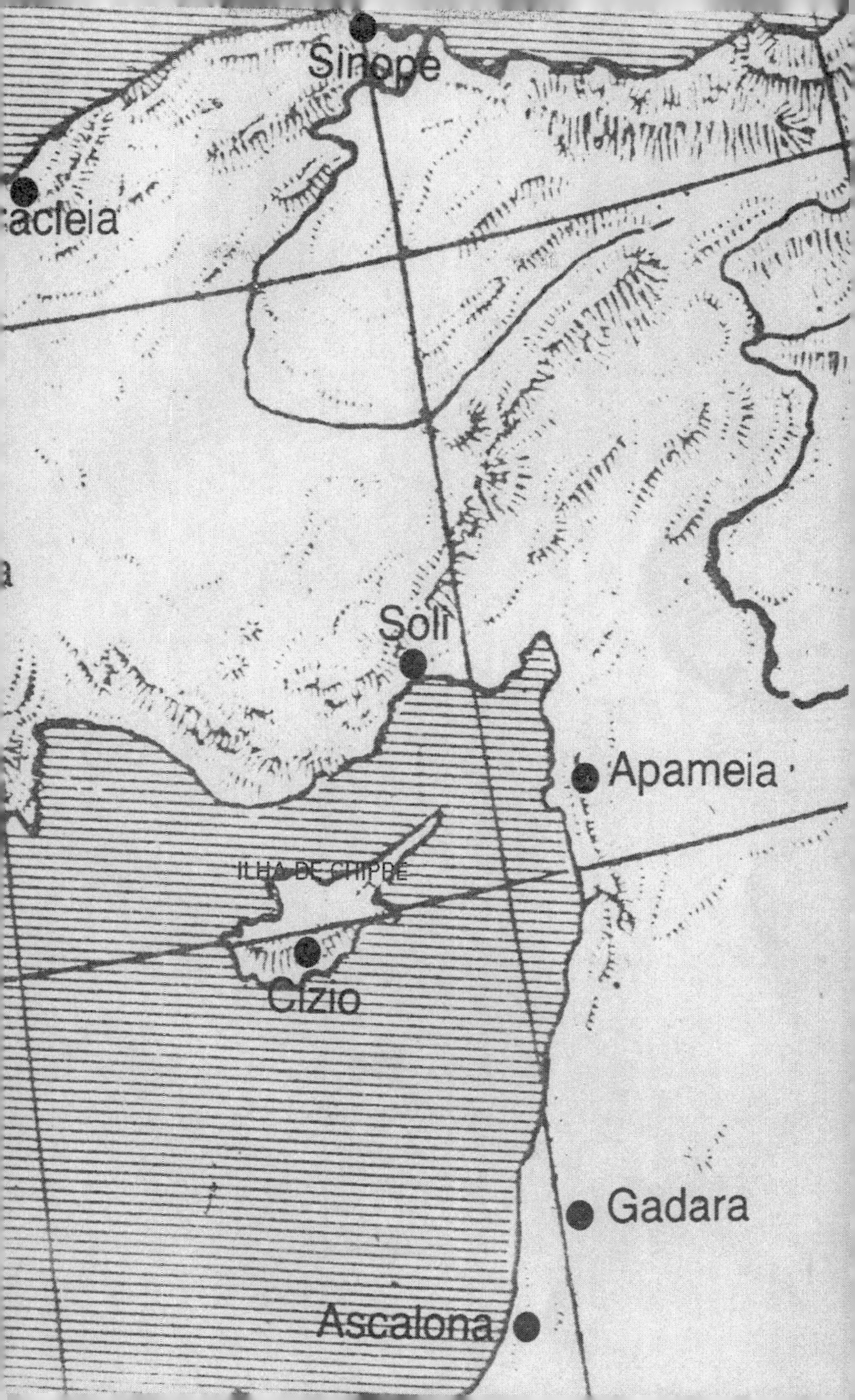
Sinope
acleia
Soli
Apameia
ILHA DE CHIPRE
Cizio
Gadara
Ascalona

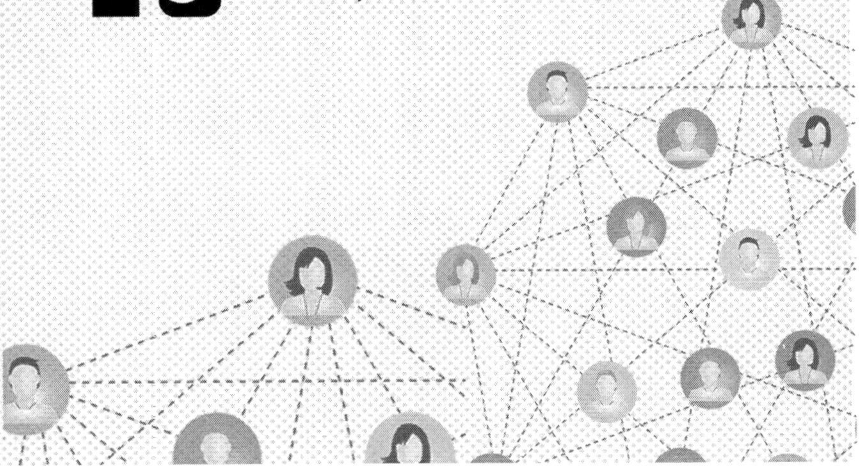

Edições Loyola

editoração impressão acabamento

rua 1822 nº 341
04216-000 são paulo sp
T 55 11 3385 8500/8501 • 2063 4275
www.loyola.com.br